Siempre sabe salir del peor
de los problemas.
Abidal

En el campo es un líder,
un líder natural, un líder
silencioso. Andrés tiene ángel.
Xavi

Cuando lo tienes enfrente,
te toca sufrir.
Sergio Ramos

No se podría haber
encontrado a nadie
mejor para firmar
el gol del Mundial.
Fernando Torres

Si alguien se porta bien
con él, lo recordará siempre.
Sostres

Cuando se lo cree, tiene
energía y fuerza, sabes
que te va a responder.
Casillas

Andrés no corre, Andrés
se desliza.
Pep Guardiola

No habla, pero no tiene
un pelo de tonto. Cala
enseguida a la gente.
Del Bosque

Es un ejemplo, un futbolista
único, indiscutible.
Luis Enrique

Nadie le ha regalado nada.
Se ha ganado los galones
solito.
Pere Guardiola

Disfruta con el silencio,
huye del alboroto, goza
de su intimidad.
Borrás

Andrés es lo que se ve,
es transparente.
Maribel Iniesta

Aquel día tuve la sensación
de haberlo conocido desde
siempre.
Anna Ortiz

Fue muy valiente, mucho.
No sé cuántos niños
habrían hecho algo así.
José Antonio Iniesta

No sé de dónde saca
esa tranquilidad porque
por dentro es como yo.

GW00771944

Marcos López (Huércal-Overa, Almería, 1965), redactor de *El Periódico*, y **Ramon Besa** (Perafita, Barcelona, 1958), redactor jefe de *El País*, son dos periodistas que cubren con regularidad la información que genera el FC Barcelona. Ambos comparten una mirada similar sobre la vida del club y el juego del equipo, como se advierte en sus crónicas y, también, en sus análisis para medios audiovisuales, sobre todo la Cadena SER. El libro *La jugada de mi vida* y su admiración por Andrés Iniesta les ha permitido cumplir el sueño de trabajar juntos y ratificar que coinciden en su manera de entender y narrar el fútbol. Esta obra ha consolidado una vieja amistad forjada en el Camp Nou.

LA JUGADA DE MI VIDA

ANDRÉS INIESTA

LA JUGADA DE MI VIDA

MEMORIAS

CON LA COLABORACIÓN
DE RAMON BESA Y MARCOS LÓPEZ

MALPASO

BARCELONA   MÉXICO   BUENOS AIRES   NUEVA YORK

DEDICATORIAS

A ANNA

Por ser como eres, por quererme como lo haces, por ser quien eres, ¡muchas gracias! Me devolviste la ilusión y diste sentido a mi vida. Conocerte es lo más mágico que me ha pasado. El destino nos unió para recorrer juntos nuestro camino. Me has dado la oportunidad de ser padre, de formar una familia increíble y de sentir la felicidad completa junto a vosotros. Ya hemos vivido muchas experiencias inolvidables y únicas, pero sé que a tu lado lo mejor siempre está por llegar.
No entendería mi vida sin ti, Mami.

A MAMÁ

Madre sólo hay una, y el mejor ejemplo eres tú. Te debo lo que ahora soy. Me has enseñado lo que me gustaría enseñar a mis hijos. Eres un modelo para mí. No puedo imaginarme el dolor que sentiste cuando me quedé en la Masía con doce años. Siempre te has colocado en un segundo plano, como a ti te gusta, pero sin ti no sería posible disfrutar de lo que hoy tenemos. Para mí eres imprescindible. Después de tanto sufrir y tanto llorar, cada momento que paso junto a ti es una alegría incomparable. Eternamente agradecido por todo y por tanto, mamá.

A PAPÁ

Has sido mi guía, mi entrenador, ese padre que uno quiere tener para sentirse protegido. Sería muy difícil entender mi vida, comprender hasta dónde he llegado, sin recordar que siempre estuviste junto a mí. No soñabas con ganar champions, ligas, eurocopas o mundiales. Sólo soñabas con que tu hijo fuese futbolista, y lo hemos conseguido. Llorando, sufriendo, resistiendo, pero lo hemos logrado y ahora podemos disfrutar el doble. Mi agradecimiento eterno por tanto como me has dado. Y, sobre todo, por las muchas cosas que me has enseñado, papá.

A MARIBEL

Siempre serás mi chica. Porque estar cinco años sin ti no fue fácil; porque nadie hace el papel de hermana mejor que tú. ¿Recuerdas cómo nos peleábamos de pequeños? Aún hoy me encanta hacerte rabiar de vez en cuando. Tienes un corazón enorme. Te quiero mucho, más de lo que piensas: llevamos la misma sangre y eso marca. Sé que si hace falta me darás lo que necesite y sé, además, que con Juanmi estás en buenas manos. Gracias por estar a mi lado, chica.

A VALERIA Y PAOLO ANDREA

Mis tesoros. Mi princesa y mi terremoto. ¡Qué maravillas nos ha dado la vida! ¡Qué felicidad tan inmensa! La princesa de la casa y el campeón de la casa: ¡menuda pareja! Algún día leeréis este libro y descubriréis muchas cosas.
    ¡Sois el motor de mi vida!

A ANDRÉS JR.

Jamás podré olvidarte. La gente no te conoció, yo sí. Te conocí y eras precioso. Aunque no estés físicamente, sé que eres un ángel. Luchamos por ti y eso quedará para siempre en nuestros corazones.

PRÓLOGO

Si pones mi nombre en Google tal vez llegues a creer que puedes averiguar todo lo esencial sobre mí, tú y miles de personas. Allí, al fin y al cabo, te saldrá mi vida al instante. Pero no lo sabrás todo, ni mucho menos. Hay hechos que no han trascendido, episodios que me gustaría contextualizar, experiencias que necesito ordenar... Más que una necesidad es una ilusión: la de ver mi verdadera historia reflejada en un libro, en una autobiografía. Yo también pienso que uno debe tener (al menos) un hijo, plantar un árbol y escribir un libro. Pues bien, tengo dos hijos maravillosos y el recuerdo del árbol que presidía la pista de Fuentealbilla me ha acompañado siempre. Ahora llega el libro. Su título es *La jugada de mi vida*.

Cuando emprendo un camino, me entrego en cuerpo y alma. Hago las cosas porque las siento, no porque sí o por quedar bien. Así que he relatado mi vida con la misma fe, ganas y determinación con que juego al fútbol o cuido a mi familia. Quería un texto a medida, y para escribirlo como yo lo veía precisaba la ayuda de quienes pudieran darle la forma y el tono adecuados con el fin de que no resultara una simple explosión sentimental o futbolística. Necesitaba a alguien que me conociera y fuese capaz de interpretar mis sensaciones, alguien que hubiera seguido mi carrera, alguien dispuesto a poner sobre papel las reflexiones que empecé a anotar el 12 de mayo de 2012, fecha en que se inicia la redacción de esta historia.

El libro ha llevado su tiempo porque no quise fijarme plazos ni supeditar su publicación a mi trayectoria con el Barça y la selección. No es una cuestión comercial, sino personal. Por otro lado, las vivencias que pensaba revelar requerían un laborioso trabajo de, digamos, «absorción» por parte de quienes me ayudarían a exponerlas. Me refiero, claro, a Marcos López y Ramon Besa. Quería contar con personas de confianza para armar el relato, con periodistas que conocieran bien mi vida deportiva y los entresijos del Barcelona o la selección, con expertos integrados en el entorno de la profesión. Ni escribientes ni empleados a sueldo, sino gente del oficio a quien pudiera revelar mis cosas sin pudor o miedo, profesionales honestos que hicieran un buen uso de esas revelaciones y, al mismo tiempo, fueran aceptados y reconocidos por los individuos cuyas opiniones yo quería recoger en el libro.

Para ese ingente trabajo de campo nadie mejor que Marcos López, magnífico periodista y mejor persona. Su carácter, además, sintoniza a la perfección con el de Ramon Besa, otro excelente periodista siempre empeñado en buscar el sentido de las cosas, en perfilar el tono de la historia, en hallar un estilo coherente con la personalidad del protagonista. Decidimos funcionar como un equipo y nos pusimos una única condición para realizar la tarea: trabajaríamos sin interferencias externas y sólo entregaríamos el libro cuando estuviera más o menos terminado. Las gestiones con las editoriales serían cosa de Pere Guardiola y Joel Borràs. Y así ha sido hasta casi el final, cuando supimos que Hachette y después Malpaso habían comprado los derechos de la obra. Después tuvimos la inmensa suerte de que los traductores del texto al inglés fueran Sid Lowe y Pete Jenson, dos buenos amigos, y de que los editores en castellano y catalán hayan sido Malcolm Otero y Julián Viñuales, cuyas indicaciones han sido decisivas para la revisión y la mejora del libro.

Marcos y Ramon no necesitaban presentaciones ante quienes yo deseaba que apareciesen en el libro. Quería, sobre todo, que por estas páginas desfilaran las personas a quienes valoro especialmente, las que mejor podían complementar lo que yo iría contando. Habrá seguramente olvidos involuntarios, puede que algunos lectores lamenten la ausencia de críticas y estoy convencido de que otros echarán en falta a determinados personajes. Quiero dejar claro, en cualquier caso, que éste es el libro que yo quería, que yo y nadie más soy el único responsable de su contenido. Estoy seguro de que mis colaboradores habrían modificado algunos aspectos del relato o lo habrían enfocado de forma diferente. Yo quería explicar cómo me veo (o, dicho de otro modo, cómo me he sentido) y cómo me ven quienes creo que me conocen. Luego he desgranado mi vida en capítulos a fin de facilitar la lectura sin que se perdiera el hilo de la historia. Pero no se trataba de escribir una novela, sino de articular un libro de forma periodística porque quienes me han ayudado son periodistas que han sabido recorrer las etapas principales de mi vida.

No tengo apenas nada que contar sobre hechos bien conocidos que, pese a ello, para algunos pueden ser interesantes. Hablo de mi día a día, de mis costumbres. Ya se sabe que me gusta estar con mi familia, con Anna, con Valeria y Paolo Andrea, también con mis padres y con Maribel, mi hermana. Me encanta llevar a Valeria al colegio o recogerla a la salida; tiene una sonrisa contagiosa. Me encanta estar con Paolo Andrea, que es un terremoto. Anna y yo acostumbramos a salir un día a la semana (aunque no siempre es posible); nos gusta cenar por ahí, probar restaurantes, dar una vuelta o ir al cine. Estopa sigue siendo mi grupo favorito: me gustan sus canciones y me gusta, además, cómo son. En el campo musical estoy en deuda con Àlex de Guirior, que me mezcla un poco de todo (reguetón, *house*, pop español...) y me monta estupendas selecciones. Y, naturalmente, como deportista que se cuida me gusta dormir un poco para descansar bien.

No era mi intención publicar un libro para revelar cosas tan comunes. Quiero hablarles de mi pasión por el fútbol. Marcos y Ramon sostienen a veces que fui un niño sin infancia y que ahora quiero recuperarla escribiendo. Yo intento convencerlos de que estoy muy orgulloso de cuanto hice siendo niño. Hay episodios de esa etapa que no fueron agradables ni fáciles de superar, como tampoco lo fueron, por ejemplo, los meses previos al Mundial de Sudáfrica: he intentado contar esos hechos de forma sincera, como los viví y sentí, sin ocultar nada y sin molestar a nadie.

No fue sencillo, ciertamente, pasar de Fuentealbilla a la Masía. Tardé un año en adaptarme, en construir mi vida dentro de aquella residencia, pero acabé teniendo un sitio en la biblioteca, disfrutando de mi habitación, de mis objetos, de mi espacio. Y de mis golosinas. Me encantaban las magdalenas que me llevaban mis padres y el bizcocho de la abuela de Jordi Mesalles que siempre mojábamos por la noche en la taza de leche con Cola Cao. Guardo recuerdos imborrables, alguno especialmente feliz para la familia como cuando el director Joan César Farrés me eligió para representar a los chicos de la Masía en la recepción que ofreció el papa Juan Pablo II en el Vaticano con motivo del centenario del F. C. Barcelona. Mi madre me compró un traje nuevo como si aquello fuese la primera comunión.

También necesito ir de vez en cuando a Fuentealbilla. Allí tengo casa, mi casa, allí sigue buena parte de la familia, allí me reúno con buenos amigos y allí está mi bodega. Me encanta estar con mis abuelos, comer con ellos y aprovechar el poco tiempo que tenemos juntos. En el pueblo veo a mis tíos y primos aunque algunos viven en Almería o Mallorca. Y no olvido las carreras con mi tío Andrés para ir preparando la temporada. Me gusta recordar de dónde vengo, que soy de allí, pero también afirmo que soy de aquí, de Barcelona. Esos vínculos son muy fuertes, sentimientos muy hondos... Sé que debo cuidar a las personas y las cosas que más quiero, ayudar a quienes me rodean, y no me siento solo por más que a veces nos guste aislarnos de los demás.

No estoy envuelto en silencio como piensan algunos. No es cierto que nunca he participado en broncas o chiquilladas. Quienes de verdad me conocen me acusan en ocasiones de abrumarlos con mis consejos o mis manías, de querer organizarles la vida. Me siento bien cuando me dicen que sé unir a la familia y encontrar a las personas más capaces para las cosas que preciso. Soy muy tauro, muy testarudo. Nunca acepto un no por respuesta.

Pero también soy agradecido, y quiero que se sepa. Estoy agradecido a mi familia, al Barça y a la selección. También a todo lo que viví durante mis inicios en Albacete. No voy a dar nombres de directivos o presidentes, prefiero expresar mi gratitud a la entidad en su conjunto porque en ella se reflejan todos los que han trabajado para el club. La mejor manera de mostrar mi afecto por el Barcelona es honrar su camiseta, ser un buen compañero, darlo todo en el campo y representar siempre con lealtad y dignidad a la institución. Así lo hice incluso cuando me tocaba hacer de recogepelotas detrás de aquellas vallas publicitarias que no nos dejaban ver a nuestros ídolos. Nada me motiva más que intentar hacer más grande a mi club y a la selección.

Siento un profundo respeto por mi profesión. También respeto a mis compañeros, a los rivales y, por supuesto, al público. Mi dedicación es plena y procuro no engañar a nadie. Me encanta que me aplaudan, pero no por cortesía: los aplausos sólo valen cuando salen de dentro. Es lo más bonito que puede sentir un jugador cuando su entrega es plena.

Este libro es una prueba más, la prueba diría, de que necesito expresarme, reafirmarme en mis decisiones, confirmar a diario la hermosa verdad de una frase guardada en la pequeña vitrina que hay a la entrada de nuestra casa: «Las piedras que nos encontramos en el camino nos ayudan a ver la vida desde otro punto de vista y a levantarnos con más fuerza». A veces necesitas desbloquearte, pero sólo es posible si antes eres consciente de que estás bloqueado.

A mí me mueve desde siempre la pasión por el fútbol, lo digo y lo repito ahora que tengo la suerte de ser capitán. Gracias a este libro, ahora también puedo gozar con los testimonios de quienes me han hecho disfrutar de la vida, las personas que se desvivieron para que yo pudiera dedicarme a lo que más me gusta, para que pudiera ser quien soy en el mejor equipo del mundo. Es un privilegio. No puede haber nada mejor que hacer tu trabajo y ser reconocido por ello: eso no tiene precio. Hemos ganado muchos títulos, hasta dos tripletes en seis años, y aspiramos a ganar muchos más trofeos. Competimos para el éxito.

Marcos y Ramon me piden a menudo que les explique cómo me veo, qué hago para salir del acoso de los contrarios, sobre todo cuando me rodean hasta seis o siete; me preguntan si mi manera de jugar es equiparable a la de Roger Federer; me recuerdan que mis movimientos son rápidos y sincronizados... Luego lo cuentan en sus artículos. Me ruborizan especialmente cuando describen que en una sola jugada mía se pueden plasmar todas las prestaciones exigidas a un jugador para que éste sea considerado completo: la rapidez en la toma de decisiones; la calidad del pase; la capacidad para frenar y acelerar; la habilidad para el control orientado y el cambio de orientación. Yo no sé qué decir, prefiero que lo digan otros. Sí creo que es necesario tener una buena técnica, ser intuitivo, hallar los espacios y lograr que el equipo te acompañe en la jugada cuando atacas, señal de que tiene confianza en ti y de que el adversario retrocede. Algunos afirman que mi secreto está en mis primeros diez metros de salida, otros sostienen que he sacrificado los goles de mi infancia a cambio de correr como nadie. No sé... Lo que hago, insisto, me sale de dentro. Si volviese a nacer haría lo mismo. Cuando entro en el campo ya intuyo cómo me voy a encontrar durante el partido, cómo va a fluir el fútbol, porque sé cómo me siento, porque noto si estoy rápido y despierto. A veces incluso percibo lo que va a pasar el día antes del encuentro, lo visualizo. Y desde luego hago cosas que no he pensado. Mi cabeza va muy rápido. Mi madre me dice que a veces parece estallar, como nos pasa a todos los Luján. Los Iniesta-Luján somos gente tenaz y austera, trabajadores. A fin de cuentas, el deporte es como la vida. Se trata de no rendirse nunca, de demostrar cada día que puedes salirte con la tuya, de ser fiel a tus principios. Quería recordármelo. Quería ver pasar los años en las hojas de un libro y llevar a ellas las voces de los demás, de quienes me han ayudado. Ha sido posible gracias a Ramon y Marcos, los mejores jueces de mi trabajo y mi quehacer diario.

Quiero dar las gracias muy sinceramente a quienes se han prestado a hablar para esta obra durante los cuatro años que ha durado su redacción. No pretendo ser «patrimonio de la humanidad», como dijo el míster Luis Enrique, pero siempre le agradeceré esas palabras. No necesito los premios que no me han dado ni quiero entrar en las asociaciones o tribunas a las que no pertenezco. Tampoco tengo que reivindicar nada. Valoro lo que he logrado, me siento dichoso en Barcelona y en Fuentealbilla, en el Barça y en la selección, en Cataluña, en la Mancha, en España y en el mundo. Me considero un ser afortunado que cuenta con el cariño de la gente, y a esa gente quería ofrecerle la historia que no hallará en Google: la historia de mi vida contada por mí. Espero que todos la disfruten tanto como yo he disfrutado narrándola. Sería feliz si este relato gusta a los lectores tanto como mi juego porque al escribirlo he puesto el mismo empeño e interés que pongo en el campo cuando visto las hermosas camisetas del Barça o la selección. Ésa era mi meta.

ANDRÉS

NOTA DE RAMON BESA Y MARCOS LÓPEZ

Ésta no es una biografía normal, no es el tradicional relato de una vida. Ni siquiera es un libro sobre «Iniesta». Es, en realidad, el libro de Andrés. Su libro. Ni más ni menos. Quienes estén acostumbrados a las memorias donde el héroe registra uno tras otro los episodios más gloriosos o banales de su existencia (casi siempre ensalzando los éxitos y velando los fracasos o los miedos) tal vez se sorprendan al advertir que nuestro protagonista aparece menos de lo que, en principio, sería de rigor. Andrés hace aquí lo contrario. Asoma en todos los capítulos, interviene en las controversias, puntualiza, aclara, confirma o desmiente, está ahí, pero casi siempre lo vemos con los ojos de las personas que lo han acompañado. Está, pues, en cada línea de esta obra, un proyecto que arrancó en el año 2012. Si se lo preguntásemos a él, quizá nos diría que su presencia directa es excesiva. Quiso, eso sí, que se conocieran los hechos que han jalonado su largo y paciente camino hacia una cima que nunca pensó alcanzar. Ni en sus mejores sueños hubiera imaginado una trayectoria tan espectacular. Pero tampoco estaba previsto lo mucho que sufriría en la academia del Barça cuando sus padres lo dejaron allí siendo un niño de doce años. Nadie le avisó que el balón no lo libraría de todos los males. Se unió a la pelota en Fuentealbilla, un pueblo de Albacete que él puso en el mapa del mundo, y no se ha despegado de ella. Ahí sigue con el balón a sus pies.

Llegado a este punto, después de haber triunfado con los equipos de Rijkaard, Guardiola o Luis Enrique y las selecciones de Luis o de Del Bosque, convertido en el capitán del Barcelona y en el símbolo de un fútbol que ha conquistado el planeta, quiso detener el cronómetro. Paró el balón y miró atrás. Aceleró y frenó. Corrió y jugó. Tal cual. No, éste no es un libro autobiográfico convencional. Si esperaban algo así, lamentamos defraudarlos. Y no lo culpen a él porque la responsabilidad es nuestra. Como suele ocurrir cuando juega, Andrés pensó antes en los demás. Quería dar a conocer el camino que lo condujo desde el patio de un colegio manchego hasta el Camp Nou, el Soccer City, Wembley o Stamford Bridge... Y quiso que fueran otros (familiares, amigos, técnicos, compañeros o rivales) quienes tomaran la palabra.

Andrés quería desempeñar el mismo papel que en el césped: tomó la pelota entusiasmado y empezó a regalar pases: fue un partido asombroso porque, todo hay que decirlo, a medida que avanzaba iba descubriendo aspectos de su vida que ni siquiera él conocía. Jugó todos los minutos de un largo encuentro. No se tomó ni un respiro. Nadie lo sustituyó.

Guio nuestros pasos por una ruta nunca antes transitada buscando huecos entre torneos, entrenamientos y concentraciones. Y hablamos con mucha gente, todas las puertas se nos abrieron, incluso las más delicadas o complejas: «Si me lo pide Andrés, cuando queráis». No había agenda que se resistiera ni teléfono inaccesible. Viajes, correos, WhatsApps... cualquier medio servía para obtener testimonios exclusivos, para grabar horas y horas de conversaciones. Andrés era el personaje principal y, al mismo tiempo, el productor de la película que ahora por fin estrenamos.

El trabajo ha durado cuatro años, aunque si por él fuera aún no habría concluido. Siempre encontraba (y encuentra) una persona nueva a quien llamar, una historia distinta para compartir, una mirada desde otro ángulo. Hacían falta muchas miradas para desvelar las innumerables capas ocultas del singular astro manchego. Quitas una y aparece otra.

Este texto recorre, como es obvio, la historia reciente del Barça y la selección, pero no es, en lo fundamental, un libro sobre fútbol; ni siquiera es un libro sobre el futbolista a quien todos admiran: éste es un libro sobre Andrés y es, además, el libro de Andrés, un individuo perfeccionista hasta la última coma, minucioso hasta el más mínimo detalle. Todo lo ha examinado con lupa en el volumen que ustedes tienen entre sus manos: el tipo de letra, el color de la faja, la foto de cubierta... Le costó decidirse, pero finalmente se inclinó por el título *La jugada de mi vida*, palabras que no aluden al gol de Stamford Bridge o al del Soccer City. Su alcance es mucho mayor porque la jugada de la que hablamos es, sencillamente, un insólito periplo vital. Por eso, insistimos, este libro le pertenece. Tal vez nosotros habríamos hecho otro. Tal vez... En cualquier caso no era nuestra obra. Bastante hemos tenido con seguir el juego durante alguno de los lances más peliagudos. La pelota, como siempre, ha sido suya.

RAMON Y MARCOS

PRIMERA PARTE

EN UN LUGAR DE LA CANCHA

1.

EL PARAÍSO PERDIDO

«Sólo sé que era feliz, muy feliz.»

Apenas tenía ocho años y ahí andaba Andrés, pequeño y enjuto, tan blanco y delicado que parecía no tener sangre ni huesos, como si fuera de algodón, pura fibra que se tensaba inexorablemente en cuanto asomaba la pelota. Algunos aseguran que siempre ha tenido cara de niño bueno, pero otros intuyen otros perfiles, gestos que van y vienen según la forma de tejer cada jugada. Lo suyo es el balón en cualquier territorio, no un espacio, no un sector de la cancha: desde su añorada infancia en Fuentealbilla, el pueblo manchego donde nació en 1984, el reino de Iniesta es y ha sido todo el campo.

Un descampado de tierra vio sus primeros regates; después llevaría sus dominios al patio del colegio. Día tras día correteando en aquella explanada de cemento, sin descanso, sin tregua. La dicha del juego hasta la caída de la tarde.

«Me pasaba las horas jugando cuando acababan las clases —recuerda ahora—. Es una lástima que por aquel entonces no hubiera luz en la pista. Se hacía de noche y me tenía que ir, a veces mi madre o mi abuela tenían que venir a buscarme. Le habría sacado más provecho a esa pista si hubiese tenido luces como ahora.» Las farolas de la calle no bastaban para iluminar su avidez futbolística.

En aquel modesto patio de escuela, bastante cerca del bar Luján que regentaba la madre mientras su marido repartía cuadrillas de albañiles por la región, empezó a forjarse la leyenda de un jugador prodigioso.

«Yo era cuatro años mayor que él. Tenía diez y Andrés seis,

21

pero ya jugaba como tres o cuatro veces mejor que yo —Abelardo, viejo amigo del pueblo apodado el Sastre, aún ve a la pequeña figura caminando hacia su casa—. ¿Nuestra relación? Fútbol, fútbol y más fútbol. No había otra cosa en nuestras vidas. Venía a mi casa con el balón bajo el brazo, un balón de goma blanca gastado por tantas patadas como le dábamos. No teníamos otra pelota. El balón hacía más bulto que él. O me venía a buscar o iba yo al bar Luján.» Fuera cual fuese el punto de encuentro, el ritual no cambiaba: «Luego nos íbamos peloteando a la pista de la escuela —cuenta Abelardo—. Allí pasábamos las horas hasta que venían a buscarlo, casi siempre aparecía su abuela. Yo, como era mayor, me iba solo a casa».

En Fuentealbilla no había campo de fútbol, sólo contaban con el patio «polideportivo» de la escuela solemnemente presidido por un árbol majestuoso. «Recuerdo ese árbol desde que tengo uso de razón. Según me contaron mis padres, en aquel sitio había antes una balsa y el árbol, claro. Luego hicieron la pista para los niños. Allí estábamos todo el santo día jugando al balón. Julián, Andrés y yo. No necesitábamos a nadie más. Tirábamos penaltis, hacíamos vaselinas, nos divertíamos de mil maneras —añade Abelardo, emocionándose con el recuerdo de la castigada pelota blanca que iba de pie en pie—. ¡Cómo me gustaría encontrar aquel balón de goma dura! ¡Ya no tenía ni color! —exclama sabiendo que el hallazgo de esa joya es una quimera—. ¿De verdad era blanco? Ya ni me acuerdo, pero sí tengo muy presente la imagen de Andrés viniendo por la calle con el bocadillo en una mano y el balón en la otra... o dándole patadas a la pelota. Cuando ahora lo veo jugar me viene siempre esa imagen a la memoria. Era como Oliver Atom,[*] nunca se separaba del balón.»

---

[*] Protagonista de la serie de dibujos animados conocida como *Los supercampeones* en Hispanoamérica y como *Oliver y Benji* en España.

El tercer amigo, Julián, también recuerda esa estampa cotidiana: «Después de clase llegaba a la puerta de mi casa con el balón y el bocadillo: "¿Bajamos a echar unos tiros?". "Vale, Andrés", le contestaba». Y los dos iban en busca de Abelardo para formar el primer tridente en la vida de Iniesta. Julián vivía (y vive) muy cerca del bar Luján, de modo que no perdían mucho tiempo en los preparativos. Reunidos los tres empezaba el festival de pelota. «No paraba de darle patadas al balón, chutaba contra los muros de las casas, nos hacía pases —cuenta Julián—. Nos inventábamos juegos, concursos de faltas, de penaltis... Pasábamos horas y horas en la pista. Si necesitábamos un portero, invitábamos a uno de los pequeños. Andrés era de los pequeños, pero siempre jugaba con nosotros. Era tan bueno que no podía jugar con los de su edad. Se aburría. Por eso le dijimos que se viniera con nosotros. Los demás eran porteros o los poníamos en la barrera cuando hacíamos el concurso de faltas.» Entre clases y juegos discurrían las vidas de Andrés, Julián y Abelardo en Fuentealbilla.

«Algunas noches también andábamos peloteando por las calles del pueblo. El problema surgía cuando "calábamos" la pelota (sí, aquí se usa esa palabra) en el patio de un vecino», cuenta Julián. Aquel tridente infantil perdía a veces el buen gobierno del balón y éste acababa en territorio hostil: más de un ciudadano estaba hasta las narices de los balonazos que sufría su vivienda. La gran duda era quién le ponía el cascabel a tan temible gato. Casi siempre era uno de los mayores, Abelardo o Julián. Andrés aguardaba expectante a que el emisario volviera con el preciado tesoro. «No veas las caras que ponían los vecinos, ¡ja, ja, ja! Pero al final, y aunque fuese de mala gana, solían decirnos: "Bueno, venga, ahí tenéis la pelota".»

La maldita pelota para los pacientes hijos de Fuentealbilla; la bendita pelota para la incansable delantera. «El balón, por cierto, era casi siempre suyo. Ésa es la verdad, casi siempre lo traía él —explica Julián sin ocultar el orgullo de haber interve-

nido junto a Abelardo en los primeros pasos (y carreras) de un astro futbolístico—. Después de tanto jugar con él, acabamos aprendiendo. Nunca llegamos a su altura, por supuesto, pero teníamos más nivel que otros chicos del pueblo —dice Julián—. Andrés se enfrentaba a los mayores. Y os digo una cosa: no es lo mismo hablar de su juego que verlo jugar. Hacía lo que quería con gente que le doblaba la estatura. Lo prometo por mis hijos. Se giraba con la pelota y dejaba sentado al mejor del pueblo. Parecían de plástico. Lo llevaba en la sangre, no hay duda.»
«Andrés es puro fútbol», sentencia Abelardo.

Cuando el sol se ponía, los tres amigos empleaban a veces un «campo privado» para no atormentar a los sufridos vecinos. «En el Luján había una sala interior donde nos montábamos el último partidillo. Mientras nuestros padres cenaban en el bar, nosotros cogíamos una pelota de tenis o de papel e improvisábamos un juego. Uno, por ejemplo, se tumbaba en el suelo apoyado en la pared y hacía de portero. ¿Cómo paraba los goles? Pues arrastrándose por el suelo. Terminábamos sudando la gota gorda.» Los fines de semana aparecía Manu, un primo de Andrés que advirtió enseguida la importancia de lo que estaba ocurriendo en las calles de aquel pueblo.
«Andrés vino recomendado cuando todavía era muy niño. ¿Por quién? Por su primo Manuel, que jugaba entonces en el Albacete», recuerda Víctor Hernández, uno de sus primeros entrenadores en el club manchego. Después tampoco hubo muchos, porque su vida futbolística fue corta en aquella tierra.
La historia empieza con Pedro Camacho, hermano del exfutbolista y entrenador José Antonio Camacho. Pedro había entrenado en el Atlético Ibañés a un jugador con fama de exquisito en los campos de la Manchuela.* Lo llamaban Dani en honor de

* Comarca albaceteña donde se encuentra Fuentealbilla.

Dani Ruiz Bazán, aquel delantero del Athletic, vizcaíno de Sopuerta, que brilló en el viejo San Mamés durante los años setenta y ochenta. El Dani albaceteño se llamaba en realidad José Antonio Iniesta, por aquel entonces era seguidor del Athletic y llegó a destacar en el modesto equipo de Pedro Camacho. «Tenía sus detalles, su manera de jugar; iba muy sobrado como centrocampista en Preferente y Tercera, pero, desde luego, no era como su hijo», señala Camacho.

—No, no puede, aún no tiene la edad —le respondieron a José Antonio Iniesta en el Albacete cuando quiso que vieran a su chico después de leer un anuncio en la prensa donde se informaba de que se abría el periodo de pruebas para niños—. Es demasiado pequeño.

Andrés tenía siete años y era demasiado joven. También era bajito. Pequeño ha sido toda la vida: su grandeza era otra.

El muy obstinado José Antonio nunca acepta un «no» por respuesta, así que recurrió a Pedro Camacho, su antiguo entrenador y hermano del célebre Camacho madridista (quien, por cierto, acuñaría la imborrable exclamación «¡Iniesta de mi vida!», tras el gol de Johannesburgo). Y, junto al Campo de la Federación, dieron con un arreglo. No era propiamente una cancha de fútbol, ni mucho menos, sino un terreno habilitado para la práctica del fútbol siete. De tierra y sin vestuarios. Bueno, había unos vestuarios, pero pertenecían al campo de hierba contiguo. Pedro dirigía allí una escuela de fútbol.

«Vino a verme Dani. ¿José Antonio? Bueno, para mí siempre será Dani, el jugador que tuve en el Atlético Ibañés. Aún recuerdo que el presidente del Atlético me dijo: "En septiembre llegará un jugador muy bueno". No podía venir antes porque trabajaba en Mallorca durante el verano, pero volvamos al asunto —prosigue Camacho—. Dani me dijo: "¿Puedo traer a mi chiquillo? En el pueblo son cinco o seis niños de su edad y no tiene a nadie con quien jugar". Y yo le dije que sí, claro, pero recuerdo que también comentamos los inconvenientes: "¡Estáis a cincuenta kilómetros!". Y él contestó: "¿Crees que no lo sé? Los tengo contados, son cuarenta y seis. No pasa nada".» Dani no titubeaba y a Pedro le zumbaban ya los oídos con las noticias que le llegaban del chico a través de Manu. Era, en efecto, muy pequeño, apenas tenía siete años, y Pedro no quería saltarse las normas que establecían la edad mínima para los jóvenes futbolistas. Al final, sin embargo, Andrés entró en la escuela. Allí se formaría con Juanón y el propio Pedro, sus primeros técnicos, e incluso llegaría a jugar un torneo en Sants, un barrio de Barcelona próximo al Camp Nou.

—Tengo un primo muy pequeñajo que es buenísimo. En el pueblo juega de maravilla —contaba Manu a quien quisiera escucharlo—. Mi primo es bueno, muy bueno —sostenía una y otra vez—. Siempre destaca. Dímelo a mí, que he jugado de portero contra él. Hasta que no lo veas no te lo vas a creer —repetía.

La perseverancia familiar acabó imponiéndose a las reservas de Pedro Camacho.

Ya se sabe lo que ocurre con los críos: muchos padres creen ver en ciernes al mejor futbolista del mundo y José Antonio Iniesta, gran experto en la materia, no era precisamente una excepción. Una mañana cogió su Ford Orion azul y se presentó con su hijo en el campo, después de recorrer entusiasmado los cuarenta y seis kilómetros que separan Fuentealbilla de Albacete.

Quebrada la voluntad de Pedro Camacho, otro anuncio en el periódico le abrió las puertas que hacía un año se habían cerrado. El Albacete hacía nuevas pruebas y José Antonio volvió a la carga con Andrés, que ya tenía ocho años y cumplía así todos los requisitos. Una multitud de niños se sometía al veredicto de un jurado compuesto por Ginés Meléndez (coordinador del fútbol base en el club), Andrés Hernández (padre de Víctor), Balo (entrenador de los benjamines) y el uruguayo Víctor Espárrago (por aquel entonces entrenador del primer equipo).

«Vimos a Andrés en las pruebas y a los cinco minutos dijimos: "¡Saca al chiquillo de ahí, no hace falta más!" —recuerda Balo—. Igual no fueron ni cinco minutos, poco importa. Nos bastó con muy poco tiempo. Apenas estuvo en el campo, no había ninguna duda y aún teníamos que ver a muchos otros niños, debíamos aprovechar el tiempo observando a los demás. Entre las buenas referencias de su familia y lo que vimos nosotros era más que suficiente. Era una maravilla verlo con la pelota, tan chiquitajo como era... Parecía que el balón era más grande que él. Se ponía en el centro del campo y cogía el balón. No había forma de quitárselo, era imposible, pero imposible, vamos, como ahora», cuenta Balo, todavía asombrado por el prodigio diminuto que desplegaba tanta destreza frente a sus ojos aquella fría mañana. «No había nada más que ver, lo habíamos visto todo», dice Víctor. «Era distinto a todos los críos», subraya Pedro Camacho.

Y por allí andaba Andrés, el hijo de Dani, jugando en un equipo de niños y niñas, pateando el balón en un campito de tierra albaceteño.

—No te preocupes, Dani. Se quedará con los más chicos, estará conmigo —le dijo Camacho al padre de la criatura.

«En los primeros partidillos, tras unos quince minutos de calentamiento, cogía la pelota, regateaba a todos y marcaba. Así un día tras otro, hasta que me acerqué a él: "También tienes que buscar a los compañeros, tienes que pasar el balón a los demás, ¿vale?".» Y aquel renacuajo —«le soplabas y se lo llevaba el aire, era muy chico; bueno tampoco es que haya crecido mucho desde entonces», bromea Pedro— se quedaba mirando al antiguo entrenador de su padre. «Sí, señor», balbuceaba el pequeño Andrés.

Así empezó a compartir la pelota con sus amigos, todos uniformados con un chándal que llevaba estampado en el pecho el escudo de la Federación Española de Fútbol. Sólo había un problema: «Cuando formábamos los equipos, todos querían ir con Andrés. Todos lo elegían. Sabían que ganaba los partidos. Él, mientras tanto, no despegaba los labios. Había peleas por jugar con él. Yo era de los peores. Si éramos doce, yo era el número diez y Andrés, claro, era el número uno, el capitán del equipo. En los entrenamientos, todos le pedían que fuera su pareja, pero él, tímido como es, se callaba. Hasta que al final decía: "Voy con Mario". Buscaba a los más flojos para echarles una mano. Podía ir con niños mejores que yo, pero, no me preguntéis por qué, me escogía a mí». Esto cuenta Mario, que conoció a Andrés el día de la prueba. Entonces tejieron una gran amistad que aún perdura. «Él era de Fuentealbilla, yo de Albacete. No lo conocía, claro. ¿De qué iba a conocerlo? Hicimos la prueba y en el primer partidillo marcamos cuatro goles, dos él y dos yo. ¿Cómo? Muy fácil. Nos pusieron de delanteros y, cuando sacaba el portero contrario, nos colocábamos junto al área. Como no tenían fuerza para lanzarla lejos —éramos pequeñitos, ¡eh!— el balón se quedaba al borde del área. Estábamos cerca del portero y la pelota caía siempre a nuestros pies. La agarraba Andrés, hacíamos una pared y gol. ¡Sólo teníamos ocho años!», explica Mario, que no olvida el resultado de aquel partido (4-1). Tampoco una imagen grabada para siempre en su memoria:

—Nene, ¿te acuerdas de aquellos pantalones rojos que nos venían enormes por todos lados? —le pregunta aún ahora su viejo amigo Andrés.

A mediodía, cuando comenzaba el entrenamiento, una diminuta figura se presentaba en el último instante vestido ya de futbolista y con las botas puestas. Siempre con el tiempo justo. «¡Las que liaba el pobre para venir a entrenar! Su padre estaba en la obra y a menudo no podía traerlo. Nosotros no teníamos problemas porque vivíamos en Albacete. Salíamos del cole, nos íbamos a entrenar y después volvíamos a la escuela. Él, no. Por eso llegaba un pelín tarde», cuenta Mario. Se cambiaba en el trayecto de ida; a la vuelta, tras jugar con sus nuevos amigos, devoraba el bocadillo de chorizo y se bebía el zumo que le había preparado su madre. «¿Por qué entrenábamos a mediodía? Pues porque por la tarde no había campos disponibles. Estaban los alevines, los infantiles, los juveniles... Y porque Balo trabajaba en el casino de Albacete. Andrés llegaba con las botas puestas y con las botas puestas se iba.» Así, todos los martes y jueves se formaba el tándem Andrés-Mario en los entrenamientos, pero la pareja se deshacía cuando llegaba el fin de semana. Mario, por otra parte, no jugaba de titular. Nunca hablaban mucho fuera del campo, aunque tampoco es que contaran con tiempo para ello porque vivían en poblaciones distintas. Andrés, en cualquier caso, nunca se distinguió por su locuacidad.

«Era diferente de los otros críos —explica Pedro Camacho—. No hablaba nada, había que sacarle las palabras a codazos. Era muy atento, muy educado, se diría que sólo sabía decir "sí, señor".»

Tenía razón Manu: quien veía jugar a aquel niño quedaba prendado de su extraordinaria habilidad. Aun así, era necesario desarrollar esa pericia y había un obstáculo: Albacete, como recuerda Víctor, «no tenía muchos campos por aquel entonces». La liga de los benjamines se jugaba siempre en una parcela donde cada fin de semana se disputaban entre diez y veinte partidos. «No teníamos vestuarios, nos cambiábamos en los coches. ¿Duchas? No, no había —continúa Víctor—. Casi todos los jugadores venían con la ropa de casa. ¿Andrés? Se quitaba el pantalón del chándal y a correr... A veces jugamos partidos en Almansa, en Hellín, en Caudete...»

Sea como fuere, aquel niño tan menudo nunca pasaba desapercibido.

—¡Joder con Andresito, qué barbaridad! —le decían a Víctor.

—¡Madre mía, qué maravilla de chiquillo! —oía su entrenador en cada partido.

«No, no era normal que destacara tanto. Hacía cosas increíbles con las dos piernas. ¿Eso se puede enseñar? Sería fácil decir que sí, pero no. Eso no se enseña, eso lo llevaba dentro. Y lo llevava. Era fantástico verlo jugar.» Desde el día en que llegó de Fuentealbilla, los técnicos tuvieron una sensación extraña. «Nos rebasó a todos, a mí y a todos —confiesa Pedro Camacho—. El chiquillo se salía, pero nadie pensó que se saldría tanto. Para la edad que tenía era una bendición en esas categorías. No cuadraba en ningún sitio, no sabíamos de qué planeta había venido —cuenta aún desconcertado el exentrenador del Atlético Ibañés—. Era un extraterrestre.»

La voz corrió por toda la provincia. «No teníamos rival, ganábamos casi todos los partidos, nadie nos tosía», recuerda Víctor con indisimulada satisfacción. El equipo benjamín del Albacete empezó a ser conocido como «Andrés y sus compañeros»: Bruno, interior zurdo que rompía los espacios; José Carlos, portero; Mario, a quien Andrés elegía en los entrenamientos para que no se sintiera marginado; Carlitos Pérez, un delantero que llegaría a jugar en la Primera División eslovaca después de que Rafa Benítez lo fichara para el Valencia (aunque no logró debutar en Mestalla), y José David, alias Chapi, así apodado en honor a Chapi (Albert) Ferrer, el lateral derecho que cabalgaba por la banda del Camp Nou en aquella época.

«Todos me llamaban Chapi menos él. ¿Por qué? No lo sé, creo que le daba vergüenza; era el único que me llamaba José —cuenta aquel poderoso defensa que, si era necesario, se comía la tierra para salvar un balón—. Jugaba de lateral, aunque después terminé de central. Acabé en el Sporting La Gineta, un equipo de Tercera División, luego me casé y ya sabéis...», dice sin terminar la frase, tratando de explicar su desencuentro final con la pelota. Cuando vio por vez primera a Andrés, se quedó tan asombrado como Balo, Víctor o Mario: «El día de la prueba pensé: "¿Y éste de dónde ha salido?"». Llamaba la atención entre los doscientos chiquillos que nos reunimos aquel día», dice el lateral derecho de aquel gran equipo infantil. Al igual que Mario, es culé hasta la médula: «¡Si no lo hubiera sido no me habría dejado llamar así! —exclama al evocar aquellos tiempos—. Soy barcelonista de toda la vida. Además, me parecía a Albert Ferrer. Era rápido, agresivo, siempre jugaba con mucho nervio. Y ahora nos seguimos pareciendo: a los dos se nos ha caído el pelo», dice sonriendo José David. Su pasión por el Barcelona ha aumentado (si cabe un aumento) desde que su amigo Andrés triunfa con la camiseta azulgrana.

«Me acuerdo de tantas historias... De muchas. De cómo despuntó Andrés nada más llegar. De lo tímido que era, apenas hablaba, aunque, eso sí, te soltaba luego cuatro palabras y te reías a carcajadas. Le gustaba bromear con los compañeros, pero casi no hablaba. De blanquito no ha cambiado y era muy poquita cosa —cuenta Chapi—, poquita, poquita, ¡eh! Todas las camisetas le venían grandes. Parece mentira: con lo poco que hablaba y la personalidad que tenía en el campo. Era impresionante. Se echaba el equipo a la espalda. ¿Como ahora? Sí, igual que ahora. Tenía un carácter increíble con el balón en los pies. Lo veo jugar con el Barça y pienso: "Andrés juega igual que con nosotros". Nada le daba miedo. Estaba encargado de tirar los penaltis. Él y Remi eran los capitanes, los dos muy serios. Y Andrés nunca protestaba a los árbitros. No se enfadaba nunca y ya desde niño tenía las cosas muy claras. Compartía habitación con él en el torneo de Brunete y empecé a montar una juerga saltando por las camas, jugando con los niños de los otros equipos, subiendo y bajando por las habitaciones, hasta que en una de ésas Andrés me dijo: "¡José, baja las persianas y apaga la luz, por favor! Mañana tenemos partido a las diez y media. ¡Ahora a dormir! Hay que descansar". Se comportaba ya como un profesional», recuerda Chapi.

Aquellos chiquillos del 84 se lo pasaban bomba jugando al fútbol. Del cole al campo y del campo al cole. «Salían a las doce de la escuela. La jornada era entonces partida y en media hora estaban en la cancha ya cambiados. Andrés no, claro. Tenía que venir desde Fuentealbilla y la carretera no era como la autovía de ahora. Era más complicado. Lo traía su abuelo o su padre. Entrenábamos desde las doce y media o un poco más tarde hasta las dos. El horario era inalterable porque por la tarde no había hueco para ellos. Entrenaban los mayores y no había más campos», recuerda Víctor. Andrés se cambiaba a veces en casa de Manu.

«Tenía permiso del profesor para salir un poco antes —cuenta Balo— y por las tardes recuperaba el tiempo escolar perdido. ¡Qué sacrificio hizo esa familia, Dios mío! Llegaban aquí a la una menos cuarto o así, entrenaba y otra vez en coche para el pueblo.» Fuentealbilla-Albacete-Fuentealbilla: casi cien kilómetros en tres horas dos veces a la semana.

«Dani venía si había tenido tiempo para dejar a los albañiles en las obras. Si no, lo traía su abuelo», explica el tercer entrenador que tuvo en su tierra. Primero fue Pedro, luego Juanón, después Víctor, más tarde Balo y finalmente Catali.

«¿Hablar? Jamás hablaba. Era un niño muy callado. Calladísimo. Ni decía "hola" cuando llegaba ni decía "adiós" cuando se iba. Cada sábado jugábamos un partidillo, no de competición, sino para que ellos se divirtieran. Era un chiquillo pequeñito, habilidoso, muy habilidoso, sabía esconder el balón. No debía de pesar ni cuarenta kilos. Creo que no crucé una palabra con él», revela Juanón.

«Recuerdo uno de los días, seguramente era viernes, en que nos reuníamos por la noches para hacer balance del fútbol base

—cuenta Balo—. Estaban Andrés Hernández, su hijo Víctor y Ginés, claro. "¡Madre mía! ¡Ya verás cuando te llegue Andrés el año que viene!", me dijeron. Yo no lo había visto jugar después de la prueba porque entrenaba a los alevines y el horario coincidía con el de los benjamines.» Tanto elogiaron al primo de Manu que decidió comprobar por sí mismo las excelencias del muchacho. Aprovechó una rara ocasión en que alevines y benjamines no jugaban a la misma hora. «Llegué al campo y me puse en una esquina.» No quería molestar; ajeno al bullicio de los espectadores y a los gritos de su colega Víctor, sólo deseaba confirmar lo que había oído. «¡Santo Dios! ¡Qué suerte voy a tener el año que viene!», se repetía para sí mismo cada vez que el diminuto Andrés cogía la pelota. Cuando volvió a cruzarse con Ginés, le soltó entre risas:

—¡El año que viene no me echarás de aquí, Ginés!

Estaba claro que iba a contar con un diamante en bruto. Sólo había que pulirlo. Balo salió de aquella esquina conmocionado: sabía que lo mejor estaba por llegar. Y eso que Ginés le encomendó una ardua misión.

—Mira, Balo, tengo que pedirte un favor muy grande. Te encargarás de los dos alevines, el A y el B. Unos treinta chicos.

—Tranquilo, no pasa nada. En medio campo entreno a uno, en el otro medio a otro y yo en el centro mirando a ambos lados. Harán juntos el trabajo físico y al final jugarán un partidillo entre los dos.

Ginés, contento y Balo, también. Por primera vez en la historia del Albacete, el alevín B, el equipo más joven, ganó al alevín A, el equipo de los niños mayores. Andrés, naturalmente, pertenecía al grupo de los novatos.

«Claro que me acuerdo, ¡ja, ja, ja! Era una liga un poco extraña. El primero y el segundo se jugaban el campeonato a partido único. Y, además, los dos equipos estaban entrenados por Balo. ¡Menudo marrón! Fue un partido reñido, ganó el alevín B por 1-0.» Ganó el alevín del «liviano Andrés», según lo describe Bruno Moral, otro de sus primeros compinches en el campo. «Era muy ligero, muy bajito, muy pálido... muy delgado. Llevaba la raya en medio, como si le hubieran pegado un hachazo en el pelo. No tenía pinta de futbolista... ninguna pinta», cuenta Bruno. «¡Fue un año increíble! —exclama Balo—. A mí me conocía mucha gente porque había jugado en el Albacete. Iba por la calle y me preguntaban: "¿Cuándo jugáis? ¿El sábado? ¿El domingo? ¿A qué hora?". El campo se llenaba cada fin de semana. Parecía el Carlos Belmonte.* No te preguntaban nunca por el rival.»

—Balo lleva a un chiquillo que juega horrores —comentaban unos y otros.

El rumor circulaba por los campos de tierra o de hierba, por las escuelas y los bares, por toda la ciudad... Los árbitros le decían a Balo:

—Quítalo un rato y así el partido estará más igualado.

«Eso lo he vivido. "¡Venga, quítalo un ratito! ¡Sólo un poco, eh!"» —Bruno Moral repite unas palabras que reflejan la abrumadora superioridad de su amigo Andrés con la pelota—. Lo veías jugar y pensabas: "¡Qué fácil es!". Ése es su problema. Lo hace todo de un modo tan sencillo que los demás creemos que lo podemos hacer igual. ¡Y qué va! Es como si jugaras con la Play Station. Siempre encuentra la salida fácil con esa visión periférica que parece dominarlo todo. Es muy jodido, ¡eh! Es jodido estar ahí abajo y escoger siempre la salida adecuada. No sé cómo lo hacía porque desde la grada lo puedes ver, pero ahí abajo... Ahí abajo... Parece que va andando, tienes la sensación de que siempre hace lo mismo, pero no hay manera. A veces pensabas: "Ahora se le va el balón, ya no lo controla, ha tropezado...". ¡Ni mucho menos! Te metía un cambio de ritmo y te dejaba tirado.

* Estadio del Albacete Balompié.

34

Te engaña, te engaña siempre... Esa sensación cuando eres crío y te ves apurado porque no sabes qué hacer con la pelota —Bruno evoca los instantes angustiosos de un partido—. Te quema el balón. "¿Qué hago? Pues se la doy a Andrés y ya está solucionado todo." Cuando nos quemaba el balón, todos se la dábamos. No la pierde, la controla, da el pase correcto... Era una delicia. A partir de él empezábamos cada jugada porque, además, martirizaba a los rivales. ¿Cómo? Lo presionaban todos, iban dos o tres a buscarlo, se giraba y, no sabías cómo, salía con el balón en los pies. ¡A la mierda la presión! Lo grande que tiene Andrés es que eso lo hacía con nosotros y lo hizo en la final de un Mundial y en las finales de la Champions.» El relato de Bruno va y viene de Albacete a Johannesburgo, Roma o París pasando siempre por Barcelona. Y no olvida las largas noches de soledad en la Masía.

«Todos hablan, y con razón, de su gol en la final del Mundial. Pero ved el partido. Fijaos, por favor. Vedlo entero. Se echaba cinco metros atrás, como hacía con nosotros, pedía la pelota, empezaba a tirar paredes y a divertirse. Andrés siempre te engaña. Parece enclenque, ¡pero ojo a su tren inferior! Parece lento, ¡pero ojo a esa arrancada en los primeros metros! Parece, parece... No, no te fíes cuando lo veas en el campo. No tenía pinta de futbolista cuando vino y mira dónde está», dice Bruno, el viejo compañero a quien le tocó vivir «la otra cara del fútbol». Terminó tan desengañado de la pelota que finalmente la abandonó. «Acabé un poco quemado. Con dieciséis años llegué a estar en el primer equipo del Albacete, pero no debuté. Hubo cambios de directiva, temas extradeportivos... Luego me fui a otro equipo y en los tres primeros meses no me pagaron... Jugaba de media punta, como Andrés. Antes le pasaba yo los balones, ahora se los dan Xavi, Busquets, Neymar, Messi... ¡Ja, ja, ja!», bromea, feliz con el éxito de un amigo que no ha cambiado el estilo futbolístico de sus primeros años.

«Me acuerdo de un torneo en Santander donde jugábamos, entre otros, contra el Racing de Jonatan Valle* —continúa Bruno—. Cada viaje que hacíamos era una odisea para Andrés. Se ponía fatal, echaba de menos a su familia, vomitaba... El día que llegamos había un concurso de habilidades y él no pudo participar porque estaba malísimo. Llegó vomitando. Luego sí pudo jugar el torneo. Era de fútbol siete. Nos habían enviado una carta diciendo que no podíamos llevar tacos de aluminio o de goma. Debíamos usar botas multitacos. Andrés, si no recuerdo mal, se compró unas Umbro de color azul, pero le venían grandes. Se tuvo que poner algodón dentro para calzárselas mejor. Luego llegamos al campo y era de césped natural. Ellos salieron con taco largo. Nos la jugaron. Perdimos 5-4, y Andrés marcó los cuatro goles. Cuando llega el día clave siempre se echa el equipo a la espalda. Antes y ahora. Al año siguiente, ya como infantiles, volvimos a Santander y ganamos el torneo, pero él ya no estaba. "Ahora que te has ido al Barcelona ganamos nosotros", le dijimos bromeando.» Pero ya nada fue igual para ellos. Ni, desde luego, para Andrés.

«Todavía guardo en mi casa las cartas que me enviaba Andrés desde la Masía. En aquella época no había WhatsApp como ahora. Y a él le encantaba escribir. No eran cartas cortas, de seis o siete folios cada una. A veces, yo también lo llamaba a la Masía: "Por favor, ¿me pone con Andrés?". Y ahí nos tenías a los dos contándonos nuestras historias. De vez en cuando desempolvo esas cartas y me emociono.» José Carlos, portero del equipo de Andrés, Mario, Bruno, Chapi y Carlitos, conserva en su casa de Albacete el pequeño tesoro. «¿Qué me escribía? Pues me hablaba de su vida en Barcelona; por ejemplo: "Hoy hemos jugado contra el Castelldefels y hemos quedado 40-0. ¿Sabes

---

* Estrella del torneo donde también se dio a conocer el joven Iniesta. Ese episodio se cuenta en el siguiente capítulo.

36

una cosa, José? Aquí te lo ponen todo muy fácil. Cuando llegas al vestuario tienes toda la ropa preparada, no tienes que preocuparte de nada...".» El portero, al igual que los otros amigos, descubría asombrado la nueva vida de Andrés lejos de Albacete, pero también compartía su dolor. «José, esto es muy duro. Echo mucho de menos a mi familia. Pero mucho. Es duro, muy duro», escribía la joven promesa.

«Claro que era muy duro. No sé si yo lo habría aguantado. Era un niño de doce años que se pasaba veintidós horas llorando por todos los rincones de la Masía, intentando además que no lo vieran, y sólo dos entrenando», cuenta José Carlos. Andrés se consumía en Barcelona y aquella congoja agrandaba la añoranza de su lejano patio manchego.

«Recuerdo mi infancia en el pueblo con muchísima alegría y, por supuesto, también con nostalgia. Pasaba las horas en la pista del colegio. Al acabar las clases de la mañana, si no tenía entrenamiento en Albacete, me quedaba con Julián y Abelardo. Casi siempre nos enfrentábamos a chicos que eran tres o cuatro años mayores que yo y jugábamos a tirar cinco penaltis, cinco faltas y cinco disparos desde el medio campo con el portero adelantado. Me encantaba. Jamás olvidaré aquellos veranos, las interminables tardes de fútbol sala con equipos de muchos niños, ni los torneos que organizábamos para las fiestas del pueblo en agosto. Uno debía asegurarse de tener un buen grupo, porque si te marcaban un gol tenías que salir y cuando volvías a entrar te habías enfriado. Recuperar el ritmo era entonces complicado. Me lo pasaba pipa. Solíamos jugar siempre los mismos. ¡Teníamos un equipazo! Nos lo tomábamos muy en serio. Incluso nos concentrábamos antes de jugar la final. ¡Ja, ja, ja! ¡Vaya locuras! Mi primo y yo apuntábamos los partidos, los goles, nuestras historias... Es que hacíamos pretemporadas, fichábamos a jugadores y a los aspirantes hasta les hacíamos pasar unas pruebas. Todo muy

LA JUGADA DE MI VIDA

profesional... ¡Nos divertíamos muchísimo! Esos momentos no me los quita nadie, estarán siempre ahí, guardados con mucho cariño, son muy entrañables, la verdad.»

Entre Manu y Andrés se estaba construyendo una historia singular paralela a la trayectoria del equipo. «El salón de mi casa era el estadio. A veces hacíamos la pelota con calcetines para no hacer ruido, para no molestar a los vecinos», recuerda Manu. Y, sobre todo, para no romper nada. «Había partido del Albacete y nosotros teníamos que ir, pero en aquel salón nos lo pasábamos tan bien que más de una vez fingimos que estábamos mal para no ir y poder seguir jugando los dos solos. ¿Cómo? "Me duele la barriga, mejor nos quedamos por si acaso...".» Esa treta infantil solía tener éxito. Andrés y Manu seguían jugando, mano a mano, en su pequeño estadio familiar. Vivieron juntos experiencias maravillosas.

«Imagina el escenario —explica Andrés—. Un salón, de pared a pared la portería y, unos metros más allá, la bola de esponja para tirar el penalti. También teníamos una canasta que colgábamos en la puerta para hacer tandas de triples. Cada uno elegía a su equipo y luego apuntábamos todo; y cuando digo todo es todo. Estábamos tan obsesionados por nuestros jueguecitos que a veces no íbamos al partido: nos hacíamos los enfermos y nos quedábamos jugando todo el rato.»

«¡Qué días aquéllos, qué días! Lo teníamos todo anotado, montábamos campeonatos con los otros chicos del pueblo», cuenta Manu. Campeonatos reales en el patio del colegio, campeonatos imaginarios en sus cabezas. «Lo hacíamos todo. Éramos entrenadores, jugadores, presidentes... Fichábamos, dábamos bajas, levantábamos copas. Éramos un PC Fútbol,* pero a lo grande», recuerda el hombre que a principios de los noventa anunció la llegada de un pequeño genio a Albacete.

---

* Videojuego cuyo tema es la gestión deportiva de un club de fútbol.

«Yo era un loco de los juegos, de los piques y esas cosas. Mi primo y yo vivimos historias muy chulas, experiencias que nunca olvidaré. Él es de Albacete y, a veces, yo me quedaba a ver los partidos del Alba y luego me volvía a casa con Juan, un profesor que era socio del equipo —cuenta Andrés—. Me lo pasaba pipa con aquellos torneos de penaltis que montábamos en casa de mi primo. Y sinceramente creo que aquel niño sigue estando en mí.»

Ese niño iba una y otra vez a Albacete frente a las miradas sorprendidas, escépticas y escrutadoras de los más maliciosos o cotillas, siempre atentos a las familias que se salen de la rutina colectiva y desafían el orden cotidiano de las cosas. Vecinos extraños a ojos del tribunal popular que juzga las conductas, una santa y ridícula inquisición formada por hombres o mujeres de moral intachable. Todo el mundo está catalogado en pueblos como Fuentealbilla y, naturalmente, también los Iniesta y los Luján.

«Yo sólo sé que era feliz, muy feliz», dice Andrés, siempre apegado a su patria chica. Los hechos callaron finalmente a quienes ponían en duda su futuro y la sensatez de su familia. Él, ajeno a cualquier rencor, vuelve a las andanzas de su niñez para no perderlas, para retener su magia en la memoria: «El recuerdo de aquellos viajes con mi abuelo o mi padre, siempre con el bocadillo de chorizo y el zumo que me preparaba mi madre, me devuelve a una época fantástica. Ahora lo pienso y me digo: "¡Qué feliz era!".

»Sí, quizá suene raro, pero para algunos éramos los tontos del pueblo —dice sin señalar a nadie—. A mi padre lo tachaban de loco por creer que su hijo podría llegar a ser futbolista. Sí, estaba loco... ¿Qué opinaban de mi madre? Se preguntaban por qué aquella mujer aguantaba tanto. ¿Y qué? ¿Acaso ocurre algo si uno se queda a medio camino? ¿Qué habría pasado si un día hubiese vuelto al pueblo por no haber tenido la suerte o la valía para alcanzar la meta? Cuando haces lo que crees que debes hacer, cuando hay ilusión, cuando tienes fe en ti mismo y, sobre todo, cuando lo haces con cariño, con todo el amor del mundo, todo eso no importa.»

Aquel chiquillo tenía una fe ciega en que llegaría a lo más alto sin adivinar siquiera la altura de la cima o la longitud del ascenso: la vida, al fin y al cabo, era para él un partido de fútbol sin fin. En cualquier caso, los reproches y habladurías se fueron apagando a medida que aumentaba la corte de aduladores. Tanto aumentó con su fama que a veces parecía la estrella de un circo ambulante.

«Yo era un medio centro de los de antes. Un cinco defensivo, un destructor, vamos —recuerda Catali, exjugador del Albacete y último entrenador de Iniesta en su tierra—. Cuando me daban el balón intentaba devolverlo lo antes posible. Un día, por fin, vi a Andrés... Lo sabía todo sin que yo le dijera nada. Antes de recibir la pelota ya sabía lo que pasaba a su alrededor. A los chiquillos les decía: "Al recibir la pelota, levantad la cabeza y mirad". Con él no hacía falta. Todavía hoy me asombra verlo. Antes de que le llegue la pelota sabe quién está a su alrededor y, sobre todo, por dónde debe irse.

»Cuando juega con el Barça o con la selección no le pierdo ojo —prosigue Catali—. Por su color de piel, tan blanco, lo distingues enseguida. ¡Pero cómo es posible que haga esas cosas! Consigue ver lo que nadie intuye, su mirada llega más lejos.» Catali, al igual que Víctor, Juanón o Balo, sigue sorprendido por la humildad de aquel «minúsculo» jugador que, para la fantasía de los albaceteños, había convertido su modesto equipo infantil en el Brasil del gran Pelé.

«Lo ganábamos todo. En local, en provincial... Absolutamente todo. Había tanta diferencia con los demás equipos que no perdíamos ni un partido. "¡Qué equipazo tiene el Catali!", decían. "Claro, ¡como él ha jugado en Primera!" ¡Qué va! Eran ellos. Contábamos con Andrés, pero también con cuatro o cinco chiquillos muy buenos. Unos tienen suerte y llegan, otros no se entregan... Es la vida.

»Sí, yo también puse a Andrés de capitán. Lo pones porque es el líder del equipo. El líder futbolístico. Ahora me gusta verlo de capitán, ver cómo le dice cosas al árbitro, algo que no hacía con nosotros. Ya nos costaba que hablara con sus compañeros y conmigo, ¡como para hablar con el árbitro!» El entrenador suministraba a aquellos bisoños jugadores las instructivas píldoras de su sabiduría. Por ejemplo: «Si vas de *sobrao*, no te comes un *torrao*». Así eran las frases «catalinas».

Ir de *sobrao*. Algo imposible en una familia modesta y trabajadora consagrada a la causa de Andrés. José Antonio estaba convencido de que Dani sería olvidado y de que su hijo brillaría con luz propia en el firmamento del fútbol. Y ningún Luján le llevaba la contraria, aunque sólo fuera porque el niño parecía más feliz que unas castañuelas.

«Mis padres no tenían ni para pagar las letras, pero se dejaron un pastón para comprarme unas Adidas Predator en cuanto salieron a la venta. Querían que su hijo jugase con las mejores botas del momento. ¿Crees que les importaba llegar justísimos a fin de mes si así podían ver a su hijo jugando con las botas nuevas?» Iniesta ya no calza unas Adidas porque ahora es bandera comercial de Nike: la multinacional estadounidense descubrió hace diez años lo que antes vieron Pedro, Víctor, Juanón, Balo y Catali. Un descubrimiento con consecuencias publicitarias.

«Mis padres se merecen lo mejor. Todo lo que hicieron por mí durante esos años en que uno no sabe si va a poder ser profesional tiene muchísimo valor. Eres muy joven y pueden pasar muchas cosas. Además, vives en un pueblo. Quienes nos hemos criado en un pueblo sabemos cómo funcionan las cosas. Mis padres han tenido que aguantar mucho, más de lo que nadie puede imaginar. No es fácil, nada fácil. Ni mucho menos.

No fue fácil para ellos. No es fácil acostumbrarte a que hablen de ti o digan no sé qué bobadas. Por eso les doy las gracias, por eso agradezco su inmenso coraje. El tiempo nos ha dado la razón.»

El tiempo puso a cada uno en su sitio y, en efecto, acabó dándoles la razón a José Antonio, a Mari, al primo Manu... A aquel jovencito que cada día cantaba las excelencias del niño. «Mi primo es bueno, muy bueno, tenéis que verlo», repetía a diestro y siniestro. Eran los tiempos en que Johan Cruyff levantó la primera Copa de Europa ganada por el Barça. A buen seguro que Andrés vio al *dream team* en la televisión del bar Luján, allí donde driblaba a las sillas como si fuera la reencarnación de Laudrup y filtraba pases con la plasticidad de Guardiola.

—¡Venga!, ahora hago lo de Laudrup —le decía a Mario, su fiel compañero en los entrenamientos—. Una croqueta de derecha a izquierda, ¿vale?

Andrés improvisaba regates en un pueblo de Albacete y Laudrup impartía doctrina en el *dream team* de Cruyff. Corría el año 1992, el año mágico de Barcelona y el barcelonismo. De Barcelona, futuro hogar de Iniesta, porque los Juegos Olímpicos despertaron a la ciudad de su letargo y la proyectaron al mundo. Del barcelonismo, porque en Wembley se derribó por fin una vieja barrera que parecía infranqueable. Aquella primera Copa de Europa fue el prólogo de una revolución futbolística, el primer anuncio del Barça que forjarían Rijkaard, Guardiola y Luis Enrique. Un Barça que ahora tiene en Messi a su estrella más visible y en aquel niño manchego al mejor guionista: suyo es el argumento de la obra.

«Los jugadores preferidos de Andrés eran Laudrup y Guardiola. Sí, sé que lo ha comentado después en varias ocasiones, pero yo ya lo sabía entonces —presume, y con razón, Mario—. Tenía dos jugadas: la croqueta de Laudrup y el gesto de Guardiola. ¿Qué gesto? Mirar a todos los lados antes de recibir el balón. Eso lo hacía siempre —revela su amigo—. Lo esperabas, pero luego no había manera de pillarlo. Siempre se iba.» Michael: su croqueta y su pase. Pep: su visión panorámica y su clarividencia. «Cuando lo veo pasarse el balón de una pierna a la otra, me recuerda a mí», admite Laudrup, sin duda orgulloso de su discípulo. «Tú, Xavi, me quitarás el puesto, pero este chico que ha venido hoy a entrenar nos lo quitará a los dos», cuenta Guardiola cuando recuerda el primer entrenamiento de Andrés. Apenas tenía dieciséis años y entró silenciosamente en el vestuario del Camp Nou. Con los años hablaría su fútbol y sería elocuente. Iniesta no llegó al estadio con un bocadillo y una pelota de goma: el nuevo balón ya estaba a sus pies.

2.
CON LUZ PROPIA

«El cinco llegará a la selección.»

El gigantesco brazo de Albert Benaiges, representante del Barça, rodeaba el menudo cuerpo de Andrés Iniesta. Se jugaba el torneo de Brunete, hoy famoso por las muchas figuras que iniciaron allí su carrera. La presencia del Albacete fue una sorpresa: no le tocaba participar en la edición de 1996, pero el equipo se había colado por el descenso administrativo del Celta y el Sevilla, así que allí estaban los niños manchegos dispuestos a jugar el partido de su vida en el estadio de Los Arcos. Al finalizar, Benaiges, todo bondad, se acercó a Andrés. Quería felicitarlo por su debut, pero se limitó a abrazarlo porque el niño apenas hablaba: aquel chico era más huidizo que tímido, como si estuviera de incógnito en un torneo cada vez más mediático, ideado por Carmelo Zubiaur y José Ramón de la Morena, director a la sazón de *El larguero* en la Cadena Ser. El proyecto contó con el respaldo de Alfredo Relaño, entonces director de Canal+.

«Hable con mi padre, por favor, hable con mi padre», repetía Andrés cada vez que le preguntaban si le gustaría jugar en un gran equipo. De la Morena nunca olvidará la escena de Benaiges persiguiendo a Andrés después de cada partido. Aquélla era la tercera edición de un torneo que había arrancado en 1992 coincidiendo con los Juegos Olímpicos de Barcelona y con el máximo esplendor del *dream team* liderado por Johan Cruyff. El torneo ya se había convertido en una fábrica de sueños para niños como Andrés y en un punto de encuentro para los sabios ojeadores de los clubs, entre ellos Benaiges, uno de los mejores cazatalentos del Barcelona.

«No, no hablé con su padre, era imposible. No podía plantarme frente a José Antonio vestido con el chándal del Barça, todo el mundo se habría dado cuenta de que lo quería fichar», recuerda Benaiges, el perseguidor perseguido por la vigilante mirada de sus colegas. Todos conocían su ojo clínico y si lo veían hablar con alguien hubieran sospechado que algo andaba tramando. Al principio no sabía ni siquiera el nombre de aquella promesa. «Me llamó mucho la atención un niño que llevaba el cinco en la camiseta. Me llamó la atención por su exquisita técnica y, especialmente, por su inteligencia futbolística. ¿Qué hice para contactar con él? Envié al señor Fàbregas, el delegado del Barcelona en aquel torneo, a hablar con su padre.» Como Fàbregas llevaba traje y corbata, nadie adivinó que aquel hombre representaba al club azulgrana: «Mira, ese señor que está ahí es su padre. Habla con él y dile que queremos fichar a su hijo. Es muy bueno». Dicho y hecho. Fàbregas fue el mensajero de Benaiges para abrir las puertas de la Masía.

El Albacete de Iniesta, unas veces vestido de blanco y otras de rojo, fue progresando en la competición hasta las semifinales, donde fue derrotado por el Racing de Santander de Jonatan Valle, una de las sensaciones en Brunete. «¿Brunete? ¡Uf... qué recuerdos! Ganamos en cuartos de final al Atlético de Madrid del Niño Torres por 3-1 y en semifinales derrotamos al Albacete de Andrés por 4-2. Yo metí tres goles, ¡debió de ser mi último *hat-trick*! —cuenta aún asombrado Jonatan Valle, el talento que parecía igualar a Andrés—. Me salió todo perfecto, yo era el centrocampista por detrás del delantero, tipo Bakero en el Barça de aquella época. Me lo pasé genial. Luego tuve ofertas del Barça, el Madrid, el Ajax, el Arsenal... pero me quedé en el Racing. Vivía con mi madre, no quería dejarla sola porque se había separado hacía poco de mi padre.» Todo fue muy deprisa para Jonatan: entrenaba en el primer equipo del Racing con apenas catorce años y debutó en la Copa del Rey con dieciséis. A los dieciocho ya se sentía jugador de Primera División.

La mirada de los expertos es a veces muy perspicaz y va más allá de los resultados: Radomir Antić, exentrenador del Real Madrid y el Barcelona, por aquel entonces técnico del Atlético, se fijó especialmente en Andrés a pesar de la calidad que exhibía Jonatan Valle en aquel Racing tan seductor.

La primera vez que participó en el torneo (1995), Andrés lucía el brazalete de capitán en el brazo izquierdo y llevaba el pelo rapado después de haber hecho una apuesta con su primo Manu. Quería parecerse a Iván de la Peña, el «pequeño Buda» que iluminaba el Camp Nou con sus pases. Pocos, sin embargo, repararon en ese llamativo *look*. Tampoco en su excelente fútbol. Cuando volvió al año siguiente no quedaba ni rastro de su pintoresco homenaje al gran futbolista cántabro hoy retirado. Andrés parecía más formal, pero el imán de su fútbol atrajo a todos sin excepción. El primer año los entrenaba Balo y quedaron cuartos. El segundo los entrenaba Víctor. Y el padre de éste siempre en la retaguardia.

«Creímos que podíamos ganar el torneo, estábamos muy ilusionados, pero tuvimos que conformarnos con el tercer puesto. Me nombraron mejor jugador. Así que para mí y para el Albacete aquel torneo fue muy importante», recuerda Iniesta.

«Sí, es verdad. Aquello estuvo entre Andrés y yo. Ganó por un voto y yo me quedé sin el viaje a Port Aventura. Ése era el premio. Si lo veis, decidle que me debe un viaje allí con mis hijos», comenta, sonriente, Jonatan. Algunos lo describieron como «el otro Iniesta» o «la cara B del fútbol». Aturdido por el destello de su potencial, desorientado por el errático curso que tomó su vida (quiso ser boxeador y subió incluso al cuadrilátero, pero esa aventura nunca fue culminada), la joven promesa acabaría entrenando en el equipo de jugadores desempleados organizado por la Asociación de Futbolistas Españoles. Jonatan y Andrés, unidos en Brunete, corrían juntos hacia las puertas del cielo, pero sólo uno cruzó el umbral.

«Sí, él se fue al Barcelona. Yo también pude irme, pero decidí quedarme en Santander. Andrés era mucho más sensato que yo. Desde niño marcaba la diferencia. Era un futbolista distinto. En cuanto tocaba el balón sabías que era diferente. Yo tengo ráfagas de buen fútbol, como casi todos, pero lo suyo no son ráfagas. Para mí es el mejor centrocampista español desde que tengo uso de razón. Diría que el mejor de todos los tiempos. Para mí, sí. Lo que más me sorprendía en Brunete es esa pausa que tenía. Igual que ahora. El resto de los futbolistas no tenemos eso. Recuerdo los años en que jugamos con las selecciones de las categorías inferiores. Le dabas la pelota y sabía perfectamente lo que debía hacer con ella. Y siempre tomaba la mejor decisión. Eso es lo asombroso. Si la tenía Andrés, decías "estoy tranquilo" —explica Jonatan—. Tiene esa habilidad. Andrés emana calma. Si tiene que hacer un control rápido, lo hace, pero en su interior lleva la pausa. Los demás sentimos la tensión y nos dejamos dominar por los nervios... Eso es lo que distingue a un buen jugador de un genio. Él nunca se pone nervioso y, además, siempre elige la mejor opción. Para mí es un orgullo formar parte de su historia. A veces, se lo digo a mis hijos: "Yo jugué con ese monstruo"», cuenta Jonatan saboreando aquellos lejanos tiempos junto al niño que conoció en Brunete.

«Mi madre se fue al torneo con lo puesto. Pensaban que nos iban a eliminar en el primer partido y viajaron sin equipaje ni hotel ni nada de nada —cuenta José Carlos, el portero reclutado una semana después de que el equipo de Andrés se pusiera en marcha—. Yo había ido con Mario al colegio y un día me dijo: "Nos hace falta un portero, ¿quieres venir?". Y allí que fui. Ellos debían de llevar pocos días entrenando juntos, pero yo fui el último en llegar. No olvido los chicharros que me marcó Jonatan, el jugador del Racing, pero nada es comparable a lo que vivimos con el Madrid en cuartos de final», dice el guardameta, hoy policía nacional. No estaba ni mucho menos previsto que el Albacete alcanzara los cuartos de final, pero aquel club contaba con una de las mejores canteras del fútbol español. «Disfruté como un enano. Por todo, pero especialmente por él. Andrés manejaba el equipo, era el que nos movía de arriba abajo. Y yo, el único zurdo del Alba, me lo pasaba pipa. Nos nutría de balones una y otra vez, nos hacía la vida más fácil. Lo veías jugar y, con lo pequeño que era, disfrutabas un montón. El campo era de dimensiones reducidas, pero él lo hacía todo tan sencillo... Estábamos dos o tres escalones por encima del resto. Y menudo día vivió el Madrid: en principio nos habían asignado un campo sin gradas, pero como era el Madrid y venía Lorenzo Sanz nos pusieron en el mejor campo, con gradas y todo», cuenta Carlitos (así lo llaman todos), el zurdo que más disfrutaba con Andrés. Y el Madrid fue el equipo que menos disfrutó durante aquel torneo.

«Sí, sí, también mis padres fueron a Brunete para pasar un solo día y tuvieron que quedarse todo el fin de semana. Hasta fueron a comprar ropa interior porque no pensaban que llegaríamos tan lejos —añade Carlitos, recreando en su mente aquellos días inolvidables—. Pasamos muy bien la fase de grupos, y entonces nos toca el Madrid. Nuestros padres estaban alucinando, ¡como para no estarlo! Éramos uno de los equipos que mejor jugaba colectivamente y, además, contábamos con un monstruo. Ni el Madrid nos asustaba. Llegamos a la tanda de penaltis. Tiraba primero Remi, otro de los capitanes, y luego Andrés. El tercero y último era mío. Yo estaba cagado de miedo al ir a lanzarlo. Los del Madrid habían fallado justo antes de que me tocara a mí», explica Carlitos. «Perdona, se lo paré yo al capitán del Madrid —lo interrumpe José Carlos—. Teníamos un equipazo y a un capitán que nos llevaba en volandas. Aquello no era un equipo de fútbol, aquello era una verdadera familia.

Mira, todavía hoy seguimos en contacto, cada uno con su vida, claro, pero seguimos unidos por aquellos recuerdos. Aquello de Brunete es el fútbol puro. La inocencia del deporte. Es la experiencia más bonita que uno puede tener.» Dieciséis años más tarde, José Carlos recibió una llamada telefónica del presidente del Albacete: «Andrés quiere que des tú el discurso en la inauguración de la nueva ciudad deportiva». Unas instalaciones bautizadas en 2012 con el nombre de Andrés Iniesta. Mientras pronunciaba su discurso, el folio que sostenía José Carlos no dejó de temblar ni un instante. Aquel temblor se debía tanto a la emoción como a la maraña de periodistas arremolinada en torno a la persona que había a su derecha. Quien lo miraba atento a sus palabras no era el niño de Brunete, sino el gran Iniesta, el héroe del Mundial: «Andrés, ves a unos más que a otros, pero, como ves, no hemos cambiado mucho desde que éramos alevines. Bueno, unos han crecido a lo ancho, a algunos se nos nota más el cartón en la cabeza y otros, en vez de llegar en el Ford Orion de su padre, llegan ahora en un BMW, pero seguimos juntos. Todos, tanto los que han venido como los que no han podido estar hoy aquí, queremos darte un abrazo, pero un abrazo [en ese momento Andrés agachó la cabeza sacudido por los recuerdos] de los chicos de la piña blanca, de esos abrazos que nos dábamos cuando jugábamos en el campo de tierra de la Federación. Andrés, bienvenido a casa». Después, la foto con sus viejos amigos («vas a reventar el pantalón», bromeaba uno; «tengo las rodillas cascadas», decía otro) y un mensaje final de Iniesta. «Albacete tiene raíces, y las raíces están en su cantera, esa cantera en la que empecé yo», dijo recordando aquella lejana tanda de penaltis entre abrazos y sonrisas.

Todos saltaron de alegría con la parada de José Carlos, pero sólo sería decisiva si Carlitos marcaba luego su penalti. Y lo marcó. Tres tiros, tres goles. Aquella parada fue también decisiva porque con ella empezaba a cambiar la vida de Andrés.

Éste también marcó su penalti, como haría años después en la semifinal de la Eurocopa 2012 contra Portugal. Fue un tiro suave, preciso, a la izquierda del portero. En 1996 no perdió los nervios frente a la portería; en 2012, tampoco. Dos penaltis para la historia.

«Es curioso, pero en aquel torneo nadie lo llamaba por su nombre —cuenta De la Morena—. "¿Os habéis fijado en el cinco del Albacete? ¡Mirad lo que hace con la pelota!" Ni siquiera era Andrés, mucho menos Iniesta, era, simplemente, el cinco del Albacete.» De la Morena guarda en su casa una prenda de coleccionista: la camiseta blanca del Albacete con el número cinco en la espalda. «En cuartos ganamos al Celta y en semifinales íbamos derrotando al Racing por 2-1 en el descanso, pero acabamos perdiendo por 4-2. El equipo iba para campeón», recuerda Víctor, el técnico del Albacete, pero aquel día se interpuso Jonatan Valle. «Jamás pensé que aquello me podría servir para ir a un equipo de Primera. Nunca pensé llegar siquiera a las semifinales. Sólo fui a Brunete a pasármelo bien, a disfrutar», cuenta Andrés.

«La figura de aquel torneo fue Jonatan Valle. Además, hasta que le tocó enfrentarse al Madrid, el Albacete siempre jugaba en el campo B. Jonatan hacía malabarismos con la pelota, era muy espectacular, tanto como Rabadán, un chico que vino con el Madrid en el 92. Buenísimo, pero no llegó a nada —explica De la Morena remontándose a los inicios—. Andrés llamaba la atención, aunque no tanto como Jonatan. La gente se encandilaba con aquel chico del Racing que marcaba goles maradonianos, pero en esto apareció Antić y, con esa autoridad tan propia de los serbios, nos dejó una de sus ya clásicas perlas. Todavía hoy la recuerdo casi de memoria: "¡No tenéis ni puta idea, ni puta idea! ¡El mejor de todos es el cinco del Albacete! ¡El cinco!". Entonces, pensé: "Pues igual tiene razón Radomir". Me fijé más en el cinco y acabé dándole la razón. Y le di la razón porque la tenía. "¡Sí señor, el cinco llegará a la selección! ¡El otro? No jugará ni en Primera." Claro, lo decía tan convencido que pensabas que no se podía equivocar. "Miradlo, miradlo, no comete errores, no pierde un balón, lo hace todo bien." Antić decía esto mientras Jonatan discutía con el árbitro por haber pitado no sé qué falta. ¡Le estaba montando un cristo, vamos! Al siguiente partido, el Albacete elimina al Madrid, y mira que ganar al Madrid era difícil porque todo el mundo quería que llegara el grande a la final. "Míralo, míralo. Ni protesta ni dice nada raro, ese chico es el mejor, sólo se dedica a jugar al fútbol. Es el mejor y con mucha diferencia", me vuelve a decir Antić. Estaba fascinado con el cinco del Albacete. El Racing acaba siendo campeón y hay que elegir al mejor del torneo. Yo hice una cacicada: después de tanto escuchar a Antić, ya me había encaprichado con Andrés, pero, claro, no quería que se notara. Durante la reunión no paro de repetir las palabras que Antić ha dicho durante todo el torneo. Y todos coincidimos: ¡el cinco del Albacete! Entonces voy a buscarlo al hotel Alcalá de Madrid, donde se hospedaban los niños que habían participado en la competición. Llego y me lo encuentro sentado en un banco, con las piernecitas que no le llegaban al suelo. Estaba llorando.

—¿Pero qué te pasa Andrés? —le pregunto.

—El Albacete ha bajado a Segunda, el Albacete ha bajado —me responde.

No paraba de llorar. Lo subo al coche. A él y a Jonatan Valle. Me los llevo a la radio, a la SER, en Gran Vía, y empezamos la entrevista para *El Larguero*.

—Tu padre, Jonatan, ¿qué es?

—Mi padre es jefe de un ministerio.

—¿Pero es ministro?

—No, no, es jefe de un ministerio.

Ese año había jugado el torneo un hijo de Martín Toval, por aquel entonces ministro del gobierno socialista, y le digo a Jonatan:

—A ver si tenemos aquí al consejo de ministros.

—No, no sé, sólo digo que mi padre es jefe de un ministerio en Santander.

Luego le pregunto lo mismo a Andrés.

—¿Y tu padre?

—Mi padre es albañil, pero dejará de serlo cuando yo sea figura.

—Entonces será constructor.

—No sé, pero quiero bajarlo del andamio.

La charla no acabó ahí. Andrés no estaba solo, por ahí también andaba Víctor, entrenador de día, padre adoptivo de noche, guía en el Albacete.

—No te preocupes. Estaré todo el rato a tu lado. Tú contesta lo que puedas, no pasa nada.

Víctor trataba de animarlo para aliviar la tensión de aquella primera entrevista en un programa de radio: más de un millón de oyentes estarían conectados a su tímida voz.

—Oye, Jonatan, ¿cuánto crees que valdrías tú? —le preguntó De la Morena al descarado niño del Racing.

Frente a semejante desafío, ésta fue la respuesta de un chico que a los catorce años ascendería al primer equipo:

—¿Yo? Quinientos millones.

—Y tú, Andrés, ¿cuánto? —preguntó después De la Morena.

Se hizo el silencio. Joserra aguardaba impaciente. «Tenía una cara de susto increíble», recuerda. Víctor, temeroso de que el niño no abriera la boca, le susurró al oído:

—Tú di que vales mil millones. Sí, sí, dilo.

El niño de Fuentealbilla no respondió de inmediato, pero, siempre respetuoso con las jerarquías, obedeció a su entrenador.

—Yo, mil.

«Yo estaba escuchando la radio en Brunete. Allí conocí a Andrés. No había hablado con él, pero lo oí con atención en *El Larguero*. Yo jugaba entonces en el Oviedo, aunque tampoco jugaba mucho, todo hay que decirlo. No me querían por mi baja estatura. Todos los que fuimos a Brunete vimos algo diferente en Andrés. Entonces no sabía ni su nombre, pero nos fijamos en el pequeñito de Albacete, en Jonatan Valle, en Fernando Torres, en Diego León, un chico del Madrid», cuenta Santi Cazorla, ahora jugador del Arsenal, cuyo paso por aquel torneo apenas tuvo eco. No ha olvidado el vacilante relato radiofónico de aquel «pequeñito de Albacete».

Animado por los elogios de Antić, de los que enseguida tuvo noticia, y por las palabras de Benaiges acabada la final, Andrés, aunque siempre humilde, se sintió importante ante el micrófono. Benaiges había insistido: «Si quieres venir a la Masía, ya sabes». Pero Iniesta se volvió a escurrir del bondadoso técnico: «Hable con mi padre, por favor, hable con mi padre».

El destino, en cualquier caso, lo empujaba hacia la ciudad del Barça. «Aprovechando que al mejor jugador de Brunete le regalaban un viaje familiar a Port Aventura, nos fuimos todos a Barcelona y a la Masía. Queríamos saber cómo era, cómo se trabajaba, qué hacían allí. Fue una visita que pesó después para dar el paso definitivo», cuenta Andrés, a quien le costó mucho decidirse. Era feliz en Fuentealbilla.

Andrés no sabía entonces que el Barça no sólo lo había visto jugar en Brunete. Alguien avisó a Oriol Tort, sumo sacerdote de la Masía, de que en Albacete había un chico extraordinario y Tort llamó a Germán Vaya, ojeador del club en Andalucía: «Ve a ver, por favor, cómo juega ese niño que tiene tan buena pinta». Vaya viajó entonces a Plasencia, donde se jugaba el campeonato de España de fútbol-7.

«Yo hice el primer informe sobre Iniesta. Muchos se atribuyen su descubrimiento, pero lo cierto es que un holandés lo vio jugar en Albacete, habló con Tort y éste me envió a verlo en un torneo alevín que se celebraba en Plasencia —cuenta Vaya, que nada más ver al niño tuvo las mismas sensaciones que Balo,

Víctor y Catali—. "¡Oriol, yo lo ficharía hoy mismo! Es pequeñito, no debe pesar ni treinta kilos, pero tiene una visión increíble del juego".» Y eso que, como recuerda el ojeador, Andrés «no había empezado muy bien el torneo». Eso solía pasarle, pero, por la misma regla de tres, también terminaba siendo elegido el mejor de cada torneo. Así ocurrió en Plasencia y, semanas después, en Brunete. «Juega como entonces, ni mejor ni peor, idéntico», afirma Germán Vaya. Idéntico físico, idéntica calidad, idéntica seducción. Todos quedaron hipnotizados por el juego de Andrés, conquistador de asombros en la tierra de los conquistadores. Castilla-La Mancha perdió finalmente frente a la anfitriona, Extremadura, que venció gracias a un gol de Jorge Troiteiro. Éste sería después uno de los mejores compañeros de Andrés en la Masía. El campeonato lo ganó Cataluña, que derrotó en la final a Castilla y León por 2-1. Los técnicos, sin embargo, se quedaron con el nombre de Andrés, un manchego que bailaba con el balón en los pies para lograr que su padre bajara del andamio. «Ojalá algún día pueda dejar de trabajar como albañil», solía decir Andrés, aquel niño bendecido por los técnicos del Albacete, atisbado por un holandés, observado por Germán Vaya en Plasencia, admirado por Benaiges en Brunete y tutelado siempre por su padre.

En el fútbol, como en cualquier otro ámbito, la clave del éxito radica en descubrir el talento (propio o ajeno). El Barcelona tuvo durante mucho tiempo a un experto en descubrir promesas que luego jugaron con Menotti, Venables o Cruyff (nunca se sabía quién iba a ser el entrenador del Camp Nou). El cazador de talentos en el Barça, el padre de la cantera azulgrana, llevaba por nombre Oriol Tort, pero todos lo llamaban Profesor. Fue el venerable maestro que transformó el fútbol juvenil: su legado es de tal calibre que con su nombre se bautizó la moderna masía levantada junto a la ciudad deportiva del club en Sant Joan Despí.

El buen ojo del Profesor funcionó de nuevo con Iniesta. En esta ocasión fue Germán Vaya quien le transmitió los primeros datos y Tort ni siquiera viajó a Albacete porque confiaba plenamente en el buen criterio de su ojeador. A Tort le bastaba con un vistazo, nada más. «El Profesor nos decía: "Sólo es válida la primera impresión porque después, cuanto más miras a un niño, más defectos le ves, pero entonces vuelves al principio y te dices 'tiene algo, me gusta'"», cuenta Jaume Olivé, el responsable del fútbol base del Barça que mejor entendió a su colega.

Oriol observaba a los niños y los técnicos observaban a Oriol. Bastaba ver cómo consumía su cigarrillo para averiguar si la joven promesa le había gustado: cuando la punta se ponía muy roja, cuando la calada era intensa, todos entendían que en el campo de pruebas había una figura en ciernes. Y nadie lo entendía mejor que Olivé. La pareja formaba un gran tándem cuyos apuntes (siempre pasados a limpio en una vieja máquina de escribir) se leían con interés y respeto.

Tort (que en sus inicios se ganaba la vida como comercial de una farmacéutica) bromeaba cuando, en la época más *amateur* de la cantera, le preguntaba por su continuidad en el Barça.

—Profesor, ¿ya le han renovado el contrato?

—Veo que la silla y la máquina de escribir siguen en su sitio.

La silla y la máquina significaban una renovación verbal del contrato. Con ella también se daba por supuesta la continuidad de los entrenadores que alternaban sus trabajos con la formación de los jóvenes. Era un grupo de entusiastas, hombres voluntariosos como Pujol, Carmona o Ursicinio, cuya recompensa no era el magro sueldo, sino el descubrimiento de un jugador que con el tiempo podría convertirse en un buen futbolista o, con suerte, en un fuera de serie. Ahí están los casos de Guardiola, Xavi e Iniesta.

«Brunete me cambió la vida», cuenta Andrés. Tiene razón,

pero el torneo no lo habría conducido a la Masía sin la llamada del Profesor a Germán Vaya.

«Ahora quisiera detenerme en una cosa. Aunque no me lo haya dicho, sé que lo ha pasado mal en algunos momentos. Mucha gente habla por hablar de De la Morena. No quiero entrar en la cuestión de los índices de audiencia, pero es cierto que es el número uno desde hace ya no sé cuántos años. Ojalá la gente no fuese tan hipócrita en su trabajo. Hay palabras que me duelen mucho. ¿Cuáles? Por ejemplo: "Siempre atiendes a De la Morena y a nosotros no". Eso me revienta. Es una persona que lleva siguiéndome desde los doce años, cuando nadie sabía ni cómo me llamaba. Estaba en Brunete y nunca se olvidó de mí. Y lo fácil habría sido olvidarse de mí unos años después, cuando aquel niño ya era un adolescente de catorce, quince o dieciséis años. Joserra no me olvidó. Y cuando me daban palos por todos lados y él creía que eran injustos, apostaba por mí. Y cuando yo no jugaba y él pensaba que no era merecido, tampoco callaba. Hay personas que se rebelan ante situaciones que consideran injustas y se ganan tu respeto y tu cariño. Lo más fácil en determinadas situaciones era dar la razón a lo que soltaba la mayoría sobre mí, no complicarse la vida, no crear conflictos: no tenía necesidad alguna de defenderme, pero me defendió siempre. Y aquí nadie ha pedido nada a cambio. Ni él ni yo. Las cosas se hacen por convicción y él me ha demostrado muchas veces que la tiene. No digo que los demás me hayan tratado mal, ni mucho menos. De todas formas, siempre he intentado portarme lo mejor posible con todos porque es mi deber. Luego hablaré menos o más, aburriré más o menos, pero he procurado atender a todos con respeto y educación. Hablo ahora de hechos puntuales. Así lo siento y así lo expreso. Somos personas de sentimientos, de carne y hueso, aunque hay comentarios que uno se guarda para siempre. Y no olvido a Joserra: él estaba cuando nadie estaba.»

3.

LA NOCHE MÁS TRISTE

«Papá, quiero ir. Llámalos, por favor.»

«Sí, parece absurdo, pero es cierto: el peor día de mi vida lo he pasado en la Masía. Así lo sentí entonces y así lo siento ahora, con tanta intensidad como si no hubiera pasado el tiempo. Tuve una sensación de abandono, de pérdida, como si me hubiesen arrancado algo de dentro, en lo más profundo de mí. Fue un momento durísimo. Yo quería estar allí, sabía que era lo mejor para mi futuro, por supuesto, pero pasé por un trago muy amargo, tuve que separarme de mi familia, no verlos todos los días, no sentirlos cerca... Es muy duro. Lo elegí yo, es verdad, pero se me hizo... se me hizo...»

Todavía ahora interrumpe su relato con un largo silencio cuando evoca aquella primera noche lejos de casa. Llegó finalmente a la Masía en septiembre de 1996 porque, tras varias semanas de dudas e incertidumbres, sorprendió a su padre con una petición inesperada: «Papá, quiero ir. Llámalos, por favor». «Habían pasado unos días del límite que nos habían fijado para ir a Barcelona. Pensaba que ya no sería posible, aunque el señor Tort nos había dicho que esperarían. Ese año o el siguiente. Y lo conseguimos... en el tiempo de descuento. Ni mi padre ni nadie de mi familia me dijo que debía irme a Barcelona. Recuerdo que el primer día fue un 16 de septiembre, llegamos con el cole prácticamente empezado; el fútbol, también. La decisión llegó tarde, pero fue acertada.»

De hecho, llegó en el último instante y sus consecuencias no fueron nada fáciles. Ni en casa ni fuera.

59

—Pero vamos a ver, chico, ¿por qué quieres ir ahora, justo ahora? —preguntó José Antonio Iniesta.

—He cambiado. Ya me he hecho el ánimo, papá. Lo he pensado bien y nos vamos —respondió Andrés.

«Cuando me dijo "papá, nos vamos" me dio algo por dentro», cuenta José Antonio.

—¿Por qué ahora, hijo?

—Porque sé que es lo que tú quieres. No te puedo dejar sin esa ilusión después de todo lo que has luchado por mí.

José Antonio se debatía entre la felicidad y la angustia: «Yo era quien más quería que se fuese a probar suerte y, al mismo tiempo, quien más sufría con la idea».

Andrés se decidió a dar el paso, a emprender un camino erizado de dificultades no siempre previsibles. Tanto en Barcelona como en Albacete. «Me gustaría aclarar, eso sí, sin voluntad de ofender a nadie ni de sacar trapos sucios, lo que sucedió entonces con el Alba [el Albacete]. Fue poco antes de irme. No guardo rencor a nadie, procuro ser una persona agradecida con quienes me han ayudado y con las entidades a las que he pertenecido, pero no me gustó cierta actitud. Tuve la sensación de que, dentro del club, algunos quisieron dejarnos a mí y, sobre todo a mi familia, como los malos de la película. Se dijeron verdaderas tonterías para confundir a la gente. Y estuve dos semanas sin poder jugar con el Barça porque no se tramitaba la ficha. De verdad que no estoy haciendo el más mínimo reproche. Es más, hasta cierto punto puedo llegar a entender la decepción si un jugador de tu cantera se marcha. Lo puedo entender. Pero en la vida no hace falta dañar a los demás... Simplemente hice lo que creí oportuno y lo que, en realidad, hubiese hecho el 99 % de la gente en la misma situación.»

Andrés acertó. Mari, su madre, también. Y, por supuesto, José Antonio, a pesar de que todos vivirían la peor noche de sus vidas.

Cuando la familia Iniesta llegó a la Masía, los padres conversaron con Juan César Farrés, director de la residencia, mientras Andrés, ajeno a lo que se le echaba encima, recorría las habitaciones de una academia, ahora vacía y sin uso definido, que albergó durante décadas los sueños de miles de niños. Andrés no iba a caminar solo.

«Recuerdo a José, que era entonces portero del juvenil. Un chico con una planta impresionante. Yo debía de llegarle por la cintura. Me iba enseñando la Masía poco a poco para que la fuera conociendo por dentro: "Aquí hay una cocina, allí está tu dormitorio; ahí tienes, Andrés, la biblioteca...". Continuaba con las explicaciones, pero yo no dejaba de llorar. Lloraba y lloraba sin pausa. Mi cuerpo estaba allí dentro, pero mi cabeza y mi alma estaban con mi familia.»

Los padres seguían abajo, en la entrada, hablando con el señor Farrés y él iba de un lado a otro entre desconcertado y ausente: «José me enseñaba la casa como si a mí me importara», explica ahora evocando aquellos primeros minutos en su nuevo y extraño hogar.

—Ven, Andrés, mira esto...

El portero José Bermúdez trataba de consolar al niño recién llegado desde su imponente estatura: «Era muy pálido, bajito, tristón... Debía de estar pensando: "¡Pero dónde me meten mis padres!". Aún hoy recuerdo ese episodio. No, no creo que él se acuerde de mi apellido, es normal», dice el guardameta. Para Andrés es simplemente José, el chico que le abrió las puertas. «Era supercanijo, muy pequeño, pero mucho... ¿Por la cintura? No creo ni que me llegara, ¡ja, ja, ja! Pero Jorge —dice en alusión a Jorge Troiteiro— era aún más bajo que Andrés. Estábamos todos en el vestíbulo cuando llegaron. Yo tenía diecisiete años; él, doce. Si fue duro para nosotros, imagínate para él. Pasabas muchos ratos de soledad, muchísimos. Andrés era supertímido; Jorge era mucho más extrovertido, más dicharachero, era el que tiraba siempre del carro. Andrés me cayó bien desde el principio. Era supereducado, muy dulce, afectuoso.»

«Lo dejamos allí y nos volvimos al hotel», recuera José Antonio Iniesta. Tan cerca y tan lejos. Tal vez doscientos metros de distancia, trescientos como mucho. Sólo una calle, la calle Maternidad, separaba al niño de sus padres y su abuelo materno. Mientras José Bermúdez subía las escaleras de la Masía acompañado por un diminuto niño manchego y le mostraba la litera que compartiría con Jorge Troiteiro, la familia Iniesta-Luján vivía una noche dramática en su hotel barcelonés. Cuando cerraron las puertas de la Masía, los tres se dirigieron a sus habitaciones sin apenas cruzar palabra. Había poco que decir, muy poco. ¿De qué iban a hablar? El padre, sin embargo, no aguantó en su cuarto. La agobiante tensión no le daba tregua. Tomó el ascensor, bajó a la cafetería del hotel y allí se encontró con el abuelo.

«Creía que me iba a morir, me faltaba el aire en la habitación, era insufrible. Me dio un ataque de ansiedad —relata José Antonio, instalado en el volcán de las emociones pasadas—. Llegué a hacer la maleta para volvernos al pueblo. No podía abandonar a mi chiquillo. Si no hubiera sido por su madre... Yo me lo hubiese llevado al pueblo, pero ella tenía más capacidad de sacrificio. Mari siempre me decía: "Si se va y no triunfa, lo habré perdido seis o siete años. Si se va y triunfa, también lo habré perdido seis o siete años. O sea, yo siempre pierdo".» Todos perdían algo en aquella arriesgada apuesta: perdían Mari, José Antonio y Maribel, la hermana del prometedor futbolista. También perdía Andrés, sin duda alguna. La incógnita era qué iban a ganar. Una incógnita tal vez demasiado cruel.

—Mañana voy a la Masía y me llevo al chiquillo. ¡No puedo soportarlo! —le dijo José Antonio a su suegro, convencido de que en él hallaría al cómplice perfecto para doblegar la férrea voluntad de su mujer.

El abuelo le tendió la mano; Mari permanecía ajena al plan que se tramaba abajo, pero pronto se enteraría.

—¡Mari, me lo llevo! Ahora mismo voy a la Masía, lo saco de allí y nos volvemos todos para casa.

La desgarrada voz de José Antonio resonaba en aquel cuarto dominado por la gigantesca mole del Camp Nou, pero Mari, la madre firme, poderosa y rotunda, replicó con frases breves e inapelables, habló a la manera «Luján». No había discusión, ni siquiera para su atribulado esposo:

—Si te lo llevas, serás un egoísta. Estás pensando en ti, en nosotros, pero tienes que pensar en él. Dale al menos la posibilidad de probarlo. Ha venido hasta aquí para eso y ahora no podemos acobardarnos.

Como habría dicho Catali (aquel último entrenador de Andrés en Albacete), la madre se armó de valor cuando en el fondo era incluso más endeble que el padre. La suerte estaba echada: habían cruzado el Rubicón y ya no podían retroceder. Ahora tocaba afrontar con calma las primeras turbulencias. Tanta calma como fuera posible. Allí estaban los cuatro, padeciendo los rigores de una noche aciaga en un rincón de Barcelona presidido por el gran templo del fútbol.

«Durante mi primera cena en la Masía no paraba de llorar. ¿Comer? Evidentemente, no comí nada», cuenta Andrés. El padre y el abuelo tampoco. ¿Y la madre? Nadie la vio derramar una sola lágrima, pero ella lloraba por dentro. De nuevo salió a la luz su inamovible entereza. Era el pilar de la familia, una anónima familia de Albacete que esa noche no tuvo ni cena ni reposo.

«No sé si fue peor aquella noche o lo que pasó al día siguiente. Yo sabía que mis padres estaban cerca, a pocos metros, en aquel hotel, pero también sabía que en algún momento cogerían el coche para volver al pueblo. Tenían que trabajar. No podían quedarse conmigo.» En realidad ya no estaban con él.

Habían confiado su hijo al Barça. En cierto modo lo habían «cedido».

«A la mañana siguiente tenía que ir a clase. Ellos vinieron a la puerta de la Masía para acompañarme al colegio. Fuimos con Jorge Troiteiro, un chico de Mérida que tenía la misma edad que yo.» No hubo comentarios sobre la dura experiencia vivida (o sufrida). Se saludaron como si nada hubiera sucedido. Como si estuvieran en el pueblo y fueran juntos al cole. Estaban en Barcelona, pero intentaban aparentar que seguían en Fuentealbilla. «Llegamos al colegio y nos dimos dos besos de despedida.» Eso fue todo.

Andrés entró con Jorge en las aulas para iniciar una rutina que duraría años. Lo que no imaginaba es lo que ocurriría poco después: «Pensaba que a la salida de clase, ya por la tarde, me estarían esperando, pero cuando me asomé no había nadie». Ni José Antonio ni Mari ni el abuelo. De repente se vio solo, casi huérfano. Allí, junto a su nuevo amigo Jorge, veía desvanecerse el mundo donde se había criado.

«Ahora pienso que fue una decisión acertadísima porque nos ahorramos el mazazo de la despedida definitiva, que habría sido mortal.»

Ahora le parece bien; cuando sucedió, no. Ahora lo entiende; entonces sintió el dolor del desamparo. El latigazo de un abandono casi total.

«Parece mentira, pero yo ya me había acostumbrado. Quizá suene increíble, sólo llevaba una semana más que Andrés, pero ya me había adaptado a todo aquello —explica Jorge Troiteiro, el niño que cruzó la puerta del colegio Lluís Vives de Barcelona junto a Andrés—. Tenéis que entender todo lo que supone ese lugar. De pronto dejamos de ser niños. A mí, con diez u once años, me lo hacían todo en casa. Imagino que igual que a Andrés. Tus padres te visten, tus padres te llevan al colegio, tus

padres te acompañan a todas partes, tus padres, siempre tus padres... Allí salíamos de clase y no te esperaba nadie. Absolutamente nadie. Teníamos doce años. Tuvimos que madurar en
muy poco tiempo y no todos están preparados para algo así. De
repente pasamos a vivir en una familia, la familia de la Masía, a
la que horas antes ni siquiera conocíamos. De pronto tienes
unos hermanos nuevos que, por cierto, a los más chicos nos
ayudaban en todo. Nos mimaban, pero...» Al recordar aquellos
días de soledad, Troiteiro no puede seguir hablando. Aun así,
no olvida que la llegada de Andrés lo animó muchísimo.

A Andrés, en cambio, salir de la escuela y no ver a los suyos lo
colocó de improviso, sin adaptación previa, frente a su nuevo
mundo. Quizá sí hubo una fugaz adaptación durante aquellas
horas en coche de Fuentealbilla a Barcelona. Tres adultos y un
niño, tres generaciones y un silencio compartido.

«Recuerdo cuando paramos a comer en Tortosa. Nadie comió nada. Sabíamos que el "final" estaba acercándose.» Sí, el
«final», así lo entendían todos. «Además, sabíamos que no
había marcha atrás y aquella parada, ya en Cataluña, de alguna
manera lo confirmaba. Cuando hablábamos era para decir algo
que no tenía sentido o no venía a cuento. Nadie podía aguantar
el dolor que se acercaba, pero tendríamos que soportarlo»,
cuenta Andrés.

No comió en Tortosa. Tampoco cenó en la Masía.

«Antes sólo pensaba en lo que tuve que vivir yo, en todo lo
que pasé, en todo lo que sentí allí, en la Masía. Sí, claro que podía pensar cómo deberían de estar viviéndolo tanto mis padres
como mi abuelo, pero hasta que no eres padre no te puedes
imaginar de verdad lo que sintieron en aquel momento. Ni lo
que sufrieron ellos y mi hermana. Yo, por ejemplo, me muero
por dentro cuando estoy un día sin ver a Valeria o Paolo Andrea
o cuando no puedo ver a Anna. Bueno, sin verlos cara a cara

porque ahora, con las nuevas tecnologías, los puedo ver desde cualquier lugar del mundo y en cualquier momento. Pero no poder tocar a mi niña, a mi niño… No poder tocarlos un solo día… Imagino a mis padres haciéndose a la idea de dejarme en la Masía. No, ni siquiera ahora me gusta pensarlo.»

Se fueron para volver a su lado sólo una vez al mes. Y ni siquiera un fin de semana completo. La vida cambió para siempre para aquel niño de doce años.

«Hasta que acepté la situación o hasta que la situación se normalizó un poco, pasaron algunas semanas, tal vez meses.» Aún no puede afirmarlo con certeza.

«Al principio me costaba comer y no quería llamar por teléfono a mi familia porque empezaba a llorar y llorar, pero uno, al final, se acostumbra a lo que vive, a lo que quiere, a lo que persigue. Y yo quería estar allí. Y, por muy mal que lo pasara, no iba a volver a casa. Tenía que estar allí y mantener la decisión de estar en la Masía, de ser jugador del Barça.»

Esa obstinación es muy Luján. Terca fue su madre aquella noche dramática en que José Antonio amenazaba con derribar la puerta que conducía a los sueños. Terco fue el hijo sosteniéndose en pie mientras derramaba lágrimas por los rincones de una masía con más de tres siglos de historia.

«Cuando venían mis padres a verme me sabía a poco. A muy poco. Ellos salían los viernes porque tenían que esperar a que mi hermana acabara el colegio. Llegaban a Barcelona sobre las ocho o las nueve de la noche. Yo, naturalmente, tenía todo preparado. Los esperaba en la puerta para irnos lo antes posible. Cenábamos los cuatro en un bar al lado del hotel y nos metíamos los cuatro juntos en la misma cama, dormíamos juntos, lo hacíamos todo juntos. ¡Qué grande recordarlo! Luego, el sábado, después del partido (solíamos jugar por las mañanas), teníamos la tarde libre. Íbamos al cine, dábamos una vuelta por Barcelona, pero a medida que se acercaba la noche yo ya tenía mi cabeza en otro sitio.» ¿Por qué? Porque el tiempo se le escapaba con tanta rapidez que no lo podía controlar. Al principio lo veían una vez al mes. Luego, cada quince días.

«Sabía que tras la comida del domingo se tenían que marchar al pueblo. Tenían que estar allí para ayudar a mis tíos y mis abuelos en el bar. El domingo, en Fuentealbilla, la gente salía a cenar mucho y ellos, claro, tenían que llegar sobre las siete o las ocho de la tarde, así que tenían que irse de Barcelona hacia las dos como máximo. Ni que decir tiene que cada vez que llegaba ese momento era un drama. A mí me sabía a poco, a poquísimo, el tiempo que estaban conmigo. Se me pasaba todo volando. Y, después, a esperar otro mes para verlos.»

Días y días y días de interminable espera...

«En la agenda del colegio tachaba los días que faltaban. Contaba los días que quedaban para las vacaciones de Navidad, para las vacaciones de Semana Santa, para el verano... Y así, meses y meses, yo siempre he sido muy familiar y los años que pasé en la Masía marcarían el resto de mi vida. Tengo un vínculo fortísimo con mi familia y eso me encanta. Todavía recuerdo el primer viaje que hicieron mis padres a Barcelona. Tenían un Ford Orion azul. Me dijeron que llegarían hacia las ocho de la tarde y ahí estaba yo esperándolos desde las siete. ¿Dónde? Sentado en el muro que hay en la rampa de entrada a la Masía. Fijándome en cada coche que pasaba por allí para ver si eran ellos. ¡Y la mala suerte que tuvieron! Cuando faltaban pocos kilómetros se les paró el coche en la autopista, tuvieron que llamar a la grúa para llegar a Barcelona. Y yo perdí varias horas de la anhelada compañía. Creo que les cobraron unas treinta mil pesetas. Se las tuvieron que pedir al señor Farrés, el director de la Masía. Todo el mes estaban los pobres ahorrando para estar conmigo y, a la primera, con un palo en la frente... Al fin llegaron a la Masía. Horas después, eso sí. Y pudimos disfrutar juntos el fin de semana.»

Luego, cada uno a su sitio: el padre al andamio del que su hijo quería bajarlo, la madre, a la barra del bar Luján y él, a la Masía.

«Mira, papá. Yo un año lo aguanto. ¿Dos? No lo sé. Pero uno sí, papá. ¿Cómo? No lo sé. Uno lo aguanto como sea.» Aguantó y defendió esa tardía pero acertada decisión. «En el canal que hay en el pueblo no caben las lágrimas que derramó mi nieto —recuerda Andrés Luján, el abuelo, el cuarto pasajero de aquel Ford Orion azul que partió de la Mancha en dirección a Cataluña—. Aquello fue algo para verlo y no pasarlo. No cabe tanta lágrima, no cabe...» Andrés se quedó solo entre los doce y los diecisiete años. Cinco largos años, pero nada comparable a aquella primera noche, cuando lloraban hasta las piedras en la Masía de Can Planes.

4.

NUEVA VIDA

«El día en que iba a debutar con el
Infantil B del Barça me quedé dormido.»

«El día en que iba a debutar con el Infantil B del Barça me quedé dormido. No sé qué me pasó. La víspera estuvimos charlando en la habitación de los mayores, no recuerdo hasta qué hora, pero sí sé que se nos hizo tarde, muy tarde. Cuando sonó el despertador ni me enteré, nada de nada. Menos mal que jugábamos en el Mini, que está cerca de la Masía, porque si no... Recuerdo, eso sí, que vinieron a llamarme y, sin desayunar, nos fuimos directamente al vestuario. Jugábamos contra la peña Cinco Copas. Ganamos 8-0 y metí cuatro goles, sí, ¡antes marcaba goles! Ése fue mi debut oficial con la cantera del Barça, no fue nada mal. Imaginad, mi primer partido y encima me quedo dormido. Con lo tímido que era, ¡menuda papeleta al entrar en el vestuario!»

Ursicinio López, entrenador y artesano del fútbol, no sabía qué pasaba. El partido estaba a punto de comenzar y Andrés no daba señales de vida. Podía imaginarse miles de razones, pero nunca que se hubiera dormido. Con el tiempo justo, aquel diminuto niño manchego apareció para enfundarse, por vez primera, la camiseta del Barça. Llegó y se puso a bailar con la pelota dejando su singular impronta grabada sobre el césped desde el primer día.

«Jugó con ese semblante serio y, a la vez, delicado que ha tenido siempre. No le gustaba presumir de nada, pero Andrés ya era un poquito la estrella. Sí, sí, desde el inicio. Era un chico de medio campo, un interior de enlace, tipo Luisito Suárez.» Ursicinio emparenta a Andrés con el único jugador español que ha ganado el Balón de Oro (1960). Aquel gallego triunfó en el Barça, pero no consiguió coronar su trayectoria con el premio que sin duda merecía: los palos de una final en Berna lo impidieron y le dieron el triunfo al Benfica de Bela Guttman (3-2). Con el Inter de Milán, en cambio, sí obtuvo el reconocimiento universal que proporcionan dos copas de Europa. Suárez fue un jugador elegantísimo formado con pelotas de trapo en las calles de La Coruña. Al igual que el no menos elegante Andrés en las calles de Fuentealbilla.

«Andrés tenía llegada, último pase, metía goles y, sobre todo, participaba de forma increíble en el juego. Como Luisito, vamos, o como Fusté», dice el viejo maestro aludiendo a Josep Maria Fusté, el *Noi de Linyola*, aquel exquisito cerebro que tuvo la desgracia de jugar en la década de los sesenta, cuando el Barça no ganaba nada. Por no ganar, no ganaba ni la Liga. Fusté no tiene ni un solo título liguero en su palmarés, donde, sin embargo, sobresale la Eurocopa de 1964 conquistada en el Bernabéu ante la Unión Soviética de Lev Yashin, la «araña negra». Y ante Franco. Una victoria que el aparato propagandístico del régimen vendió como una derrota futbolística del comunismo.

«Jugaba Andrés con el diez, pero lo cierto es que acababa de cuatro, de seis, de ocho...», cuenta Ursicinio recordando los dorsales empleados por Cruyff, que había llegado al Barça como entrenador ocho años antes (1988) que Andrés (1996). El diez era el interior zurdo (el Iniesta de ahora). El seis jugaba por detrás de los delanteros (Bakero en su día). El cuatro era el mediocentro (antes, Guardiola; después, Xavi; más tarde, Busquets) y el ocho era el número que le correspondía al interior derecho (Eusebio). Nunca se desvanece el modelo del *dream team*, el equipo que revolucionó el fútbol moderno. «Nosotros, en el Infantil B, jugábamos con el 3-4-3, o sea, en rombo, pero Andrés siempre iba a parar donde estaba la pelota. Yo, en realidad, creo que la pelota lo llamaba a él: "Ven, por favor, Andrés".» Así sucedió aquel primer día, aún con los ojos enrojecidos por la falta de sueño y en el rostro la vergüenza de haber llegado tarde al vestuario. «Tenía esa facilidad para recibir e irse. Superaba a un contrario, a dos, a tres. Lo hacía con tanta sencillez que muchos se imaginaban a sí mismos regateando del mismo modo. Ya entonces poseía una concepción muy clara del fútbol y, además, contaba con una técnica que lo ayudaba a desarrollar todo lo que pasaba por su cabecita. Mostraba una enorme superioridad sobre los contrarios. Si la tiene ahora, imaginad cuando era niño», explica Ursicinio. Tort ya le había anunciado que llegaba «una perla» de Albacete.

«Antes de que llegara vino un día el Profesor y me dijo: "Vendrá ese chico que hemos fichado tras el torneo de Brunete. Sí, el chico que vio Benaiges. El Madrid también lo quería fichar, pero ha querido venirse con nosotros".» Escueto como era, el Profesor no quiso ser pródigo en palabras con Ursicinio, pero llevaba el entusiasmo por dentro. Sabio como era, no quiso levantar expectativas dudosas. Pero si los ojos de Benaiges y de Vaya, el amigo andaluz en quien tanto confiaba, habían visto lo mismo, no quedaba lugar para la duda.

—Ahí lo tienes —le dijo a Ursicinio.

«Y con él todo era fácil. Facilísimo, diría yo. Desbordaba precisión, veía los apoyos de los compañeros, veía las paredes... Si era capaz de hacer lo mismo con los mayores, no habría problemas: "Llegará", eso era lo que nos decíamos cuando lo veíamos en el campo. ¿Qué problema había, pues? El físico. Sólo ése. Saber si su endeble cuerpo resistiría más adelante», admite Ursicinio, desconociendo entonces que ese problema ya había sido resuelto a quinientos kilómetros de Barcelona. Abelardo y Julián, los amigos de Andrés en Fuentealbilla, cuatro y cinco años mayores que él, habían descifrado el enigma hacía mucho tiempo. La edad no era ningún inconveniente, el físico tampoco. Si había «sobrevivido» a la agreste explanada del pueblo, ¿cómo no iba a triunfar sobre las verdes alfombras de los campos barceloneses?

«Es verdad. Hasta en eso sorprende Andrés. Incluso en el físico... Lo ves así, poca cosa, le sobra camiseta por todos lados, como si se lo fuera a llevar el viento, pero luego... Aparentemente es frágil, pero resistía de maravilla en todos los partidos. De principio a fin. Lo suyo era una contribución permanente al fútbol, como si no se cansara nunca de jugar. A veces, me decía a mí mismo: "¡Con lo que ha corrido en la primera parte, no aguantará en la segunda!". ¡Pues aguantaba! No desfallecía nunca, jugaba siempre igual —asegura Ursicinio, sorprendido aún por la resistencia de aquel niño capaz incluso de saltar directamente de la cama al campo como le ocurrió en el primer partido—. Se colocaba en la posición de Luisito.» Otro recuerdo. El fútbol remite una y otra vez a las analogías con las glorias del pasado. «A veces, cuando estábamos en el campo de tierra que había entonces al lado del Camp Nou (ya no existe porque han hecho un aparcamiento), se acercaba Olivé y me preguntaba: "¿Cómo anda el sabio hoy?". "Ya lo ves, Olivé, como siempre, haciendo de las suyas." El sabio era Andrés. Hacía cosas increíbles en los entrenamientos. "¡Joaquín, somos nosotros los que tenemos que pagar por estar aquí, no deberíamos cobrar!", bromeaba yo con mi ayudante.»

Dentro de un tiempo habrá otro jugador que recuerde a Iniesta, un futbolista que se vea reflejado en su manera de entender el fútbol. Cuando Ursicinio lo tenía en el Infantil B era como ver desfilar frente a él a sus ídolos de antaño. Andrés era un niño manchego y, al mismo tiempo, un niño gallego o un niño catalán: Iniesta, Suárez, Fusté... «También ocupaba mucho campo, como Luisito. Y sabía esconder la pelota donde quería, a veces ni se la veías... Practicábamos el toque de balón, sobre todo con la pierna izquierda, que es la más débil, pero con estos jugadores, no sabes cómo, al final la pelota siempre cae en la pierna buena. En el caso de Andrés, la derecha. ¿De cabeza? No creo que haya visto nunca cabecear a Andrés. Emplea la cabeza para otras cosas. Mirad, por ejemplo, cómo defiende. Lo hace posicionalmente y, cuando afronta el uno contra uno, casi siempre se sale con la suya y se lleva la pelota. No robará el balón en una carrera larga, pero tiene esa intuición que le permite robarlo cuando nadie se lo espera. Con nosotros, ya lo hacía», dice Ursicinio, un hombre que tenía «poco trato personal» con esa fusión moderna de Luisito y Fusté.

A Andrés sólo lo veía en el vestuario y, luego, en el campo. Mientras el técnico del Infantil B trabajaba de ocho a tres, el chiquillo iba al colegio Lluís Vives con Troiteiro. «Éramos los más pequeños y mimados de la Masía. Yo llegué una semana antes que Andrés. Fueron días muy duros para mí. Por eso su compañía me alegró mucho. Ya no era el más chico. Por ahí andaban Puyol, Reina, Motta, Arteta... Todos mayores que nosotros. Parece que no, pero una semana en la Masía era mucho tiempo. Ya estaba más habituado que Andrés; además, yo era más atrevido, más extrovertido, más hablador... Él, no. Él era tímido, como ahora. Dormíamos juntos en una litera, al principio nos pusieron en la habitación de los jugadores de baloncesto. Eran cinco o seis. Andrés dormía abajo y yo arriba. Lo pasamos mal, bueno, él lo pasó mucho peor que yo. Y eso que teníamos a Puyol, él siempre nos cuidaba. Puyol estaba pendiente de nosotros a todas horas. Puyol y Víctor Valdés. No dejaban que nadie nos tocara, nos cuidaban muchísimo, nos protegían», afirma Troiteiro.

«Lo veía pálido, casi siempre con los ojos enrojecidos, con la tez blanca, triste. Entonces no podía entender lo que estaba padeciendo por dentro —cuenta Puyol—. Yo era el tipo más feliz del mundo, me habían seleccionado para jugar en el Barça, estaba en la Masía... ¡Qué más podía pedir! Nada, absolutamente nada, pero Andrés era un niño aún, demasiado pequeño. No lograba comprender lo que sentía. Yo había llegado donde quería estar. Él también quería estar allí, por eso sufrió lo que sufrió. Lo que nadie sabe. Pero era distinto. Yo, por ejemplo, no llamaba a nadie por teléfono ni fui en cuatro meses a mi casa. Tampoco me visitaban. Era superfeliz allí dentro.» El excapitán del Barcelona trabajaba en silencio peleando contra la desconfianza que lo rodeaba desde que abandonó los campos de tierra de La Pobla de Segur: «Os voy a demostrar que puedo jugar en el Barça». No se lo decía a nadie, pero hablaba su fuerza interior. Sin presión alguna, convencido de que se impondría a todos. Para empezar, necesitó más de un mes («aquélla fue la prueba más larga del mundo», confiesa) para convencer a los técnicos de que le abrieran las puertas de la Masía. Todas las mañanas se levantaba en casa de Ramon Sostres, ahora agente suyo y de Andrés, con la infinita energía que lo caracteriza (y tan infinita: Puyol empezó siendo portero y terminó convertido en un central legendario). Un empuje que ha derribado muchos muros. La noche y el día: un chico tímido de doce años y otro de dieciocho, los dos en busca de El Dorado en el Barça; uno con la técnica, el otro con la fuerza. Uno con coraje y el otro con una tremenda firmeza emocional.

«Un día, mientras yo entrenaba el Juvenil B, se acercó Martínez Vilaseca, que llevaba el A, y me dijo: "Vamos a un colegio de Tarragona a jugar un partido, vendrá un chico al que estamos observando. Es de Lérida"», cuenta Ursicinio. Se trataba de Puyol. «Jugó de volante derecho, físicamente era un portento y, luego, con el paso del tiempo, adquirió esa técnica funcional tan necesaria para ser buen jugador. ¿Qué les dije? Lo vi aquel día, les di mi opinión y lo ficharon. Con el tiempo, acabaría uniendo esa técnica a sus grandes facultades físicas y evolucionó una barbaridad. A ello se añadía su férrea voluntad, su impresionante dedicación y su entusiasmo. Imposible que no acabara triunfando, pero también diría que Puyol fue la única excepción a la regla de Pujolet», afirma el técnico que entrenó por primera vez a Andrés en Barcelona y tuvo la posibilidad de ver al desconocido Puyol batiéndose el cobre en un colegio de Tarragona.

Cuando llegaban los niños a la Masía resonaba la frase de Pujolet,[*] una regla no escrita. «Pujolet siempre nos decía: "Yo quiero jugadores que sepan jugar". Andrés era uno de ellos. La llegada de Cruyff fue una auténtica bendición para esos niños. Quizá sin Johan no habrían llegado a nada. ¿Por qué? En esa época estaban de moda los jugadores fuertes, altos, potentes, pero llegó Cruyff y todo cambió. Véase el caso de Milla. Cuando el Barça lo quería fichar, decían: "Pero si es un tirillas, no tiene fuerza. Si le aflojas la cinta de las medias, se le caen". En el club lo miraban con mucho recelo, pero Jaume Olivé, uno de los coordinadores de la cantera en aquella época, se puso serio con Josep Mussons, entonces vicepresidente: "Este chico vale un millón de pesetas, usted firme aquí y el niño se queda".» Milla se quedó en el Barça, ascendió al primer equipo, se fue al Madrid en 1990 y dio pie a otra frase célebre de Cruyff. «¡Que se vaya! ¡No pasa nada! ¿Quién es el mejor de la cantera en esa posición?», preguntó el técnico holandés. «Guardiola», le respondieron. Johan fue a ver al mejor de la cantera en el Miniestadi. Llegó

[*] No confundir con el capitán del Barça en las épocas de Rijkaard y Guardiola. Pujolet es Lluís Pujol, un delantero de los sesenta (debutó con diecisiete años) que acabó convirtiéndose en ojeador y técnico del club bajo la dirección de Tort.

con el partido empezado para no despertar sospechas. Se sentó en el lugar más discreto posible, estudió lo que sucedía en el campo y descubrió que allí abajo no estaba Guardiola. «Si es el mejor, ¿por qué no juega?», preguntó enfadado. «No tiene físico, es muy flojo, muy débil», le dijeron. En diciembre de ese mismo año, y siguiendo la senda de Milla, Guardiola debutaba en el Camp Nou con el imborrable recuerdo de la frase que le había espetado Johan al final de un amistoso jugado en Bañolas en mayo de 1989: «Has jugado más lento que mi abuela». La misma senda que emprendió luego Xavi y, finalmente, Iniesta. Jugadores que parecían no hallar un lugar en el fútbol, y han terminado dominándolo.

«Andrés tenía una conducción de balón majestuosa. Como ahora. Siempre con la pelota pegada al pie, como si la llevara cosida, y con la cabeza arriba, oteando el panorama. Siempre se hablaba de él. Y, luego, de Messi. Ambos destacaban entre los jugadores de la cantera, todos lo sabíamos», explica Ursicinio. Andrés llegó en 1996; Leo, en 2000. Curiosamente, el primero apareció el 16 de septiembre y el segundo el 17. Cuatro años y un día de diferencia antes de coincidir, durante más de una década, en los equipos que han reescrito la historia del fútbol.

«No, nunca coincidí con Andrés en la Masía. Yo no vivía allí. Al principio viví con mis padres en un hotel de la Plaza de España, luego alquilamos un piso. Después, cuando mi madre y mis hermanos se volvieron a Rosario, yo me quedé con Jorge, mi padre. A veces sí que iba allí a comer o a charlar con algún amigo, y ya sabía quién era Andrés. En el Barça, todos lo sabíamos», recuerda Messi, un jugador que recorrió a velocidad supersónica las categorías inferiores del club hasta debutar con diecisiete años en el primer equipo. Como Andrés. Niños prodigio.

«"¿Cómo lo ves, Quique?", le pregunté un día a Quique Costas —cuenta Ursicinio—. "Por fútbol no hay duda alguna, Ursi.

No te preocupes. Si el físico le responde...", contestó Costas, el último entrenador que tuvo Iniesta en el fútbol base antes de que Van Gaal lo colara en el Camp Nou, con apenas dieciocho años, sin pedir permiso a nadie. Ni siquiera a Riquelme, el último diez puro que ha dado Argentina en las últimas décadas.» Messi es otra cosa: Messi es nueve, Messi es diez, Messi es once.

«¡Trabajad los fundamentos, Ursi! Trabajad los fundamentos todos los días, por favor. Que se muevan en espacios cortos, en rondos a uno o dos toques como máximo, ¿vale?», repetía Olivé. Así, una tarde tras otra, después de acabar el cole (primero, el Lluís Vives y luego el Lleó XIII, al pie del Tibidabo), los chiquillos se sumergían en los «fundamentos». «Cuando apareció Cruyff, se revolucionó el método —recuerda Ursicinio—. Parecía más complicado, pero, en el fondo, era más sencillo. Vino un día Toni Bruins, su ayudante, puso una pizarra, empezó a dibujar rondos y nos dijo: "Esto es juego de posición, el fútbol es fácil, la esencia está en el pase al primer toque. Uno o dos como mucho, ¿vale?". Nos quedamos mirándolo hasta que alguien, no recuerdo quién, preguntó: "¿Y eso es todo?". Bruins, con el rudimentario castellano que usaba (acababa de llegar), dijo: "Sí, eso es todo". El fútbol es sencillo. Se fragmenta el campo, se divide en triángulos y la clave es tener siempre el balón para obtener superioridad.»

Bruins y Cruyff llegaron al vestuario del Camp Nou en 1988 sin saber que el concepto de fútbol total importado del Ajax acabaría superado y destilado por el Barça. Ahora no se sabe si la paternidad de la idea es culé, holandesa o cántabra (algunos se la atribuyen a Laureano Ruiz, el técnico cántabro que en los años setenta promovía tácticas similares). Había que potenciar algunos «fundamentos», pero a Andrés no hubo que enseñarle demasiadas novedades.

«A veces pienso en el ojo clínico de Cruyff. Sí, también tenía otras virtudes, pero esa intuición, esa manera de adelantarse a

LA JUGADA DE MI VIDA

los acontecimientos, sólo la he visto en Johan. Andrés, por ejemplo, estaba donde estaba por la manera como el Flaco entendía el juego. A otros debes enseñarles cosas; a Andrés, no. Él lo llevaba todo dentro. Llegó enseñado. Ya jugaba como Guillermo —Ursicinio se refiere a Guillermo Amor, otra leyenda del Barça, el infantil que sustituyó a Maradona con apenas catorce años durante la inauguración del Miniestadi en 1982—. Cuando vino de Benidorm, Guillermo era el amo de aquel equipo donde jugaban Roura, Sergi, Abadal... Era el amo y el alma. Como Andrés con nosotros. Guillermo tenía, eso sí, una apariencia más robusta, una constitución más atlética. Andrés te engañaba con ese cuerpecito que parecía que no iba a aguantar nada, pero al final de cada partido era quien más fresco estaba. Cuando salía al campo, Andrés daba la sensación de iluminar de repente todo. Pasa ahora. Pasaba antes. Jugó de todo con nosotros: de volante, de interior, de extremo izquierdo con Rijkaard en el primer equipo, de medio centro... —cuenta Ursicinio, emocionado por el incomparable viaje táctico de aquel diminuto jugador capaz de sepultar sus sentimientos tras un rostro de porcelana—. ¿Lo pasó mal en la Masía? ¿De verdad? No, no sabía nada. ¿Aquello fue un drama para la familia? Yo no lo noté, jamás. Me sorprende mucho tener noticia ahora de todo lo que ha vivido. Me entero años después, siempre estuve convencido de que la ilusión de estar en la Masía podía con todos esos problemas, creía que vivir tan cerca del Camp Nou, de su sueño, podía mitigar los contratiempos. Sí, Andrés era un crío. Quizá demasiado pequeño, pero no pensé nunca que lo afectaría tanto. Debió de guardárselo bien dentro. Jamás vino mustio a un entrenamiento ni con mala cara ni puso un mal gesto. Claro que le preguntaba cómo iba la vida en la Masía, pero él nunca me decía nada malo. "¿Estás bien? ¿Necesitas algo? ¿Cómo andas en el cole?" Algunos me decían que iban bien y yo sabía que no era así. Con Andrés sí sabía que en el colegio le iba de maravilla. Me contaban que seguían los entrenamientos del primer equipo encaramándose a la valla de la Masía. Si entrenaba por la tarde podían ir a curiosear un rato para ver a algún *crack*.»

Aquel equipo ya no era el Barça de Cruyff. Cuando llegó Andrés (temporada 1996-1997), el cruyffismo, entendido como filosofía, se estaba diluyendo: sus rescoldos, no obstante, seguían vivos pese a los vaivenes que sacudían al club. Era el Barça de Robson, Mourinho (primero traductor, luego ayudante de campo) y un marciano llamado Ronaldo que llevaba su nave espacial a todos los campos del mundo. Andrés contemplaba con ojos inquietos ese Barça que lo ganó casi todo (perdió la Liga en el último suspiro porque la estrella estaba en Brasil reclamada por su selección). Al Barça de Ronaldo, Guardiola (su ídolo de la infancia junto con Laudrup, que ya había pasado por el Madrid), Figo, Luis Enrique, Stoichkov, Blanc y Popescu se asomaba el niño manchego volcando su mirada en un pequeño terreno de juego, un campo de entrenamiento situado entre el Camp Nou y la Masía que hoy ya no existe. Allí sigue la valla a la que se encaramaba Andrés, pero el césped fue aniquilado por el asfalto de un estacionamiento. En aquellas porterías luego arrancadas, el Barça de Cruyff marcó el rumbo al futuro Barça de Iniesta.

Cuando tenía días libres, cuando languidecía atrapado por la rutina de las lágrimas y devorado por la soledad, Andrés siempre escuchaba, así lo recuerda Ursicinio, una voz amiga: «Benaiges, un hombre enamorado del fútbol, se lo llevaba, por ejemplo, al cine junto a su hijo para sacarlo de la monotonía».

«Íbamos al cine, es verdad, pero también aprovechábamos algunas tardes libres para ir a un parque infantil, uno de esos parques que tienen piscina con bolas de espuma, para que se divirtiera —precisa Albert Benaiges, el técnico que fichó a Andrés tras el torneo de Brunete—. Y cuando sus padres no podían venir un fin de semana, me lo llevaba a casa con mi madre. Allí pasaba horas y horas con Samuel, mi hijo adoptado. No se parecen en nada. Samuel es negro, nació en Brasil, y Andrés, todo blanco, inteligentísimo. A mi hijo no le gusta nada el fútbol y Andrés no puede vivir sin fútbol. No se parecían, pero estaban todo el día juntos», recuerda Benaiges.

«Benaiges también nos invitaba a comer o nos llevaba a una horchatería que a él le gustaba mucho», cuenta Troiteiro sobre aquellas tardes en que Albert trataba de aliviar el aburrimiento de los chicos.

«Es curioso, pero no advertí ese sufrimiento —insiste Ursicinio—. Para nosotros siempre fue Andrés, nunca lo llamábamos Iniesta. Cuando llegaba Andrés, todo era muy normal. Además, tampoco me dijo nada al respecto el señor Farrés, el director de la Masía. Si hubiera visto algo extraño, me lo habría dicho.» Pero Juan César Farrés no había percibido nada diferente de lo que le ocurría a cualquier otro chico formado entre esas centenarias piedras, un escuela inaugurada en 1979 por nombres como Amor, Pedraza (que luego sería entrenador de Andrés), Fradera o Vinyals. Todos lloraron y Andrés no iba a ser menos.

«En la Masía, tu cama era tu casa. Bueno, tu cama y tu mesilla. Ahí tenías todo —José, el corpulento portero del juvenil que cuidó de Andrés en sus primeras horas, recuerda así la vida con sus compañeros—: Pasábamos muchas horas en casa, sí, en la cama. Íbamos de habitación en habitación, charlando unos con otros. Allí dentro no había edades. Eran conversaciones sin fin, casi siempre en la cama.» Quizá por eso se quedó dormido Andrés la víspera de su debut con Ursicinio.

«¿Qué hacíamos? Pues, andar de cama en cama. Aquél era nuestro microcosmos. Eso y el jardín trasero donde se montaban partidillos de fútbol. Si hacía buen tiempo, naturalmente. El balón corría por cualquier sitio. Nos regañaban, claro, sobre todo Juan, uno de los hombres de seguridad. Como era el más nuevo, llevaba todo a rajatabla, no dejaba pasar ni una. Ferri, el otro vigilante, se enrollaba más con nosotros. Además, tanto Andrés como Jorge, al ser los más pequeñitos, eran los mimados. Con ellos, tanto Juan como Ferri se ablandaban. A nosotros nos metían unas broncas de cojones, pero a ellos nada. Se lo permitían todo. La pelota rodaba por todos los rincones, jugar allí era divertido. Se me ponen los pelos de punta al recordar ahora esos momentos», cuenta José. «No nos separábamos nunca. Íbamos juntos a todos los lados, al colegio, al comedor, a la habitación, a la litera... Cuando decían que teníamos que ir a dormir, montábamos un último partido en el pasillo. ¿Cómo lo hacíamos? Muy fácil —explica Jorge Troiteiro—. Las puertas de las habitaciones eran las porterías y usábamos unas pelotas de tenis para no armar mucho barullo. Cuando subía alguno de seguridad, fuera Ferri o Juan, nos decía siempre lo mismo: "A dormir ya, por favor".»

A la mañana siguiente, todos al colegio, y nadie los esperaba a la salida. Así día tras día. La única conexión con el mundo exterior era una cabina telefónica verde situada justo a la entrada de la Masía, a la derecha, frente a la barra de la cocina. Los padres a veces preferían no llamar a sus hijos para espantar así cualquier atisbo de nostalgia. Mejor llevar el dolor de la separación por dentro y evitar que se derramaran más lágrimas. «Cuando me llamaban, lloraba», recuerda Troiteiro. Él y todos. «Me sabía el número de memoria, todavía hoy podría decirlo, de las veces que llamaba a Andrés», dice Manu, el primo que anunció la existencia del genio manchego. Hasta que no pisaban el campo de entrenamiento, los días se hacían largos y en aquellas largas esperas se tejían amistades que aún hoy perduran.

«No, yo no lloraba. Ni tampoco lo veía llorar tanto, pero me lo han contado. Es verdad que llegué dos años más tarde que Andrés. Aparecí por allí en pleno mes de agosto —explica Jordi Mesalles, exjugador del Barcelona y amigo de Andrés desde entonces—. Yo venía de un pueblo de Lérida y para mí estar allí era lo más grande. Recuerdo que escribía con frecuencia a los míos. Me acuerdo de una carta con un dibujo que aún tiene mi madre: "Mi sueño es estar en la Masía". Yo estaba de maravilla. Llegué y me puse a entrenar con el equipo de Andrés, Troiteiro, Rubén, Lanzarote… Luego, cuando los demás se fueron o vinieron sus padres a verlos, me quedé bastante solo. Entonces reparé en lo doloroso de la soledad. Y es duro, pero duro de cojones. A partir de la segunda semana ya empezamos a ir juntos. Caminábamos de la Masía al campo de entrenamiento, el campo de lija. Sí, lija. Lo bautizamos así porque cada vez que caías te hacías daño con aquella hierba artificial tan dura. En ese campo había cuatro equipos entrenando a la vez, cada uno en una esquina —añade Mesalles, el joven que inició su inmersión en la Masía de la mano de Andrés—. Éramos de costumbres parecidas. Muy tranquilos, de ver la tele, de estar cómodos en nuestras habitaciones y, además, de los pocos que usábamos la biblioteca. ¡Y mira que estaba bien, eh! Pero muchos ni la pisaban. Somos gente casera, sencilla, de los que con poca cosa ya tenemos bastante. Con hablar de fútbol ya tiramos.» El hermanamiento entre aquellos chicos iba más allá del balón.

«Un día vino Víctor Valdés a vernos y nos dijo: "Me voy de aquí". Nos quedamos de piedra. Aquella noche lloré muchísimo. Víctor era como un hermano para Andrés y para mí. "Mira, Víctor —le dije—, quiero regalarte esta cadena con una cruz y, así, si no te vuelvo a ver, tendrás siempre un recuerdo mío." Al final, todo se arregló y Víctor siguió con nosotros. ¿La cadena? No, no me la devolvió. Era suya, yo se la di para siempre», cuenta Troiteiro, compañero de litera, compañero de fútbol y compañero a secas.

«Un día me llamó su padre y me preguntó: "¿Sabes dónde está Andrés?"". "Pues, no, no tengo ni idea." "Es que estoy llamando a la Masía y no está..." "No, no lo sé." Yo estaba bastante sorprendido —recuerda el periodista De la Morena—. Poco después me vuelve a llamar: "¿Sabes dónde estaba? En las Ramblas, dando un paseo con Troiteiro". No era muy tarde, debían de ser las siete o las ocho, pero José Antonio le dijo a Andrés: "¡A la Masía ahora mismo! ¿Qué hacéis por ahí?".» Dicho y hecho. Juntos se fueron, juntos volvieron, juntos iban al colegio. Más que compañeros, parecían siameses.

«En el colegio tampoco dejábamos el fútbol —recuerda Troiteiro—. Durante el recreo nos juntábamos los dos con los amigos de clase y nos poníamos a jugar. Claro, los chavales casi ni tocaban la pelota. Hacíamos lo que queríamos con ellos. Luego, en los partidos, gritábamos "¡igual que en el patio, Jorge!", "¡como en el recreo, Andrés, vamos, vamos!".»

Así, pasándose la pelota, construían su mundo. «Poco a poco, nos fuimos contando más intimidades y compartimos los paquetes de comida que nos preparaban en casa. A mí, como era de Lérida, me lo traían directamente mis padres, pero a Andrés no. Aquellos paquetes tenían chucherías, ganchitos... Las cosas que nos gustaban. Teníamos un "desván" oculto en la taquilla. Había una taquilla y una mesita con dos cajones. El de arriba para quien dormía arriba y el de abajo para el que dormía abajo. La Masía era muy familiar y eso me encantaba: todos nos conocíamos, del mayor al más pequeño. No olvido, por ejemplo, las colas que hacíamos para llamar por teléfono. Había dos cabinas, pero una no funcionaba y, como te olvidaras de pedirle cambio a las cocineras o al de seguridad, te tocaba esperar una barbaridad. La Masía era como Gran Hermano, pero molaba más porque compartías todo. Si llegabas el último al comedor, te tocaba el último entrecot, el que tenía peor pinta, o te tocaba hacer las ensaladas para todos, pero guardo muy buen recuerdo de aquella época, fue genial: allí se forjaron grandes amistades; estábamos las veinticuatro horas del día juntos y al final, quieras o no, tu compañero de habitación acaba siendo tu confidente.» Jordi Mesalles sigue siendo amigo y a veces también confidente de Andrés.

5

UNA CUMBRE LEJANA

«Avisad a Andrés de que mañana
entrena con el primer equipo.»

Jugaba el Barça y allí estaban ellos. El Barça de los holandeses. El Barça de Van Gaal, Cocu, Overmars, los De Boer, Bogarde... El Barça de Guardiola, Figo y Luis Enrique. No se perdían ni un partido en el Camp Nou. «Nos sentábamos entre el gol norte y el lateral, justo enfrente de la tribuna principal. Ahí, en esa esquinita, al lado del córner, estábamos todos —Mesalles aún se emociona cuando recuerda los encuentros de aquel Barça—. Yo nunca hice de recogepelotas. Andrés y Troiteiro, sí.»

«¡Cómo para no acordarme! Era un derbi contra el Espanyol. Lo pasamos un poco mal. No paraban de tirar mecheros al césped y nosotros éramos muy pequeños. Nos teníamos que colocar justo detrás de las vallas publicitarias y, como las vallas eran muy altas, nos poníamos de puntillas para ver el partido», cuenta Troiteiro.

Allí estaban aquellos niños llegados de diversos puntos de España soñando con jugar algún día allí abajo, observados por otra generación de niños. «Yo, por ejemplo, me fijaba en Cocu. Andrés, como ya no estaba Laudrup, que se había ido al Madrid, no le quitaba ojo a Pep. Pep era su modelo», cuenta Mesalles recordando aquellos fines de semana en el Camp Nou. Ellos no lo sabían, pero mucho antes de lo que imaginaban correrían sobre la pradera verde que entonces parecía tan lejana.

Llega la Nike Cup, uno de los torneos más prestigiosos del fútbol juvenil, y se presenta en sociedad el Barça de Andrés, Troiteiro, Jordi y Rubén. El Barça del técnico Ángel Pedraza, primer jugador formado en la Masía que debutó en el primer equipo escogido por Kubala, entonces entrenador azulgrana.

«Jugar esa final, y jugarla en el Camp Nou con la tribuna llena, debía de haber veinte mil personas, fue algo impresionante. Quienes veíamos jugar al primer equipo desde una esquina del estadio ya estábamos allí abajo. Cuando llegamos para ir al vestuario no sabíamos dónde meternos. Hay muchos túneles, todo es grandioso, entras, te cambias, vas caminando y, de repente, aparece el campo, un estadio inmenso. "Aquí no podemos jugar, esto es muy grande. ¡Que no, que no! Es muy grande y nosotros somos muy pequeños y además jugamos con un 3-4-3" —Jordi Mesalles alude al sistema sin duda romántico (y sin duda pragmático) de Cruyff—. Nunca te imaginas jugando en ese campo. Veíamos los partidos desde el rincón del gol norte y, de pronto, te sientes como si fueras un jugador del primer equipo. Arriba decíamos: "¡Cómo debe de molar jugar ahí abajo!". Y, ya abajo, decíamos: "¡Ahora tengo que jugar en este campo tan grande!". Y, además, había mucha gente viéndonos desde las gradas. Aquello era impactante. No queríamos desaprovechar la oportunidad de ganar aquella final en aquel escenario.» De hecho, allí estaba todo el Barça contemplando a aquellos chiquillos de los que se decían maravillas. Allí estaban Van Gaal, Guardiola, Figo, Núñez...

Empieza la final y empieza mal.

«Era contra el Rosario Central argentino, al que habíamos goleado en la liguilla, pero empezamos el partido perdiendo. Supongo que era la tensión que acumulaba aquel partido para nosotros. El campo se nos hizo inmenso. Cuando lo mirabas no se acababa nunca. Gilberto, un chico brasileño muy fuerte que teníamos, jugaba de delantero centro, Troiteiro por la banda, Andrés de medio centro y yo de interior —cuenta Mesalles—. Sufrimos mucho en esa final hasta que Andrés decidió ponerse de media punta. Él siempre había marcado muchos goles, quizá eso sorprenda ahora a la gente, pero con nosotros tenía mucha llegada y marcaba. Gilberto, de nueve, y él por detrás con Jorge, que era un espectáculo, con una fuerza brutal. En la otra banda teníamos a Alfi. Andrés movía a todos por detrás de ellos. Jugábamos con el 3-4-3, el dibujo de Cruyff. Recuerdo, por ejemplo, ver al Juvenil A de Arteta, Valdés, Reina, Nano y Trashorras con ese mismo sistema. Por muy arriesgada que fuera la apuesta, aquello era impresionante. Era muy bonito porque requería mucha técnica y, a la vez, muchos pulmones para hacer las coberturas en el medio campo. Allí tenías superioridad, llegabas con muchos jugadores al área contraria, tocabas la pelota en todo momento. Los equipos de la cantera jugaban de ese modo. Era una pasada. Así remontamos una final que parecía perdida. Tras una falta que sacó Andrés, Alfi marcó el empate. Luego, tras una gran jugada de Gilberto, dándole el pase atrás, marcó Andrés el segundo. Marcó y se le salió la bota porque pisó mal. Cuando fuimos a celebrar el gol, él andaba buscándola. Era el gol de oro, fue algo impresionante, acabó todo de una manera espectacular. Algo increíble. Un gol de los suyos, llegando desde atrás, como hacía cuando jugaba de media punta.» Un gol decisivo ya de niño. Un gol similar, por su efecto, a los que marcaría en Stamford Bridge y Johannesburgo. Acaba la final y Guardiola, con ese aire profético que tienen los guiños del destino, le entrega la copa a Andrés, elegido el mejor de aquel partido. «Dentro de diez años, yo estaré sentado en la grada de este estadio para verte jugar», le dijo en 1999; pero se equivocó. En 2008, Pep era el entrenador del joven a quien Pedraza, gran maestro de niños, había moldeado en un momento clave de su incipiente carrera. A todos cautivó aquel Cadete B.

«Ángel Pedraza es de los mejores entrenadores que he tenido, le encantaba entrenar a niños, nos explicaba muchas cosas, sacaba mucho de nosotros, tenía charlas conmigo que te ha-

LA JUGADA DE MI VIDA

cían reflexionar sobre el fútbol y sobre la vida. Siempre iba de cara y eso es algo que agradeces toda tu vida, es algo que valoras mucho. Te entendía, pensaba en ti, como jugador, como educador. Me marcó muchísimo, me enseñó mucho», confiesa Mesalles. A Andrés también lo marcó para siempre: «Era tan buena persona... —dice cuando recuerda a Ángel—. La víspera de su muerte fui a la clínica a verlo, pude despedirme de él. La vida tiene cosas que uno nunca llega a comprender. Vivimos muchas experiencias juntos, logramos ganar aquel torneo tan importante, la Nike Cup... y era una persona espectacular. Ángel era una persona diez. Quiero recordarlo con aquella vitalidad suya, con aquella energía inagotable, con la enorme bondad que lo guiaba.» El día del fallecimiento de Ángel Pedraza, Andrés jugaba en Riazor con Guardiola en el banquillo. Acabado el partido (0-4), con un gol de Iniesta («si lo llego a saber le hubiera dedicado ese gol a Ángel»), supieron que había muerto Pedraza, uno de los héroes anónimos que lo dieron todo en la Masía.

«¿Andrés? Destaca por su inteligencia y su clase. Es el líder y el eje del equipo. Controla el ritmo del partido a su antojo. Además tiene una gran técnica», contó Pedraza al diario *Mundo Deportivo* cuando le preguntaron por Iniesta.

«Esa gente tiene algo. No, no es suerte. Ese algo es talento, clase. El fútbol debe agradecer todo lo que le dan los jóvenes como Andrés cada día. Cómo lo juega, cómo lo vive... El mejor márquetin para el fútbol es ver jugar a una persona como Andrés; no hay mejor anuncio, al menos para mí. Entiendes el fútbol, lo conoces aún más y hace que te guste aún más. Es maravilloso. Y encima piensas: "¡Qué fácil! Yo quiero ser como él". Pero luego dices: "No, no es fácil. No me des la pelota porque no puedo hacer las cosas que hace Andrés. No sé cómo cogerla". El fútbol es justo y compensará todo lo que hace Andrés por él. No, no es suerte. Son chicos destinados a lograr cosas importantes, Andrés era uno de ellos», dice Mesalles. Él ya tuvo esa sensación tras aquel primer gol de oro que levantó de sus asientos a veinte mil espectadores. En el año del centenario del Barça (1999), los niños le dieron un título más.

La voz corrió por la Barcelona futbolística. Mucho antes de la Nike Cup ya se conocía la existencia de Iniesta. Carlos Martínez, que luego sería uno de sus mejores amigos, era uno de los enterados. También jugaba en las categorías inferiores del Barça, pero no con Andrés. «Era dos años mayor que yo. Todos hablaban de él y de Troiteiro, pero nunca cruzamos palabra —recuerda el exdelantero—. Empecé a tratarlo casi diez años más tarde, y no fue en un campo de fútbol. Yo estudiaba derecho con Anna en la Universidad de Barcelona y apareció allí un día para verla. Estábamos charlando cuando llegó él. Saludó a su novia y me dijo: "Soy Andrés". "Sí, sí, ya sé quién eres, me suenas de algo" —bromeó Carlos, sin saber que aquello sería el inicio de una larga amistad alimentada por la "rivalidad a muerte" en los juegos de mesa—. Somos dos niños chicos con cuerpos de mayores y nos lo contamos todo. Él me ha dicho cosas muy suyas y yo he hecho lo mismo. Guardamos nuestros secretos.» Carlos (o Karlitos, como lo llama Andrés) contempló desde la distancia la meteórica carrera del niño manchego en las categorías inferiores del Barça y hoy comparte con él las confidencias más íntimas.

«Pedraza hizo un trabajo espléndido con aquel equipo», subraya Pep Alomar, en aquella época (1999-2000) colaborador inseparable de Llorenç Serra Ferrer, el técnico mallorquín que había diseñado la estructura formativa del Barça. Alomar recibía en el Cadete A a las joyas pulidas por Ángel Pedraza. El legado de Cruyff, la mirada certera de Tort y la intuición de Olivé y

Martínez Vilaseca tomaban forma en un niño manchego. «Tenía un equipo inmenso, lleno de talento, pero todos estaban en su etapa más compleja por el cambio físico, morfológico y, sobre todo, hormonal. Los quince años marcan muchísimo en el desarrollo evolutivo y cualitativo del jugador —explica el entrenador de Andrés, Mesalles, Troiteiro, Rubén y compañía—. Aquel Barça derivaba de Cruyff, discípulo a su vez de Michels y Kovács, pero también recogía conceptos metodológicos aprendidos en los mejores centros de formación de aquella época: Ajax (Holanda), Clairefontaine (Francia) y Coverciano (Italia). Aquel equipo batió todos los récords de cadete, fuimos campeones de Liga y de Copa... Perdimos en las semifinales del Campeonato de España contra el Sporting porque la Federación no permitía jugar con extranjeros. Gilberto y Goran no jugaron y eso mermó nuestro ataque —explica Alomar—. Recuerdo que Andrés venía muchas tardes a la oficina del estadio para pedirnos que le dejáramos usar el teléfono. Así podía llamar a sus padres (entonces no había móviles). Era muy callado, muy amable, no faltaba ni un día al colegio. Los jugadores elegían cada año al mejor amigo en el vestuario. Y todos los años, por supuesto, Andrés se hacía con el premio.» Al final de esa temporada, Alomar abandonó el Cadete A para trabajar como ayudante de Serra Ferrer en el primer equipo del Barça (2000-2001). Ambos tenían a Andrés en el radar.

«Atesoraba el talento más espectacular que he visto jamás en un jugador. Cuando estaba en el cadete jugaba con el mismo sentido táctico que ahora. Es algo innato. Su privilegiada inteligencia le permite manejar las piernas de manera muy intuitiva, muy rápida, y sin cometer errores. En cada momento toma la mejor decisión, pero no la mejor decisión para él, sino la mejor para el equipo. Jugaba de cuatro, pero podía asumir cualquier otra función. En el 3-4-3 era un auténtico espectáculo ver cómo llegaba y definía de cara a gol. "¿Dónde quieres jugar,

Andrés?", le preguntaba. "Donde usted quiera, míster. Me da igual." Dominaba las dos piernas, giraba muy rápido y su procesador mental siempre buscaba la mejor salida. ¿Eso se practica? Sí y no. Si el procesador es bueno, como en el caso de Andrés, siempre tendremos respuestas más precisas y, sobre todo, más rápidas. Además, a pesar de lo que su aspecto físico parecía anunciar, tenía tal capacidad aeróbica que podía aguantar todo el partido a un gran nivel —continúa Alomar—. Al hacerse cargo del primer equipo, Llorenç siempre tuvo claro que Andrés debía aprender de los grandes maestros que teníamos entonces en el Barça: Guardiola y Xavi. Eso era lo mejor que le podía pasar a Andrés, y por eso lo subió Llorenç», concluye Alomar.

Serra Ferrer solía acercarse al campo tres para ver a los niños. No hizo falta hablarle de Andrés: todos conocían al «sabio», como lo llamaba Olivé. «No, yo no descubrí nada. Andrés era un genio. Un fenómeno de la naturaleza como jugador y como persona. Jamás tuve ninguna duda», cuenta el entrenador que abrió a Iniesta la puerta del primer equipo con apenas dieciséis años.

«Llamé a la Masía y dije: "Avisad a Andrés de que mañana entrena con el primer equipo"», recuerda Carles Naval, el delegado del Barça.

«Creí que se trataba de una broma», reconoce Andrés. No se lo podía creer. Bajó caminando de la Masía a la barrera principal del estadio. Un par de minutos. Ni trescientos metros. Llegó y se paró. No se atrevía a cruzar la barrera. Antonio Calderón, el guardia de seguridad, no conocía a aquel tímido adolescente, pero tuvo suerte. Entraba Luis Enrique con su coche y le dijo: «Anda, sube. Ya te bajo yo al vestuario». Otro capricho del destino.

Luego hubo una primera charla con Serra Ferrer. «Quise que viniera por muchas razones, pero sobre todo para premiarlo por su comportamiento, por su liderazgo en el campo, por su actitud con los compañeros. Nunca tenía problemas con las notas ni con la asistencia al colegio. Andrés siempre estaba preparado para ir a clase. El autobús tenía que esperar a muchos, él siempre esperaba al autobús. Recuerdo que Guardiola se alegró muchísimo aquel día. También Rivaldo. Imagínate para un niño entrar en ese vestuario con tanto *crack*. "Tú, tranquilo, Andrés. ¡Haz lo que sabes! ¡Nada más! Tranquilo y disfruta del momento, ¿vale?" Luego, en el viejo campo de la Masía, asumió todo con una naturalidad increíble. Había que darle gas al balón, lo daba. Había que ir lento, pues iba lento. Nos sorprendió. Sólo le faltaba dirigir al entrenador. Los jugadores miraban a Andrés, no me miraban a mí. Era un fenómeno con una sencillez enorme. Entendía el juego, se sabía de memoria la filosofía del Barcelona. No podíamos fallar. Sabíamos que con él no íbamos a fallar.»

No le falló a nadie, a nadie dejó en mal lugar. No, desde luego, a Van Gaal, el técnico que le abrió las puertas del Camp Nou para siempre. Antes había hablado con Serra Ferrer, pero tampoco necesitaron mucho tiempo para ponerse de acuerdo: «¿Que dónde puede jugar? En cualquier sitio salvo la portería. De organizador, de interior, de media punta... si necesitas un diez, también. Y si un día quieres sacar el balón desde atrás con claridad para llegar a los metros finales, hasta lo puedes poner de lateral, pero ya sabes que no tendrá mucha contundencia defensiva», explicó el mallorquín. El viaje desde la jurisdicción de Serra Ferrer a la libreta de Van Gaal no resultó, sin embargo, tan sencillo como se preveía. Hubo momentos, sobre todo cuando pasó por el filial, en que el tránsito se complicó pese a que en el Juvenil A de Juan Carlos Pérez Rojo todo fue de maravilla. «Lo que más me gustaba de Andrés eran sus ganas de aprender», recuerda Juan Carlos. Por Nerja, «por mi tierra», como él dice, pasó el Barça de Andrés, entonces con dieciséis años. Después visitaría el pueblo malagueño otro equipo juvenil azulgrana donde destacaba un tal Messi. «Allí vieron cómo eran esos jugadores. Un día vino Guardiola al entrenamiento. "Oye, Chechu, me han contado que hay uno pequeñito que juega muy bien, paliducho él, ¿no?", me dijo Pep. Estábamos en el campo tres, al lado de la bolera. Se quedó todo el entrenamiento y al acabar me dijo: "Ese chico es mejor que yo".» Rojo tampoco olvida un partido de juveniles en Mallorca celebrado a las doce del mediodía con un calor infernal: «Al final de la primera parte, casi en el último minuto, nos expulsan a Dani, el lateral. Camino del vestuario, mientras subía las estrechas y empinadas escaleras del viejo Sitjar, iba pensando: "¿Qué les digo ahora a los chicos?". Perdíamos 1-0, estábamos con uno menos y yo me decía: "Éstos nos meten cuatro"». Erró en su pronóstico. Empieza la segunda parte y aparece Andrés: «Fue algo espectacular, increíble. ¿Dónde jugaba? En teoría de media punta, pero jugaba donde quería. Recuerdo que apareció una vez por la banda derecha y hablé con Rafel Magrinyà, mi segundo: "¿Le digo algo a Andrés?". "¡Nada! ¡No le digas nada, déjalo!" Ganamos el partido por 1-2 y, al acabar, se acercó Llompart, el entrenador del Mallorca: "Oye, ¿quién es ese niño? Es muy bueno. Si andáis buscando al sustituto de Pep, ahí lo tenéis".» No le faltaba razón. «Lo que más que sorprende de Andrés es lo fácil que ve el fútbol. En aquel partido tenía dieciséis años y jugaba contra juveniles que tenían dieciocho e incluso diecinueve. Leía el partido muy bien, sabía marcar los tiempos. Cuando nos apretaban, decía: "Dádmela a mí". Con lo endeble que era Andrés, parecía imposible la manera como se posicionaba en el campo y lo fácil que hacía todo». Rojo sólo contó un año con Andrés porque Serra Ferrer tenía planes más ambiciosos para él.

«La primera vez que lo vi me quedé prendado de él. ¿Cuándo fue? Creo que aún era infantil —dice Josep Maria Gonzalvo, el entrenador que lo recibió en el Miniestadi, el hogar del Barça B—. Un día me llama Serra Ferrer y me dice: "Andrés tiene que subir al Barça B ya". Era la temporada 2000-2001. Al principio me negué. ¿Por qué? Porque quería protegerlo en el aspecto físico, pensaba que con diecisiete años estaba muy blando. Lo discutí mucho con Llorenç, pero al final acepté. Serra era el jefe, claro. Y debo agradecerle que tuviera entonces esa visión, esa lucidez, aunque también es verdad que Andrés lo pasó mal. Al acabar la charla, Serra me dijo: "Ve a verlo y se lo dices tú mismo".» Así fue. Gonzalvo se dirigió a las habitaciones que había frente a la Masía (estaban incrustadas en la misma grada del Camp Nou). «Llamo a la puerta y me abre él. Me quedé impresionado por lo que vi dentro del cuarto: había santos por todos lados, figuras, aquello parecía un altar. Entonces, le dije: "Andrés, subes al Barca B". Se quedó muy sorprendido, no lo esperaba. Yo le dije que no se preocupara, que estábamos ahí para ayudarlo en todo: "Tranquilo, jugarás de cuatro". La fábrica suministraba buenos elementos en esa posición, entre otros Milla, Guardiola o Xavi, a quien había tenido el año anterior... Cuando Andrés jugaba un poco más arriba, o en cualquier sitio del rombo, del 3-4-3, era un espectáculo lo que generaba con sus pases o llegando desde atrás. Ponía a Motta a su lado, como si fueran un doble pivote, pero él se iba para arriba —explica Gonzalvo—. Quemó etapas muy rápido, se adaptaba a todo. Aparte de su enorme talento, lo que más me gustaba era su humildad. También era enorme. A cada cosa que le corregías le sacaba un lado positivo, siempre intentaba ayudarte —dice su penúltimo entrenador en la escala formativa del Barça—. En ese Barça B estaban Valdés, Arteta, Motta, Trashorras... Era el no va más.»

No, no era nada fácil gestionar ese grupo de jóvenes elegidos que veían el Camp Nou más cerca que nunca. Había, además, grandes diferencias salariales. En diciembre iba el Barça B líder destacado en Segunda B, pero acabó en el décimo puesto. Los egos y vanidades de aquellos jóvenes unidos a las desigualdades económicas provocaron la caída en la tabla. Algunos jugadores ganaban diez veces más que sus compañeros. «Andrés estaba en el último peldaño, en el pelotón de los modestos», recuerda Gonzalvo. El «paso de niño a adulto» resultó complicado para todos porque se asomaban a un mundo desconocido.

«Que llegara arriba, con el talento que tenía, era algo previsible, pero que cada año mejorase refleja la fortaleza de su mentalidad. En sus circunstancias podría haberse venido abajo dejándose arrastrar por lo negativo, pero no fue así. Tiene una mentalidad como la de Puyi —dice Gonzalvo refiriéndose a Puyol, a quien también había entrenado—. Son distintos por fuera, pero se parecen mucho más de lo que ellos creen. Andrés es más rebelde de lo que parece. Sabe disimular la mala leche que lleva dentro, pero la tiene, claro que la tiene. Y tiene sus prontos, aunque los contiene apretando los dientes. Es más, creo que Andrés necesita ese punto de rebeldía. Unos lo muestran pegando gritos, él no. Él lo muestra jugando, superando todas las adversidades con la pelota. Y, a la larga, el fútbol acaba colocando a cada uno en su sitio.»

«A Andrés no lo descubrió nadie, su calidad era demasiado patente; o sea, él se descubrió a sí mismo», sentencia Quique Costas, el último maestro que tuvo en el Mini antes de que Van Gaal lo eligiera. Pocos recuerdan, sin embargo, que Rexach tuvo la oportunidad de abrirle las puertas del Barça y pasar a la historia como el entrenador que hizo debutar a Iniesta. Se jugaba un derbi en Montjuic (diciembre de 2001). Xavi estaba sancionado y Gerard López lesionado. Charly no escatimó los elogios: «Es un futbolista en la línea de los Milla, Guardiola y Xavi. Consigue liberarse de la presión, tiene visión del juego, bastante llegada y sabe situarse dentro del campo». «Los culés pueden estar tranquilos: si juega, lo hará muy bien. Está muy centrado y técnicamente es muy bueno», apuntó Costas. Pero Andrés no jugó ni un minuto. Rexach renunció a la tradicional figura del «cuatro» azulgrana y prefirió apostar por Christanval, un desgarbado y corpulento defensa francés, para formar el doble pivote con Cocu. Ganó el Espanyol (2-0), con dos goles de Tamudo, y Charly ni siquiera agotó los tres cambios. Andrés lo vio todo desde el banquillo. Pudo haber sido el segundo jugador más joven en debutar con el primer equipo. Lo que no hizo Rexach lo haría Van Gaal diez meses y siete días más tarde.

«Van Gaal fue una persona clave en la cadena de entrenadores que teníamos desde el Infantil B con Ursicinio. Recuerdo que acabamos la temporada y, antes de irnos de vacaciones, llamó a quienes ya haríamos la pretemporada con el primer equipo —cuenta Andrés—. Ese verano yo tenía Europeo con la selección, de modo que no podría empezar la pretemporada. Tenía ese dilema. Pensé: "Si me voy al Europeo y no arranco con el Barça, igual se pone todo más chungo...". Entonces, Van Gaal me dijo: "Vete con ellos y, cuando vuelvas, entrenarás con nosotros". Fue un gran detalle por su parte. Jugaba en el B, pero me entrenaba con el primer equipo hasta que llegó el debut en Brujas.» «Van Gaal le dijo: "¡Ahí tienes el campo, a jugar!"», recuerda Carlos Naval, el delegado del Barça. Y Andrés jugó de titular con el 34 a la espalda. Los noventa minutos. Sucedió el 29 de octubre de 2002 y ganó el Barça por 0-1 con gol de Riquelme.

«Van Gaal confiaba mucho en la gente joven. Sé que es un entrenador muy peculiar, que tiene una forma extraña de dirigir y entender el día a día, pero se ganó un rincón en mi corazón. Tengo mucho que agradecerle. La situación del club era delicadísima, crítica en algunos aspectos, pero él nunca dejó de confiar en los chicos de la cantera. No hablo sólo de mí. Debuté en octubre y, en enero, cuando él se estaba jugando su futuro, jugué de titular los seis últimos partidos del míster. ¡Sólo tenía dieciocho años! Dejó a Riquelme en el banquillo y me puso a mí. Apostó por la gente de la casa. Luego vinieron Toño de la Cruz y Antić: en el poco tiempo que estuvieron no jugué ni con uno ni con otro. Lo mismo me pasó durante el primer año con Rijkaard. Por eso le doy tanto valor a Van Gaal. Es exigente como nadie, pero trata por igual a todos los futbolistas, tengan dieciocho años o treinta. Quien rendía jugaba. ¿Qué me dijo en Brujas? "Sal y pásatelo bien. Haz lo que sabes: juega al fútbol".» Y jugó al fútbol con la naturalidad que asombró a Ursicinio, el primer orfebre.

«Tiene una capacidad increíble para hacer fácil lo difícil. Parece que no le cuesta nada —afirma su amigo Karlitos—. Se desliza por el campo como si estuviera en su casa tomando un café, sin nervios. No lo he visto nervioso en ninguna final. Cuando más complicado parece un partido, mejor juega. Hay pocos futbolistas que puedan manejarse andando. A veces pienso que Andrés lo hace todo como si caminara. Va flotando por la hierba y, de pronto, cambio de ritmo y se va, "¡hasta luego!". Tiene un don para los deportes. Cuando jugamos al pádel le digo medio en broma: "¡Hostia, tío, déjame ganar algo!".»

6.

SENDEROS DE GLORIA

«Frank, debes hablar con Andrés...»

Era un fumador empedernido que a veces se escondía en la parte trasera de los aviones para disfrutar de la nicotina. Muy pocos saborean el tabaco con la fruición de Frank Rijkaard. La quietud y la elegancia que exhibía el entonces entrenador del Barça le permitían salvar airosamente cualquier debate futbolístico. Su conversación era pausada, y más si mediaba el mundano placer de un buen puro tras una noche memorable en París. Frank emitía lentas volutas de humo instalado en la gloria.

Había llegado casi de improviso al Camp Nou tras una etapa de turbulencias feroces, pero tuvo el tacto necesario para sobrevivir en un club que caminaba hacia el infierno bajo la presidencia más católica, apostólica y romana del fútbol mundial: la de Joan Gaspart. A Frank le gustaba charlar con un puro en la mano mientras la sonrisa contagiosa de Ronaldinho llenaba de alegría a la hinchada.

La conquista de la Copa de Europa en mayo de 2006 lo elevó a los altares, mas no olvidemos que, cuando llegó a Barcelona, su historial como entrenador era manifiestamente mejorable. Aun así, Txiki Begiristain lo contrató previa consulta reglamentaria a Johan Cruyff. Con la toma del poder por Joan Laporta, un cruyffista radical, se había recuperado la concepción del fútbol que en 1992 condujo al éxtasis de Wembley. Txiki no intervino en aquella final, pero nadie ha sabido interpretar la esencia del *dream team* y descifrar el cruyffismo con tanta sagacidad. Y Txiki apostó por un entrenador cuyo último logro había sido descender con el Sparta de Róterdam a la Segunda División holandesa.

Había, pues, sobrados motivos para que Frank degustara voluptuosamente aquel puro en una discoteca del Bosque de Boulogne parisino. Casi un millar de personas celebraban la victoria contra el Arsenal. La fiesta empezó con *L'Estaca* de Lluís Llach y continuó con una frenética actuación de Laporta. El presidente bailaba sin freno en la pista, se sentía el rey del mundo, estaba feliz por haber cerrado el círculo virtuoso prometido a la afición en las elecciones. Había triunfado en París recuperando el espíritu de Wembley. La *gent blaugrana* festejaba con euforia la reconquista de la Copa mientras Frank Rijkaard fumaba en un sofá solo, abstraído y satisfecho. Txiki Begiristain, no menos sereno entre tanto jolgorio, se acercó a hablar con él. Llevaba en la cabeza el diseño del nuevo Barça: «Frank, debes hablar con Andrés...».

Begiristain había visualizado tan bien la final que antes del partido le comentó a un amigo: «Hoy va a ser el día de Víctor Valdés». Apostó por el portero tras reaccionar con una mueca cuando supo que en la alineación titular no figuraba el nombre de Andrés. Tuvo que leer dos veces el SMS para cerciorarse. No entendía la decisión de Frank. Calló, pero no la entendía. Y sigue sin entenderla.

Iniesta había sido decisivo en las eliminatorias contra el Benfica y el Milan, pero a Rijkaard le salió en París la vena italiana, no la holandesa: optó por una línea de centrocampistas formada por Edmilson, Deco y Van Bommel. Xavi no jugaba por lesión e Iniesta se quedaba en el banquillo. Ni rastro del estilo Barça, el estilo que una década más tarde intenta imitar buena parte del fútbol contemporáneo. Cuesta creerlo, pero sólo tres jugadores de la Masía entraron en el once inicial contra el Arsenal, y todos formaban parte de la retaguardia: el portero Valdés, el capitán Puyol y el lateral derecho Oleguer. Eran hombres que no determinaban la «estética» del juego, aunque también es verdad que podían influir en las emociones (Puyol era el capitán y el acicate de un equipo renacido con Ronaldinho) y, por supuesto, en los resultados (sin las paradas de Valdés la segunda nunca habría llegado a la vitrina del Barça). Representaban la fuerza y la confianza.

El mesurado asombro de Txiki contrastó con la cólera de José Antonio. El padre de Andrés iba en un autobús camino de Saint-Denis. «¡No juega el chiquillo! ¿Por qué? ¿Por qué?», gritaba indignado cuando se enteró de que su hijo sería suplente. Ese día, la peña azulgrana de Fuentealbilla se había sumado a la familia para asistir al primer gran partido protagonizado por su paisano. O, al menos, eso esperaban. Entre ellos estaba Mario, el niño con quien entrenaba en el campo de tierra, uno más entre los peñistas manchegos. «Oye, nene, ¿cómo lo tienes para ir a la final de la Champions en París?» Mario no daba crédito a lo que leía en aquel SMS. «Me gustaría que mis amigos de toda la vida pudieran ir al partido», añadía Andrés en el mensaje. Ignoraba entonces que él mismo no iba a pisar el césped desde el principio. «Flipé, de verdad flipé. Cuando recuerdo ese momento, todavía me emociono. Fue algo increíble. Sí, claro, Andrés es mi amigo, pero eso ni se te pasa por la cabeza antes del partido más importante de su vida —cuenta Mario; en realidad sólo fue el primero de los partidos históricos en que Andrés tuvo muy en cuenta a la cuadrilla de Albacete—. ¿Qué hice? No sabía qué hacer. Tardé tres días en contestar, ¡tres días!» Al final, Mario fue el único compañero de infancia que pudo viajar en el autobús que salió de Fuentealbilla, el único que se sobresaltó con la justificada rabia de José Antonio.

Quedaban sólo dos horas y cuarto para que se iniciara el partido cuando Gemma Nierga, que se había trasladado a París con su equipo de *La ventana* de la Cadena SER, entrevistaba a familiares de los jugadores del Barça en el estudio montado junto al estadio de Saint-Denis. El hermano de Messi se asomó a esa ventana radiofónica y comentó lo siguiente: «Espero que Leo juegue unos minutos». No jugó ni uno. ¡Busquen imágenes de Leo en París! No hay muchas. En el campo, ninguna y, fuera, tampoco. Después apareció Andrés Luján, el abuelo de Andrés: «Nunca me atreví a soñar que mi nieto disputaría la final de la Copa de Europa». Ni el hermano de Messi ni el abuelo de Andrés sabían entonces la alineación de Frank desvelada por Óscar Hernández, hermano de Xavi: «Xavi ha hablado con el míster y éste le ha dicho que no estará en el once inicial —anunció Óscar—. Jugarán los que vienen haciéndolo habitualmente». Los habituales, pensó Gemma Nierga, eran Deco, Iniesta y Van Bommel, pero uno de esos tres nombres no era obligatorio para Rijkaard y su ayudante Ten Cate. «No, Iniesta tampoco juega —explicó Óscar—. El centro del campo titular será Deco, Edmilson y Van Bommel.»

Como no pisaron la hierba de París, Xavi y Messi no sienten esa Champions tan suya como las de Roma, Londres o Berlín. ¿Y Andrés? En el descanso, y en una situación desesperada (0-1 jugando contra diez), Rijkaard rectificó. Los cambios fueron decisivos: Iniesta por Edmilson (min. 45), Larsson por Van Bommel (min. 61) y Belletti por Oleguer (min. 71). El plan inicial había saltado por los aires con un cabezazo de Campbell en el minuto 37. Ni siquiera el Barça podía remontar contra un equipo cuyo portero había sido expulsado en el minuto 18 impotente bajo el aguacero de París. Los azulgranas ni tenían la pelota ni controlaban el partido, todo quedaba en manos de Valdés, un portero cuyos movimientos eran imposibles de adivinar por delanteros tan sabios como Titi Henry. El Barça anduvo ciego por la Ciudad de la Luz... hasta que apareció Iniesta.

Sus compañeros estaban desorientados. «Cuando íbamos perdiendo y con Andrés en el banquillo, recuerdo que me acerqué a la banda —cuenta Eto'o—. Le dije a Ten Cate, el ayudante de

Rijkaard: "Oye, Ten, ¿Andrés puede entrar?". Y él me respondió: "Lo estamos pensando". Ya sabemos todos lo que pasó cuando él salió al campo.»

«Hace ya tiempo que me quité el dolor de no jugar la final de París como titular. Hace mucho tiempo. Ni siquiera siento aquello como una espina clavada porque, tratándose de mi equipo y de mi club, no me gusta hablar en esos términos, pero la verdad es que ha sido uno de los momentos más duros que he vivido como deportista», recuerda Andrés. A veces el dolor de la herida desaparece, pero la cicatriz no se cura con el tiempo, especialmente cuando después se advierte que la decisión era absurda, insensata. Iniesta jamás entenderá por qué no fue titular en París.

«Siendo sincero, hubo algo que me hizo sospechar. La gente no se dio cuenta, pero yo sí. El último partido de Liga que jugamos antes de la final fue en Sevilla, y yo me quedé en el banquillo. También estaba Van Bommel de suplente», comenta Andrés dándole aún vueltas a lo sucedido, como si se le escapara algún detalle, aún desconcertado por el plan de Rijkaard. La diferencia, en última instancia, es que Iniesta acabó jugando aquel día en un equipo lleno de suplentes (Jorquera, Belletti, Rodri, Sylvinho, Ludovic, Gabri, Motta, Larsson, Montañés, Maxi López y Ezquerro). Van Bommel ni siquiera se quitó el chándal en Sevilla. Y sólo quedaban cuatro días para la final de París.

«¿Por qué tenía esa duda? Pues porque desde mi incorporación al primer equipo se habían producido hechos que no me hacían sentir esa confianza tan necesaria entre jugador y entrenador. Hasta ese momento no había sido titular fijo, no había tenido regularidad. Todos esos detalles me provocaban muchísimas dudas», explica Iniesta. Y la suplencia en Sevilla, añadida a su entrada en el campo durante la segunda mitad, cuando el partido era intrascendente (los azulgranas, ya campeones de

Liga, perdieron por 3-2) lo invitaban a pensar que algo extraño ocurriría en Francia. Aun así, se aferraba al recuerdo de su espectacular juego en Lisboa y Milán. «Tanto en los cuartos, ante el Benfica, como en las semifinales, con el Milan, había jugado muy bien. Yo no perdía la esperanza.» Tan bien actuó que, en ausencia de Xavi, le tocó asumir un papel diferente. Hubo un tiempo en que Iniesta era Busquets o, tal vez, en que Busquets estudiaba el fútbol con los ojos de Iniesta. Andrés jugó en Portugal de pivote escoltado por Van Bommel y Deco. Allí dibujó una jugada mágica, de punta a punta del campo: empezó a driblar jugadores como cuando regateaba a las sillas del bar Lujan, y no paró hasta disparar (sin suerte) al arco del Benfica. Es una jugada que ya forma parte de su repertorio como se vio diez años más tarde frente al Paris Saint-Germain.

En Milán ejerció de interior izquierdo, arropado por Edmilson y Van Bommel, para después pasar a la media punta, por detrás de Eto'o y Maxi López mientras entraba Motta en la medular. El partido, sin embargo, quedó resumido en la jugada que supuso el gol del Barça por la genialidad de Ronaldinho, excelente en su apertura del juego, y la picardía de Giuly, decisivo en el tiro que abría la puerta de París. «El electrón libre del Barça, junto con Ronaldinho, parece una serpiente que pica suavemente. ¿Cómo marcar a ese diablillo inalcanzable?», se preguntaba, asombrado, L'Équipe el día después de aquel 0-1 en San Siro. El periódico francés no estaba hablando de Giuly, sino del amigo de Mario, del hijo de José Antonio.

Antes de ir a París, el «diablillo» tenía una esperanza y también una inquietud refrendada por la experiencia, incluso por la estadística. Basta con recordar el cambio de rigor en aquella temporada: antes de alcanzar el minuto 70, Rijkaard ordenaba, como un autómata, la misma sustitución: Iniesta dejaba el banquillo para dar descanso a Giuly. Las cifras son inequívocas: en 11 de los 18 encuentros en que fue sustituido el delantero francés durante la temporada 2005-2006, había transcurrido una hora de fútbol cuando se produjo el cambio. El dueño del dorsal 24, por aquel entonces el número de Andrés, sólo fue titular en 25 de los 57 partidos oficiales. La inquietud derrotaba a la esperanza. «Cuando dio la alineación y vi que no estaba en el equipo noté una sensación rarísima. Me sentí traicionado, no entendía nada, yo no merecía quedarme en el banquillo, pero... Una vez más me tocaba resignarme y mirar hacia delante sin pensar en la amargura que sentía. Mucha gente se quedó igual que yo. Nadie lo entendía. Quizá sea un poco atrevido decir que uno merece jugar una final, pero pienso que en aquella ocasión sí lo merecía.»

También Txiki sintió algo parecido, pero se cuidó de airearlo públicamente. Luego se acercó a Rijkaard en mitad de la fiesta, cuando el holandés estaba en la cúspide de su carrera como entrenador, para susurrarle: «Frank, debes hablar con Andrés...». Pero Frank no estaba para nada que no fuese su puro. Andrés, mientras tanto, seguía herido en su orgullo.

«Aunque no lo parezca, siempre he sido una persona fuerte, más de lo que la gente pueda imaginar. En ese mismo instante, en cuanto sé que no estoy en el equipo, me concentro en mi único deseo. ¿Cuál era? Sólo quería salir al campo para ayudar a mis compañeros, tenía muchísimas ganas de jugar y hacerlo bien. Y, tal y como se puso el partido, más aún.»

Iniesta, ansioso por el desarrollo del encuentro, convierte su propio dolor y el dolor de su padre en un estímulo. El partido no iba nada bien: la expulsión de Lehmann tras derribar a Eto'o después de un excelente pase de Ronaldinho, las oportunidades de Henry, el gol de Campbell... Curiosamente, sólo un poderoso central en un imponente salto adelantándose a Oleguer y en una acción a balón parado, una falta lateral lanzada desde la banda derecha, pudo batir a Valdés. Andrés sufre; Xavi, desde la grada, también. Sufren ambos y sufre el barcelonismo porque el equipo no maneja la pelota, porque el equipo parece dominado por el Arsenal de Wenger y Henry, que están en su casa y más cerca que nunca del cielo. Jamás llegaría tan lejos el técnico francés. Titi, sí. Titi se enroló en el Barça y ganó tres años más tarde la Champions que perdió en 2006 siendo *gunner*.*

«Yo tenía ganas de quitarle la razón al entrenador», subraya Andrés. Y el «diablillo» apareció en el campo en sustitución de Edmilson para impulsar la remontada del Barça. «No recuerdo lo que me dijo el míster en el descanso. Y si me dijo algo, seguramente no le presté mucha atención. ¿Por qué? Porque en esos momentos no podía haber cuestiones tácticas, lo único que importaba era remontar. Era el momento de ganar y cambiar la historia de todos y yo sentía que me habían privado de jugar una parte», cuenta Andrés, huérfano de esos 45 minutos que había visto con el chándal de suplente.

«No hay día en que no recuerde aquella final contra el Barça —contó Henry en Barça TV— porque el Arsenal nunca había ganado una final (ni, por cierto, la ganaría después). Porque estaba en casa, a sólo treinta kilómetros del lugar donde nací. Porque estaba toda mi familia en el estadio y, además, la gente comentaba que me podía marchar al Barça después del partido. Sí, ese día fue un pelín raro. Fue extraño para mí, los dos equipos merecían estar en la final. Ganó el mejor, pero... —Titi, aún torturado por el recuerdo de la cruel derrota, no pudo acabar la frase—. Pero tengo una idea en la cabeza: "¿Y si hubiéramos jugado once contra once?". Y también me digo esto: "Vale, marca el gol Giuly y no nos expulsan al portero. ¿Vale? Nos quedamos 1-0 en contra, pero once contra once..." —Henry ladeó la cabeza como si estuviera reproduciendo ante la cámara la jugada en que Lehmman vio la tarjeta roja—. Recuerdo perfecta-

---

* Literalmente «artillero»; nombre dado a los jugadores y seguidores del Arsenal.

mente que durante una hora, sólo con diez jugadores, estábamos jugando bien. Íbamos bien, pero después de una hora con el Barça, tal y como ellos manejan el balón, cuesta mucho.»

Titi recordó las prodigiosas intervenciones de Valdés: disparos envenenados desde fuera del área, ataques de uno contra uno, tiros a bocajarro, pero todo acababa en las manos o en los pies de Víctor. Aquélla no fue en modo alguno la final que Henry esperaba en su París. «Sí, pero para mí ese partido lo cambió Andrés Iniesta. Cuando entró él cambió todo. Yo me podía defender con Emi y con Van Bommel —Henry recordaba el duelo directo con dos tipos altos y fuertes, uno muy corpulento (el holandés Van Bommel) y otro más delgado (el brasileño Edmilson), hombres contra los que podía apañarse el delantero del Arsenal; pero apareció el "diablillo"—. Cuando se metió en el juego, cuando empezó a ir y a girar, a ir y a girar... Después de una hora ya no podía seguirlo. Estábamos con diez y yo tenía que cumplir dos funciones —ejercía de único delantero y, además, debía ayudar en el centro del campo—. Andrés me mató. Giraba y, cada vez que cogía el balón, se iba en velocidad. Ya sabemos la historia de Henrik Larsson y de Belletti, pero a mí quien me mató realmente fue Andrés.»

El «asesino» se salió con la suya. Quería quitarle la razón al entrenador... y se la quitó. «¡Qué alegría! Al final, todo salió genial, pero si no hubiese sido por esas manos de mi amigo Víctor... ¡Ah! Las cosas que me dijo el entrenador justo al bajar del autobús, cuando íbamos camino del vestuario, antes de empezar la final, me las guardo para mí. Sólo puedo decir que me confundieron aún más, hicieron que todavía entendiera menos lo que pasó.»

Txiki no sabe qué le dijo Frank a Andrés poco antes de empezar el partido.

Rijkaard nunca ha contado qué le dijo a Andrés después de aquella final.

7.
LA PARÁBOLA DE STAMFORD BRIDGE

«Es muy difícil dar con las palabras que puedan
expresar lo que sentí en ese momento.»

A Mario se le rompió un ganglio aquella primaveral noche de
mayo. Culé de sangre y de piel, como se advierte en el escudo
del Barça que lleva tatuado en un brazo, se fue feliz a la cama la
noche de Stamford Bridge. Estaba contento, extasiado, orgulloso del grito de su vida, pero al levantarse notó un bulto en la
garganta y se asustó tanto que, antes de visitar al médico, paseó
preocupado por Google en busca de explicaciones rápidas a la
desagradable sorpresa con que se había despertado. La consulta enciclopédica lo alarmó tanto que se largó en busca de un
médico.

—¿Usted gritó mucho anoche? —le preguntó el doctor.

—Sí, claro. No mucho: muchísimo. ¿No vio el partido del
Barça? ¿No vio el gol de Iniesta? —preguntaba asombrado el paciente, como si todo el mundo tuviera que mostrar el mismo
entusiasmo por el tanto milagroso.

El doctor infirió que a Mario se le había roto un ganglio mientras se desgañitaba celebrando la clasificación del Barça para la
final de la Champions 2009. «Me tuvieron que sacar sangre,
hacer una punción, anestesiarme para eliminar el bulto, pero lo
peor no fue eso, sino los sesenta días sin apenas hablar. Fui a la
final de Roma y no pude cantar los goles de Eto'o y de Messi.»

Hay muchas más anécdotas barcelonistas sobre la experiencia vivida la noche de Stamford Bridge. Se asegura incluso que la
natalidad en Barcelona subió de forma notoria nueve meses
después del partido, así que no debieron de ser pocos los hin-

chas que también perdieron la voz en pleno trance. El propio Iniesta puso en riesgo sus cuerdas vocales en la cancha cuando celebró su gol a Čech después de quitarse la camiseta y batir la marca de los cincuenta metros libres en la banda del estadio. Altimira ganó a Pinto y Bojan no anduvo muy lejos de la victoria en la loca carrera. Todos querían ser los primeros en arrojarse sobre la montaña de jugadores que sepultaban a Andrés Iniesta.

«Íbamos en el autobús, camino del estadio, y le dije: "Mira, Andrés, si marcas un gol te doy entradas para la final de la Champions"», le prometió Bojan a su compañero. El mundo al revés: tan necesitado estaba el equipo de eliminar al Chelsea que el delantero pedía al centrocampista que hiciera el trabajo de un goleador.

El Barça de Guardiola había edificado su obra maestra en el Bernabéu con una goleada estruendosa (2-6) y se dirigía a Londres en busca de la Champions. El partido se puso cada vez más feo y el tiempo se consumía sin que nadie consiguiera disparar a la portería de Čech, un gigante de dos metros, las manos muy largas y el cuerpo como un muro infranqueable para los jugadores del Barcelona. El tiempo se agotaba, el reloj jugaba contra los de Guardiola.

La pelota, sin embargo, no le quema a ningún jugador del Barça. Toca y toca el equipo evitando colgar balones al punto de penalti, un remedio convencional cuando se juega a la desesperada; nada mejor que utilizar el camino más corto para buscar un tiro desesperado, pero el Barcelona no hace eso. Los azulgranas guardaban una fidelidad extrema, casi enfermiza, a la pelota, siempre mimada a los pies de todos, de Bojan y de Iniesta. Y bien que lo sabían sus hinchas, también Mario. No todos lo aceptan, muchos reniegan mientras el cuero se mueve, paciente, de lado a lado, como si hubiera todo el tiempo del mundo para marcar un gol, pacientes los jugadores y paciente el entrenador.

Tic-tac, tic-tac, tic-tac, la pelota se toca, no se rifa, de punta a punta, todos a una, como en Fuenteovejuna. Y así, hasta que resuelve quién lleva el compás del grupo y del partido: en Londres es Xavi, por supuesto. El volante profundiza para la llegada de Alves, que progresa por la banda derecha, una zona relativamente limpia porque los futbolistas del Chelsea se amontonan en el área de Čech, intimidados por Piqué, que asume el papel que en tiempos de Cruyff cumplía Alexanco. La ortodoxia futbolística, incluso en el caso del Barça (siempre respetuoso con su propio estilo), permite trucos como colocar al defensa central de delantero centro para potenciar el juego aéreo, una solución de emergencia cuando el rival concede mucho espacio fuera de su propia área.

El centro de Alves sale muy curvado y alto, muy alto, tanto que tarda en asomar por los dominios de Terry, un eficiente central inglés acostumbrado a quitarse esas jugadas de encima como quien toma una pinta de cerveza en el pub: fácil y rápido. Pero ocurre que la jugada pilla al central un poco a traspiés. Es más fuerte que Piqué y, sobre todo, que Bojan, furtivo y sigiloso, está mejor preparado para el rechace que para el toque de cabeza. El mejor antídoto contra un zaguero como Terry es un ariete endemoniado como Eto'o. Al camerunés, sin embargo, se le escapa el control del balón porque siempre fue un delantero de gatillo fácil más que un creador de segundas jugadas. Lo sorprende aquel despeje mordido, hacia atrás, casi con la coronilla, de Terry.

A Eto'o se le escapa el balón. «El problema es ése. El problema es que hago un control malo, muy malo... Fallo y se va la pelota hacia Leo. Más bien, diría que le cae el balón», cuenta el delantero camerunés. Al Barça se le acaba el tiempo y el reloj está punto de dar la clasificación al Chelsea. El partido está en el limbo, expuesto a la impaciencia de unos por atacar y a la tenacidad de otros para defender; cualquier error es mortífero a esas alturas. Y la jugada iniciada por Xavi es un catálogo de fallos: Alves centra mal, Terry rechaza mal, Eto'o controla mal y Essien despeja muy mal; el esférico acaba en los pies de Messi. El diez toma entonces una decisión inesperada incluso para Andrés, que ha ido acompañando la jugada hasta acercarse al balcón de Čech, que ha seguido con la mirada el interminable centro de Alves.

A pesar de no tener espacio, Messi amansa el cuero con la pierna izquierda, gastada casi toda su energía en un partido volcánico. El argentino da dos delicados toques para protegerse de la invasión azul (tres jugadores rivales se le echan literalmente encima) y, cuando parece que va a caer, todavía tambaleándose, envía la pelota con la pierna derecha a la media luna del área.

Y allí estaba Andrés, espectador pasivo del centro de Alves, observador inquieto del cabezazo que no pudo dar Bojan, preocupado analista de errores sólo comprensibles cuando las piernas son incapaces de ejecutar las órdenes que envía el cerebro. «Llegué casi por inercia, no me quedaba energía.» Pero llegó para ser el inesperado realizador de un disparo que cambió su vida. Un tiro jamás visto y nunca repetido después. El incauto Chelsea daba por concluida la defensa de su arco antes de tiempo: había desconectado a Eto'o y había asfixiado a Messi. Sin embargo, un sujeto vestido de amarillo chillón aguardaba su fulgurante oportunidad a 18 o 19 metros del portero. Estaba quieto, parecía jugar otro partido aislado de la tempestad, pero, como diría después Guardiola, en su pierna derecha se depositaba toda la fe y la fuerza del barcelonismo. Iniesta parecía una figura de cera en medio de un pandemonio. Antes de ser arrollado por la infantería británica, Messi tuvo tiempo de levantar la cabeza para examinar el estado de la batalla, para saber qué demandaba la situación. Fue inteligente y resolutivo con el cuero incluso en el minuto 92 de un partido que parecía irremediablemente perdido para el Barça.

Messi cedió la bola a Andrés y el manchego armó su pierna derecha hacia atrás mientras asentaba la izquierda en la hierba con tanta firmeza como una columna del Coliseo romano (que, por cierto, visitaría semanas más tarde). Estaba diseñando un remate imposible de prever, imposible incluso de fabular. Čech, desde luego, no lo tenía previsto. Aquel derechazo ocultaba una clave. Ballack se agachó instintivamente cuando vio el proyectil: su temor sería la perdición del Chelsea. Čech voló de manera tan plástica como estéril. Voló estupefacto, tal vez porque ni él ni sus compañeros esperaban que Iniesta fuese capaz de rematar con la furia y la precisión de Piqué, Bojan o Messi, los tres neutralizados por la zaga del Chelsea.

Craso error. Prejuicio suicida. La parábola discurre en la memoria a cámara lenta. Así quedó grabada en los cerebros de quienes la vieron: una curva interminable. «Cuando Andrés tiró, yo oí el sonido del balón», cuenta Eto'o. El cuero esquivó a Ballack, superó a Cole, rebasó a Terry y burló finalmente los larguísimos brazos de Čech. El balón se movió de dentro afuera, un efecto extraño, para trazar una senda anómala. Fue, sin duda, más veloz de lo que desea evocar nuestro recuerdo: apenas noventa milésimas. Un instante legendario. Un rayo fugaz que desgarró la voz de Mario y atravesó un sinfín de corazones.

Pocos han reparado en que Andrés, antes de recibir el arduo pase de Messi, elaboró un espacio que no tenía. Adquirió el palmo de terreno que necesitan los francotiradores. Iba por delante de la jugada y dio varios pasos hacia atrás buscando el punto adecuado para articular el disparo. Los culés bajaban la vista temiendo el enésimo fallo tras los infructuosos intentos de los goleadores reglamentarios. «Me puse a correr antes de que la pelota alcanzara la red. No me preguntes por qué, supongo que no me podía creer lo que había sucedido», dice Eto'o.

Iniesta no miró a nadie, ni siquiera a Čech. Echó el cuerpo atrás, dio dos pasos casi imperceptibles mientras la queridísima pelota llegaba a su destino. «Claro que lo tengo impreso en la memoria, yo, millones de culés y millones de aficionados al fútbol. Fue algo brutal, brutal... Es muy difícil hallar palabras para explicar lo que sentí en ese momento. Lo cierto es que no pensaba en nada. Ni siquiera en que Leo pudiese tirar a puerta. Se acababa todo, parecía imposible que pudiéramos marcar un gol, ni siquiera habíamos chutado entre los tres palos. Pasaron tantas cosas en aquel partido... Essien, por ejemplo, metió un gol impresionante desde fuera del área con la pierna izquierda. Un golazo. Nos quedamos con diez, todo parecía tan cuesta arriba que no veía opciones para nosotros. Yo subía por subir, no nos quedaba otra. Subía para ver qué pasaba. Caía por allí, por el borde del área, pero tampoco esperaba demasiado. Recuerdo, eso sí, toda la jugada por la banda y cómo a Leo le salieron dos o tres jugadores cuando avanzó hacia el área del Chelsea. Entonces me vio. Al no tener posibilidad de chutar, sacó el balón hacia fuera. ¿Y entonces...?», pregunta Andrés anticipando el desenlace.

Nadie pensaba (si alguien tuvo tiempo para hacerlo) que Iniesta iba a chutar. Tampoco Frank Lampard. El centrocampista inglés lo miraba desde la primera fila, tres metros por detrás. No intentó detener la jugada. ¿Para qué? Seguramente creyó, como todo el Chelsea, que la mejor opción era dejarlo tirar. A toro pasado se equivocó, es obvio, porque el tiro entró por la escuadra. «El chute salió por donde podía salir. Empeine exterior, de dentro hacia fuera, la pelota alejándose de Čech, un portero tan grande que ocupaba casi toda la portería. Bueno, fue el destino o como se lo quiera llamar. Pero así fue. ¿Pensé en cómo darle? ¡Qué va! Ahí no hay tiempo para pensar si le doy con el empeine de la bota, con el interior, con el exterior... Si piensas, no haces nada. Actúas por instinto, por puro instinto. El balón caía un poco encima de mí y debía dar un paso atrás para chutar con la derecha. El balón salió perfecto, de dentro afuera, a la escuadra, al único sitio, no había otro. No te da tiempo a pensar si la para Čech o va dentro o se marcha fuera. Es todo tan rápido que tiras y la siguiente imagen es la pelota dentro.» Luego, la felicidad.

Andrés se quita la camiseta (primero el brazo derecho, luego el izquierdo) en plena carrera; Lampard, avergonzado por su desidia, se agacha para colocarse las medias blancas: el gesto de la rendición. Bojan, eufórico, corre detrás de su amigo, pero no logra atraparlo. Eto'o, la gacela africana, es el primero en tocar el cuerpo de su compañero. «Corrí más que en todo el partido. Sólo le podía pasar eso a alguien como Andrés. Algo increíble, increíble —dice el camerunés—. No, no me acuerdo de lo que le dije, pero millones de cosas, millones...» Messi extiende los brazos, como Piqué, deseoso de abrazar a los culés que hay en aquella esquina del viejo campo londinense. Andrés se desliza sobre la pradera, Bojan resbala y llega Messi; Eto'o se ha ido con la afición. Leo pone el primer cuerpo de la avalancha que cae sobre el chico menospreciado por Lampard. ¿De verdad bastaba vigilarlo con la mirada? Aureli Altimira, el preparador físico, se impone a Pinto en un apretado esprint de cincuenta metros para organizar una caótica montaña humana coronada, finalmente, por Víctor Valdés, el amigo del alma. El último en llegar era quien más lejos estaba. «Fue algo único, todos los aficionados del Barça saben dónde estaban y qué hacían en el momento del disparo», nos dice Andrés.

«Fue algo impresionante. Cuando marca el gol, me echo a correr para abrazarlo, pero no lo pillo. Llego y me tiro sobre la montaña de jugadores, creo que era Leo el que estaba justo encima de Andrés, pero quedamos de tal manera que no nos veíamos las caras; de pronto mira hacia arriba y me dice: "¡¡¡Las entradas, Bojan, las entradas!!!". Yo flipé. Acababa de marcar uno de los goles más importantes en la historia del Barça y ahí, en una esquina de Stamford Bridge, lo primero que me recuerda son las entradas. Me lo podía haber dicho en el vestuario o en el avión de vuelta a Barcelona. Hay mil sitios, pero no... Me lo recordó segundos después, cuando millones de personas nos miraban felices.»

—¿Y se las diste?

—Por supuesto, claro que sí. ¡Como para no dárselas!

Mientras Bojan flipaba en Londres, José Antonio Iniesta no paraba de gritar en Sant Feliu de Llobregat, una población cercana a Barcelona. «No me importó el castañazo de Essien. Siempre pensé que la ilusión de esos chicos nos llevaría a Roma. Así se lo dije a los que nos reunimos en nuestra casa de Sant Feliu para ver el partido. ¡Si lo hicieron en el Bernabéu con el 2-6, cómo no lo iban a hacer en Stamford Bridge! Pero debo confesar que los locutores me ponían un poco nervioso porque no dejaban de recordar que no habíamos disparado ni una sola vez a puerta. Cada vez que los oía decir eso, yo les gritaba: "Pues a la primera, ¡zas!, la vamos a meter". Y ellos insistían. Y yo gritaba más: "¡Sólo necesitamos uno, sólo uno!". Y, gracias a Valdés, bueno, gracias a todos, sí, a todos, lo conseguimos. ¡Y de qué manera! Cuando vi que el centro de Alves pasaba de largo, cuando vi que Eto'o no podía controlarlo, que no se hacía con el balón, pensé "¡a la porra!", pero no, vi que el balón le caía a Leo y si el balón está en los pies de Leo todo cobra algo de magia. Pero... lo veo rodeado de tres defensas ¡tres! Él la protege, los atrae, casi los encara, ve a Andrés y le pasa el balón. Como es enorme, buenísimo, se lo cede, raso, pero duro. Ese balón tiene que venir fuerte. ¿Por qué? Porque Andresito es diestro y, por tanto, si el balón le hubiera llegado desde su derecha, no habría habido problema, la habría empalmado de forma natural con el empeine de su pie derecho, pero le llega del lado cambiado y, entonces, si no viene fuerte, dura, el disparo es más complicado. Le llega y, ¡zas!, zapatazo con el empeine exterior. El balón crece y crece... gana velocidad y altura... Aunque Čech lo intuye, se tira bien, yo sé que no llega porque el chute se le abre poco a poco... y entra. Yo grito, todos gritamos. Nos abrazamos, me tiro al suelo, boca abajo. Empiezo a llorar, pataleando sobre el suelo, con los pies y con las manos. Caen sobre mí uno, dos, tres, todos. Oigo bocinazos y gritos. Abro la puerta de casa y veo que los de la peña de Andrés salen a la calle, que los del bar suben, que el pueblo se ha vuelto loco. Loco, como yo, como mi familia, como la familia culé. Después suena el móvil: es Andrés. Le digo: "¡Qué grande, qué grande!". Y él me dice: "Ya está, papá, ya está". Ya está, ¡vaya si está! Andrés nos lleva a Roma.» José Antonio contó así la escena a Emilio Pérez de Rozas en *El Periódico* un día después del Iniestazo.

De vuelta a Barcelona, Guardiola habla con Manel Estiarte, su amigo del alma: «Como sigas así vas a eclipsar los días legendarios del Barça: el 0-5 del Bernabéu, Kaiserslautern...». Sí, los estaba eclipsando. El 0-5 con el Cruyff jugador en 1974, gran victoria con indudables connotaciones políticas a finales del franquismo, era el mítico precedente del 2-6 en pleno siglo XXI; el agónico gol de Bakero que en 1992 abrió las puertas del viejo Wembley para que el Barça del Cruyff entrenador lograra la primera Copa de Europa palidecía frente al no menos agónico gol del manchego. «El misil de Iniesta arruina los sueños romanos del Chelsea; Abramóvich asistió a una catástrofe», tituló el *Independent*. «Milagroso», puso en portada *L'Équipe*.

Tras ese misil hecho gol, la felicidad explosiva. «Son momentos que quedarán siempre: tener la oportunidad de hacer feliz a la gente que te quiere es algo maravilloso», dice Andrés. No sabía, sin embargo, que estaba a punto de entrar en un periodo caótico: algo oculto, sordo y dañino anidaba en su cuerpo, algo que iba a causar estragos en unos músculos exhaustos.

No todos los aficionados vieron el gol en directo. Alfons, por ejemplo, un seguidor culé de toda la vida, abandonó unos instantes el repleto pub Michael Collins de Barcelona para salir a fumar. Como sufrido barcelonista curtido en las derrotas de épocas menos triunfales, lo consumían los nervios. Alfons, funcionario de la Comisión Europea en Bruselas, presume de haber asistido al debut de Andrés en Brujas. En octubre de 2002 viajó en autobús a esa preciosa ciudad con sus compañeros del Casal Català en la capital belga. Alfons y sus amigos iban muy trajeados a ver al Barça de Van Gaal y allí descubrieron a un jovencito deslumbrante rodeados por un grupo de furibundos *boixos nois.** «¿Empató el Barça, verdad?», pregunta Alfons. No, no empató. Ganó gracias a un gol de Riquelme, el diez elegido por Gaspart de quien renegó Van Gaal antes incluso de que se pusiera la camiseta. La memoria le juega a Alfons una mala pasada cuando recuerda el viaje de hace casi tres lustros, pero tiene interiorizados todos los detalles de aquella noche primaveral de 2009. Como dice Andrés, todo culé sabe qué hacía cuando descerrajó un disparo que inauguró la etapa más grande del club. Alfons, irritado por el tortuoso devenir del partido, abandonó el pub, encendió un cigarrillo y se refugió en el humo. Sí, como Frank en 2006. De pronto, un estallido de alegría capaz de provocar un incremento de la natalidad sacudió los cimientos de Barcelona. Alfons oyó los efectos del gol que no había visto. Quiso entrar en el Michael Collins, pero se topó con la marabunta. Fracasó en su desesperado intento por atisbar el gol que abría nuevos caminos al inolvidable Barça de Guardiola. Sin ese tanto que Alfons sólo vio con los oídos, nada habría sido igual. Un amigo suyo, seguidor del Espanyol, sí lo había visto con los ojos. «Le di con toda mi

---

* Literalmente «chicos locos»; nombre por el que es conocido un grupo de hinchas culés particularmente radical y violento.

alma», afirma Andrés. Nadie, sin embargo, intuía entonces lo que estaba a punto de suceder. Con toda su alma, pero con el cuerpo quebrado por una temporada llena de problemas físicos. A cada cual, peor. De pierna en pierna. De la derecha (rotura del recto anterior) a la izquierda (elongación en el músculo semitendinoso). Cada visita a la enfermería era un martirio. No sólo por los partidos que se perdía, sino también porque afrontaba viejas pesadillas que ya creía olvidadas. En ningún momento, sin embargo, lo atenazó la angustia. Andrés se tomó la nueva lesión como un reto. Era una época en que igual ejercía de falso extremo derecho que de falso extremo izquierdo. Se trataba, en realidad, de una prueba casi personal: él mismo se desafiaba consciente de que podía salvar cualquier obstáculo. Pero se cumplieron los peores presagios. Tras una semana inigualable iniciada con el 2-6 del Bernabéu (2 de mayo) y culminada con el 1-1 más hermoso en la historia del barcelonismo, el Camp Nou se llenó para recibir al Barça de Guardiola y festejar el título de Liga que tenía en su mano, al Barça de Iniesta, ovacionado por su gente cada vez que tocaba el balón. Todos esperaban la victoria, pero un gol de Llorente en el penúltimo suspiro silenció a la grada. El alirón tenía que esperar, y aún faltaba la peor noticia...

Ya acabado el partido (3-3 contra el Villarreal: se aplazaba la fiesta de la Liga), Andrés se tocó la pierna derecha, sí, la misma de Stamford Bridge. Temió lo peor. Sabía que se había vuelto a lesionar. El cuarto problema muscular en siete meses. A la conocida rotura del recto anterior (noviembre) y la elongación del semitendinoso (febrero) se había unido otra rotura en la inserción tendinosa del músculo abductor de la pierna derecha (marzo). Y en mayo, su mayo mágico, otra rotura fibrilar en la pierna derecha; o sea, el círculo completo de las maldiciones justo cuando cumplía veinticinco años. «La lesión de Andrés es peor noticia que no haber ganado la Liga. Es una muy mala noticia, muy mala», comentaba desolado Guardiola asumiendo que ya lo había perdido para la final de Copa (no jugó contra el Athletic y ni tan siquiera viajó a Mestalla) y también para la final de la Champions en Roma, sólo dos semanas más tarde. «No creo que sea propenso a las lesiones, pero cada tres días jugamos partidos muy duros —argumentó el técnico recordando el Bernabéu (una goleada que selló la nueva hegemonía en el fútbol español), Stamford Bridge (la puerta hacia el nuevo dominio europeo) y Villarreal (el prólogo más cercano a la conquista de otra Liga)—. Al final, el cuerpo dice basta. Andrés es muy importante, Andrés nos da mucho.»

«¡Qué desgracia! Me pasó en la última jugada del partido. Intenté picar una pelota, pero, por el estrés y por todo lo que conlleva el final de temporada, me pasó eso», explicó Iniesta. Quizá otro se hubiera rendido, pero él se tomó ese nuevo percance como la última (o penúltima) prueba. Estuvo unas horas en el túnel, y vuelta a empezar. «Juego la final aunque sea sin piernas», llegó a decirse. A Barcelona viajó Óscar Celada, uno de los médicos de la selección, para interesarse por aquel jugador que iba desmoronándose. Allí habló con los responsables médicos del club, entre ellos Dani Medina, con quien tenía una gran amistad. «Andrés está mal.» No hacía falta que se lo dijeran porque estudiaba sin descanso los expedientes clínicos de los futbolistas. Lo que no sospechaba era la gravedad de la lesión. «Me explicaron que estaba fastidiado el famoso séptum de la pierna derecha y eso, claro, es grave. Es el músculo del chute, un músculo traicionero, necesita mucho tiempo», dice el médico de la selección española. Estaba inquieto por Andrés e inquieto por Vicente del Bosque, que estaba diseñando su primer gran torneo (la Copa Confederaciones en Sudáfrica). No podía estropear la maravillosa herencia recibida de Luis Aragonés tras conquistar la Eurocopa de 2008.

El niño Andrés.

Juegos de infancia.

Con su primo Manu.

El Bar Luján, su primer equipo.

En la escuela del Albacete.

El Albacete en Brunete (1995).

El Albacete en Brunete (1996).

En la Masía con Ascensión y Andrés, sus abuelos maternos.

Mari, José Antonio, Maribel y Andrés.

Maribel y Andrés.

Maribel y Juanmi.

Mari y Andrés el día de la boda.

Ascension y Paca, las abuelas de Andrés.

La boda con Anna.

Anna y Andrés.

Con José Antonio, su padre, en las viñas de Fuentealbilla.

Con Anna.

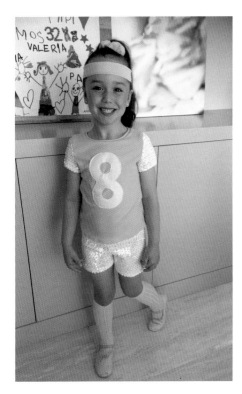

Valeria y Paolo Andrea.

Con los amigos: Sesi, Joel, Karlitos, Jordi y Juanmi.

Marcos, Andrés y Ramon.

Con la familia de Anna: Marta, Anna, Valeria, Pili, Vicenç y Paolo Andrea.

En Eurodisney.

El día de su vigesimoquinto cumpleaños (11 de mayo de 2009), Andrés está en un hospital con Ricard Pruna, médico del Barça. «Nada, una rotura pequeña. No tiene nada que ver con la de noviembre. No, no es en el mismo sitio —apunta el jugador convertido en portavoz médico de sí mismo—. Afortunadamente es un poquito más abajo. Nada, son dos centímetros.» Dos centímetros son dos semanas de recuperación y faltan dieciséis días para la final, pero no queda ni rastro de las lágrimas vertidas en el vestuario. Aún en el campo, justo al lesionarse, advirtió a Pruna: «Pase lo que pase, ¡yo voy a Roma! Estaré en Roma». Empezó a trabajar convirtiendo cada hora de su recuperación en una obsesionada cuenta atrás. Quizá otro se hubiera rendido. Quizá. Él, no.

Andrés es tan tenaz que no cabía duda alguna de su empeño. «Era un palo, si alguien se merecía jugar una final era Andrés —cuenta Puyol recordando, sin necesidad siquiera de citarlo, el episodio de París, tres años antes, la final que ganó desde el banquillo—. En partidos así hay que arriesgar. Yo lo haría. Andrés es un *crack*, marca diferencias, no se esconde nunca», explica el antiguo capitán. Andrés arriesgó. Celada, preocupado por él, no dudaba de que lo haría. «Me ha dicho que jugará la final», anunció entonces. A Celada se lo había comunicado Pruna, el hombre que reveló a Andrés lo que realmente tenía en la pierna: «Imposible olvidar aquellos momentos. No, no era una pequeña rotura. ¿Qué le dije? "Mira, Andrés, tienes un agujero en el recto anterior del chute"». Expuesto el diagnóstico sin disimulo alguno y con toda su crudeza, Pruna descubre el impacto que ha causado en el jugador: «Recuerdo la cara de terror que tenía Andrés al ver que podía perder una final soñada desde hacía tanto tiempo».

Para empezar, se perdió la final de Copa en Mestalla contra el Athletic, la primera del Barça de Guardiola, innovador hasta en los prolegómenos: acabó con una tradición inveterada haciendo viajar al equipo el mismo día. «¿Iniesta? Quizá me equivocara al no cambiarlo, pero si en Londres lo hubiese sustituido seis minutos antes no estaríamos en la final», señala el técnico, a quien algunos criticaban por no haber protegido lo suficiente el cuerpo de un futbolista que había encadenado dieciséis partidos consecutivos desde su último percance muscular. No iba en el avión camino de Valencia ni estaba en el vestuario, pero la figura de Andrés apareció en Mestalla. Más de lo que él mismo podría pensar. Se quedó en Barcelona sometido a una recuperación acelerada, desafiando el calendario, transformando cada minuto en una cuenta atrás hacia Roma. Y no podía perder el tiempo con viajes a Valencia. A Valencia se desplazó la plantilla sin él.

En la primera final de Copa con Guardiola como entrenador Andrés era un espectador más, otro culé delante de la pantalla. Arrancó mal el partido con un gol de Toquero que igualó un «yayazo» de Touré desde fuera del área. A partir de ese momento fue una exposición ambulante de los pequeños grandes cambios tácticos que había empleado Guardiola durante su primer año en la élite. Con Pinto de portero («lo justo era que jugara él y no yo», admitió Víctor Valdés, el titular), el Barça enseña cómo se inicia la jugada desde atrás mimando la pelota con la más absoluta devoción. Pinto la tiene en los pies y, aprovechando toda la amplitud del campo, los centrales (Piqué y Touré Yaya) se abren tanto que casi agarran los banderines de las esquinas. Así, poco a poco, construyendo cada pase como si fuera el último, el equipo se recuperó de aquel córner horriblemente defendido y astutamente cabeceado por Toquero al ganar en el salto a Keita. Xavi hacía bastante con molestar en la jugada que hizo temblar la Mestalla rojiblanca, pero ni rozó a aquel extraño delantero que jugaba con el dos a la espalda a quien el viejo San Mamés cantaba aquello de: «Ari, ari, ari, Toquero lendakari».

Se llega así al descanso: empate a uno. Entonces interviene Iniesta. Sí, nadie lo ve, pero... Andrés entra en acción. Encerrado el equipo en el vestuario, se oye la poderosa y convincente voz de Guardiola, que no sólo habla de correcciones tácticas para desarticular al belicoso y trabajado Athletic del sevillano Caparrós, un entrenador que en ese punto, cuando los equipos abandonan el césped y se recluyen en su espacio sagrado, ya parecía estar perdiendo. «En el descanso, Pep nos dijo: "Andrés se ha roto porque, cuando disparó en Stamford Bridge, en su pierna estaba depositado todo el barcelonismo. ¡Juguemos ahora por el séptum de Andrés! ¡Juguemos por él!".» A Puyol, por aquel entonces capitán y hoy alejado de los campos, aún se le pone «la gallina de piel», como habría dicho Cruyff. El entrenador que apenas un año antes festejaba un ascenso a Segunda B activaba todos los resortes emocionales para estimular a su equipo. Sale el Barça al campo y, en apenas veinte minutos, con un juego tan moderno como indescifrable para el Athletic, liquida el encuentro con goles de Messi (minuto 56), Bojan (minuto 60) y, de falta directa, Xavi (minuto 65). Un vendaval. Ni Caparrós ni el lehendakari Toquero ni el más pragmático Fernando Llorente («una desgracia que nos tocara jugar ese partido contra el Barça, el mejor equipo de la historia del fútbol», lamentó el delantero) conocían el secreto. (Fue, por cierto, una final polémica: la pitada que propinaron muchos vascos y catalanes cuando entró el rey enmudeció los acordes del himno español.)

Andrés se enteró poco después de la arenga que tanto conmovió a Puyol. Y estaba decidido a demostrar que era un hombre de palabra. «Tranquilo, papá, jugaré en Roma», le anunció a José Antonio, como antes le había anunciado al doctor Pruna sobre el césped del Camp Nou cuando al barcelonismo se le encogió el corazón viendo cómo se tocaba la bendita y maldita pierna derecha.

Ricard, Emili y Ramon se encargarían de todo. «Aquélla fue una de esas ocasiones en que jugador y médico se funden en una misma persona», recuerda Pruna. Las manos de Emili Ricart, algo más que un fisioterapeuta, y la ciencia de Ramon Cugat, el médico al que acuden todos (también Guardiola cuando era jugador) en busca del mapa que conduce a la solución de sus problemas. «¿El séptum? El séptum es la estructura que divide los músculos separando las fascias; es una zona muy delicada», explica Emili recordando aquellos días de 2009 en que iba pasando el tiempo y el músculo no sanaba. «Esas lesiones son muy traidoras, mucho —recalca Cugat—. El recto anterior tiene dos anclajes, por eso es capital para un futbolista. Nosotros iniciamos un tratamiento conservador mientras la doctora Marta Rius lo sometía a ecografías cada tres o cuatro días para seguir con el máximo detalle el desarrollo de la lesión. Iba bien, parecía ir bien, pero todos sabíamos que había poco tiempo. Se nos echaba encima el calendario —continúa Cugat—. Todos hicimos un frente común y confiábamos en obtener buenos resultados.»

—Mira, Andrés, creo que esta lesión no te impedirá jugar, ¡vamos a trabajar para conseguirlo! —le dijo Pruna al jugador.

Todos se habían propuesto derrotar a aquel músculo rebelde que se rompía con tanta y tan desesperante frecuencia. Médicos, fisios, Guardiola y Andrés, por supuesto, hicieron de cada día una batalla. Del Bosque, entretanto, esperaba inquieto en Madrid.

—Tú juega hasta donde puedas, aguanta lo que puedas, ¿vale? —le susurraba Emili tratando de animar al jugador.

—Andrés, tú podrás jugar, pero sólo hay una cosa que te prohíbo: chutar. ¡No chutes! —le decía Pruna.

Andrés partió hacia Roma sin tenerlas todas consigo, pero la ilusión de jugar la final le daba una energía extra. Pese a aquella alevosa lesión muscular, se sentía importante, no como en París, donde fue un suplente de quita y pon.

«Y todo se puso de cara. El vídeo, el gol inicial de Samuel, todo...» Emili recuerda con precisión los momentos previos al

124

partido, cuando Guardiola, de manera inesperada, decidió acortar el calentamiento. Duró poco. De pronto, los jugadores del Barça fueron llamados al vestuario del Estadio Olímpico de Roma mientras el United de Alex Ferguson (y Cristiano Ronaldo) aún seguía calentando sobre el césped.

Ya reunidos en el vestuario, se apagaron las luces. Tal cual. Nadie sabía lo que estaba sucediendo. A pocos minutos de su primera final de Champions, Guardiola, ídolo junto a Laudrup del niño Andrés, hace algo insólito: proyectar un vídeo. No muy largo, apenas ocho minutos. Tiempo suficiente para penetrar en el alma de sus futbolistas. «Mi nombre es Gladiator»: eso fue lo primero que escucharon los futbolistas mientras el sonido de los helicópteros turbaba la paz de la noche romana. Luego vieron la doble y felina parada de Valdés a Drogba en el Camp Nou durante la ida de la semifinal europea, después el penalti parado por Pinto en otra semifinal, ésta de Copa. «Sí, sí, tira allí», le dijo el meta andaluz a Martí, el jugador del Mallorca. Allí tiró el futbolista, a su izquierda, y allí paró Pinto. La astuta maniobra se conocería luego como «pinto de inflexión». Antes del lanzamiento, el portero le había dado la mano a Martí. Y ganó aquel duelo. Así, uno a uno y por orden expresa de Guardiola, fueron apareciendo todos los futbolistas. Andrés también. No, no era el gol de Stamford Bridge. Salía peloteando con Emili en un ejercicio de recuperación (parecían dos niños en el patio de la escuela), luego se veía un derechazo delicado y preciso al Sevilla desde fuera del área. Su intervención (apenas diez segundos) acababa con una croqueta a un defensa del Athletic sobre la misma línea lateral mientras su imagen, echándose agua a la cabeza, invadía toda la pantalla.

En aquel vídeo salieron todos. Y eso que había costado mucho, por ejemplo, encontrar imágenes del defensa argentino Gabi Milito, inquilino habitual de la enfermería, pero tremendamente respetado en el vestuario por su jerarquía y personalidad. Un tipo muy querido. Los líderes no son necesariamente los mejores, los más talentosos o los que más juegan. Costó también hallar documentos visuales de Jorquera, el portero suplente, víctima de otra grave lesión. El silencio se hacía cada vez más insoportable por el tono épico que adquiría el *gladiator* de Guardiola.

«No sabemos a qué nos enfrentamos, pero es más fácil sobrevivir si peleamos juntos.» Detrás de un casco que ocultaba por completo su rostro, la voz de Russell Crowe retumbaba en aquel vestuario romano. En la grada del Olímpico, miles de culés y miles de ingleses; en el mundo, millones de personas aguardando el inicio de la final que abriría una nueva era. Y ellos, casi asustados, encerrados repasando la historia de una temporada hasta que en los instantes finales de la película, entre goles de Messi, faltas directas de Xavi y carreras de la gacela Eto'o, aparece el gol de Andrés. Visto desde atrás. Visto desde la grada de Stamford Bridge. En ningún momento desde el campo. Con las miradas de la gente, con imágenes tomadas por los propios aficionados, corriendo todos con Andrés, sepultándolo bajo una montaña de euforia. «Había un sueño que era Roma», dice Crowe, el gladiador de Ridley Scott, antes de combatir en el Coliseo justo cuando en la pantalla aparece Andrés chocando una mano cómplice con Xavi. En ese instante le asoma una tímida sonrisa. Parecía una premonición. Acabó la película con el sonido celestial del «Nessun dorma» de la ópera *Turandot*.

Santi Padró, el periodista de la sección deportiva de TV3 (la primera cadena de la televisión catalana) que montó ese hermoso relato audiovisual para dar vida a una idea de los hermanos Guardiola, leyó cierto día un mensaje de su amigo Pep: «Hazme un favor, Santi, ayúdame a ganar la Copa de Europa». Tras leerlo varias veces («me temblaban las piernas»), Santi respondió: «Tú dirás, Pep». Dicho y hecho. «Necesito un vídeo donde salgan todos los jugadores, hazlo como quieras, pero que salgan todos.»

Todos salieron. Todos menos Guardiola. «Fue Pere quien me sugirió que empleara fragmentos de *Gladiator* —cuenta Santi; Pere es Pere Guardiola, hermano del entrenador y agente de Andrés—. Nos echó una mano el destino porque Joan Buixeda y Ángel Muñoz, compañeros míos en TV3, habían preparado un especial para el programa *Londres-París-Roma* usando la música de *Gladiator* combinada con los goles del Barça. Y el viernes anterior a la final compré un DVD con versiones extendidas de *Gladiator*. El domingo, tres días antes, nos encerramos en una sala con Jordi Gayà, otro de nuestros excelentes realizadores, un hombre que es capaz de mejorar cualquier idea.»

Empezaron a montar a las once de la noche del domingo y acabaron a las ocho menos cuarto de la mañana del lunes, casi nueve horas de trabajo para crear una película de siete minutos y diez segundos. «Aquí estoy, Pep.» El lunes, cuarenta y ocho horas antes de la final, Santi se presentó en la Ciudad Deportiva del Barça. Ambos asistieron a la proyección en el despacho de Guardiola. El técnico llamó luego a sus ayudantes. Los jugadores no debían saber nada. Cuando el realizador abandonaba la Ciudad Deportiva, Pep le gritó: «¡Eh, Santi! Si ganamos la Champions te dejo que muestres el vídeo por TV3». A Santi ni se le había pasado por la cabeza que eso pudiera ser posible, pero, gracias a él, 1.375.000 espectadores pudieron vivir en sus casas lo que habían vivido los jugadores del Barça en el vestuario de Roma. Fue el programa más visto de ese día con una cuota de pantalla del 42,3 %.

Cuando recibió el encargo de Pep y Pere, Santi Padró ni se había imaginado que pudiera ocurrir aquello. «Yo estaba viendo la final por la televisión y, cuando sale el equipo al campo, está sonando "Nessun dorma". ¡No puede ser! Se me puso la piel de gallina viendo desfilar al Barça bajo el aria final de *Turan-*

dot cantada por Andrea Bocelli...» No, no podía ser. La tímida sonrisa de Andrés, la misma música estremeciendo a los jugadores, emocionando a los espectadores... «Quería algo que llegara a la gente, algo que tocara la fibra. La intención era buena, pero no sé si hizo mucho efecto porque en los diez primeros minutos casi la liamos», recuerda Guardiola aludiendo a un calamitoso inicio del Barça golpeado por un poderoso United (al joven Cristiano, que venía de ganar la Champions de 2008 en Moscú cuando resbaló Terry al lanzar un penalti, lo escoltaban, entre otros, Rooney, Giggs, Tévez y Berbatov). En nueve minutos, tres disparos de Cristiano a cada cual más venenoso, y el Barça resistiendo parapetado en el sólido cuerpo de Valdés, quien, a pesar de tanto sufrimiento, ya se sentía ganador de aquella final: Andrés, desafiando las leyes que lo condenaban a una interminable recuperación, también se sentía ganador. Cristiano hostigaba, el Barça sufría. Sir Alex no dejaba de mascar chicle y Guardiola andaba inquieto, pero Andrés («aguanta hasta que puedas, ¿vale?») agarró el balón; nada relevante porque la jugada se inicia en el centro del campo. Minuto diez de la final. El épico vídeo comienza a borrarse de la memoria de los jugadores y deja paso al fútbol. Lo siguen Anderson y Carrick, dos centrocampistas potentes, muy físicos, de gran zancada. Están ahí, en la encrucijada de los caminos, precisamente para levantar barreras impenetrables. Pero Andrés, con la pelota cosida al pie derecho, corre más que ellos y avanza tramando el último pase. Carrick cree tenerlo atrapado, pero, en el último instante, cuando más cerca estaba, Andrés asiste a Eto'o. Éste elimina con un sutil toque la presión de Evra, otro defensa del United que no llega a tiempo para neutralizarlo. «Sólo Andrés podía hacerme ese maravilloso pase. El balón me llegó en unas condiciones extraordinarias para desarmar al primer defensa del United. De hecho, al primero lo regateé sólo con el cuerpo porque el balón me venía de una manera increíblemente buena —Eto'o estaba jugando, sin saberlo, su último partido con la camiseta del Barcelona—. De verdad, en aquel momento, yo no lo sabía, no creía que aquél terminaría siendo mi último partido con el Barça. La temporada había sido difícil, sí, pero todo había ido muy bien gracias a mis compañeros, especialmente a Andrés. Fueron ellos los que me dijeron: "Te tienes que quedar con nosotros, negro. Sabemos que tú marcarás la diferencia en momentos clave". Con gente así, todo es más fácil. Por eso me quedé. No sólo me hacían disfrutar del fútbol, sino que como hombres tuvieron un comportamiento inmejorable. Pero no imaginaba que Roma sería mi último partido con el Barcelona. De verdad que no», relata el delantero camerunés. Una vez recibido el pase («me dejó solo, prácticamente solo»), Eto'o hace de Eto'o dibujando un par de regates en el área, quebrando las cinturas de tipos como Vidić y Ferdinand, que conocen bien su oficio, y, con un tiro sorprendentemente ajustado al palo más próximo, engaña al portero van der Sar, que, yendo hacia su derecha, ve pasar el balón por su izquierda. Justo por un hueco que él no tenía controlado. Por mucho que Cristiano pida calma al equipo y a los aficionados ingleses, Ferguson empieza a comprender que la final ya no le pertenece. Emili, en el banquillo, no mira el partido: sólo está pendiente de las piernas de Andrés.

«No chutes con el empeine, no hagas demasiadas aceleraciones o cambios de ritmo. Ten cuidado con todo eso, ¿vale, Andrés?», le había recordado antes de empezar la final.

Andrés no piensa en nada cuando traza ese elegante y sigiloso eslalon que desarbola a la defensa contraria transportando la pelota como si estuviera flotando. Vuela con el balón, un balón al que mima como si fuera el tesoro más preciado de su vida. Ese esférico que lo llevó de Fuentealbilla a París y que ahora deposita en el coliseo futbolístico de Roma. «Ten cuidado, no hagas todo eso porque ciertos movimientos generan tensión muscular y te puedes romper, Andrés.» Empezó el partido, pasó el euforizante efecto del vídeo y Andrés corrió como si nada estuviera roto en esa pierna derecha.

«No podía ni mirar el partido. Sólo estaba pendiente de Andrés, de sus movimientos, de sus controles, de sus pases, de sus carreras...» Cugat en la grada, Pruna y Emili en el banquillo, juegan otra final. «Cuando el gol de Samuel, yo estaba en la portería opuesta y me enteré por la reacción de la gente, pues no le quitaba ojo a Andrés. Lo vigilaba por si cojeaba o por si no arrancaba —cuenta Cugat; deseaba con toda su alma que terminara la final; sobre todo confiaba en que Andrés no cometiera la locura de lanzar a puerta—. No quería que chutara porque es al chutar cuando más trabaja el recto anterior, el músculo que tenía peor. Yo estaba encogido en la grada, cruzando los dedos para que no le pasara nada. "Tú juega, Andrés, pero no chutes, por favor." Además, Andrés no era mucho de chutar. Y el partido se iba poniendo cada vez mejor hasta que casi al final, en la parte sur del estadio, justo enfrente de mí, lo veo tirar a puerta. Se le ocurre hacer un regate de los suyos, pasar entre tres jugadores del United (tengo esa imagen grabada) y chutar. ¡Uf! Me entró un sudor frío cuando vi ese disparo. "¡Madre mía!, ¡¿pero qué has hecho, Andrés?! ¡Por qué! Si ya está todo acabado. ¡Andrés, no! ¡Has forzado ese músculo de mala manera!" Pero, gracias a Dios, se terminó el partido y saliendo del estadio me encuentro con José Antonio, su padre. Entonces, lo felicito, pero le digo: "¿Has visto a Andrés con ese chute? No debería haberlo hecho. Me ha asustado mucho". Y su padre me responde: "¿Pero qué otra cosa podría haber hecho? Le venía bien la pelota y ha disparado. Ya está, no podía hacer otra cosa".»

Con la final ya decidida, liberado de sus miedos, Andrés chutó. «Jugó y todos sabemos lo bien que acabó, pero el sacrificio que hizo Andrés fue enorme. Luego estuvo más de diez semanas padeciendo a esa lesión», afirma Pruna.

«Iba sobrado, pero sobrado...», cuenta Emili, entonces incapaz de quitarse la inmensa preocupación que lo sacude desde hace dos semanas. Mira y disfruta del partido, pero, temiendo que en cualquier momento se quiebre ese traicionero séptum, padece por Andrés. Esa final que sabían suya desde el inicio marchaba de cine con el gol de Samuel, el delantero de quien Guardiola ya había querido desprenderse a su llegada (verano de 2008), pero aguantó una temporada más, la del primer triplete en la historia del club azulgrana, porque la plantilla medió para que siguiera el nueve. «Negro, te queremos aquí con nosotros»: ése fue el mensaje de sus compañeros. El nueve que luego fue extremo derecho por el ascenso de Messi. Guardiola cortó de raíz con Ronaldinho, una sonrisa cómplice y necesaria para entender el renacer del Barça tras años de depresión, y prescindió también de Deco. Hay decisiones que cambian la historia sin necesidad siquiera de que la pelota ruede. Eto'o se quedó porque Guardiola entendió las razones de sus compañeros, pero esa prórroga tenía fecha de caducidad. Apenas un año. ¡Pero qué año! El año de la Copa, la Liga y la Champions. Tres de tres. Y, al final, seis de seis, la conquista de la utopía, una hazaña jamás lograda hasta entonces. Ni desde entonces alcanzada. Pero ya no estaba Samuel llevando el nueve ni disfrutando de Andrés. «Lo quiero muchísimo, demasiado —cuenta el camerunés—. A Andrés siempre lo he visto como a mi hijo, lo he visto como a uno de mi sangre. Es increíble de bueno, a veces le meten una patada y es él quien pide perdón. Eso en el fútbol no existe. No encuentras a jugadores así. Como futbolista, si hay un diez, él es un veinte. Como persona es un millón. Yo lo adoro, lo adoro», dice Eto'o, quien festejó su gol en Roma golpeándose con rabia el brazo izquierdo una y otra vez. Parecía que se fustigaba mientras Andrés, el primero en subirse a su espalda, podía escuchar los gritos de Samuel. «¡Sangre de mi sangre! ¡Sangre de mi sangre!», gritaba el camerunés reivindicando sus orígenes africanos. Todos salieron como locos del banquillo para celebrar ese tanto, pero Emili seguía con los dedos cruzados. «La verdad es que nunca sabes lo que va a durar. Ves a Andrés en el campo y piensas: "¡Ahí está! Al menos está en el césped".» Y, además, resistió todo el partido intuyendo que había engañado a sus músculos, sacándole sonrisas forzadas a Emili, asombrado porque no podía ni creer lo que estaba desfilando ante sus ojos. «Salimos al campo, suena el himno, el vídeo, Bocelli y todo va bien.»

El United no sabe que Andrés está jugando lesionado. Ni siquiera que Henry también arrastra graves problemas físicos tras sufrir un golpe en la rodilla derecha en el Bernabéu al chocar con Sergio Ramos. Un golpe que no empañó su gran noche como culé: dos goles al Madrid en el 2-6, dos goles al contragolpe en el Barça de Guardiola que venía anunciando su eclosión, pero vino el francés a Barcelona («¡qué pena!, llegué tarde a ese equipo», lamentó después) para ganar la Copa de Europa que había perdido en 2006, aquella ocasión en la que cayó «asesinado» por el silencioso fútbol de Andrés. No imaginaba Ferguson que Guardiola le quería pedir a Keita que ejerciera de lateral izquierdo, pero éste, con exquisita corrección, le respondió que no.

—Mejor, no, míster, hay compañeros más preparados —le soltó al técnico.

Salió entonces Sylvinho. La defensa del Barça era tan inédita como improvisada. «Teníamos tantos lesionados, tantos...», recuerda Eto'o. A Valdés lo protegían Puyol (lateral derecho, como en sus viejos tiempos del Barça B, el filial), Piqué (el único en su sitio), Touré Yaya (un central fabricado apenas hacía dos semanas en la final copera de Mestalla) y Sylvinho (un lateral zurdo de toda la vida que Guardiola no solía usar y que rompió a llorar cuando abrazó la orejuda). Por detrás, soluciones de emergencia, pero en el centro del campo la santísima trinidad (Busquets, Xavi e Iniesta) alimentando al primer tridente: Eto'o-Messi-Henry, o sea, dos nueves de talla mundial desplazados por el falso nueve.

El vídeo de Padró casi provoca la derrota.

—Igual nos pasamos, Manel —bromeó después Guardiola con Manel Estiarte, exwaterpolista y leyenda del deporte español que lo acompaña en su oficio de técnico.

La final comenzó a ganarse cuando Valdés espantó, con pies, rodillas y manos, el bombardeo de un desesperado Cristiano y cuando Andrés voló sigilosamente por el centro del campo a su última cita con Eto'o. Luego, Messi se colgó del cielo de Roma, unido a las nubes por un invisible hilo que le permitió dibujar un cabezazo a cámara lenta. Voló la Pulga por encima del gigante Ferdinand, camuflado en aquel lugar donde no lo descubrió nadie. Y eso que invadió el corazón del área del United. Tan sólo Xavi, disfrazado casi de extremo derecho, oteó esa diminuta figura asomándose a la casa de van der Sar, otro gigante al que burló Messi con un sutil y preciso giro de cabeza. Iba el meta holandés hacia su derecha cuando descubrió que la pelota viajaba en dirección contraria (minuto setenta). Al caer, el diez, que era el falso nueve, perdió la bota derecha, de un color azul eléctrico y chillón. Una bota que luego besó mientras Andrés ni se acordaba, o sí, de su séptum.

Consumado el triunfo, en un cambio que tenía más simbolismo de lo que se pudo apreciar en su momento, Guardiola retiró a Andrés del campo para dar entrada a Pedro, una de sus grandes obras futbolísticas. Corría el minuto 92 de la final. Emili, al fin, respiró tranquilo. Por la Copa de Europa, tercera de la historia del Barça en cincuenta años, y por la mirada tranquilizadora que cruzó con Andrés. Pruna resopló aliviado. Padró, en su casa, no tenía ni la más remota idea del impacto emocional que había causado su película en los jugadores y a Cugat le brillaron los ojos en la grada del Olímpico por el trabajo bien hecho: «Yo disfruté muy poco de aquel partido. Lo sufrí mucho por él porque conocía las consecuencias que podía acarrear. Andrés arriesgaba mucho. Me gustó ver aquella final de Roma cuando ya se había jugado y sabiendo, claro, que ya se había ganado. Entonces la vi varias veces y pude disfrutar así de todas las jugadas».

Paco Seirulo, el preparador físico que vio interrumpido el calentamiento en Roma, también se sintió liberado al acabar el partido, enamorado como está del fútbol que desprende Andrés aun con el recto anterior dañado. «Mirad a Andrés. Tiene un gran cambio de ritmo. A veces parece que se arrastra por el campo, como si anduviera ausente del juego, pero luego, de pronto, se va. ¿Cómo se ha ido? Los demás creen que no está, pero él siempre está conectado al partido. Analiza su posición en cada momento y decide siempre lo mejor para el equipo, no lo mejor para él.» Y exactamente eso sucedió en Roma.

«Tiene una idea del movimiento muy particular, parece flotar. Observa siempre qué hacen los demás y, sobre todo, dónde se encuentran todos. Fijaos. Siempre mira a los pies de los contrarios. Contemplar a Andrés es una maravilla —dice Paco—. Andrés tiene más resistencia que fuerza, pero la suya es una fuerza elástica. Saca ventaja de hacer las cosas en el momento justo, sabe elegir, sabe seleccionar. Otros lo hacen por fuerza, él nunca. Jamás hace un movimiento brusco, parece que flota.» En Roma flotó Andrés y voló Messi.

«¿Cómo son sus músculos? —se pregunta en voz alta Paco Seirulo—. Son como él, un misterio. De fibras blancas, compactos, como una liebre del campo, que nunca sabes por dónde te va a salir... Es un genio.»

Pero lo que no esperaba era tan súbita y cruel desaparición tras aquella final de Roma. Cuatro meses y dos días necesitó Andrés para volver a jugar un partido de fútbol como titular. En ese largo lapso, apenas cuatro ratos mal contados se sintió futbolista, pero se trataba de una misión imposible porque, sin que él lo supiera, Andrés había iniciado un viaje a lo desconocido. De Roma al caos...

«Aquél tenía que ser el mejor verano de mi vida y acabó siendo el peor», confiesa. Ni sombra de duda. Pese a todo, hizo bien.

«Lo volvería a repetir. Por mi club, por mí mismo, por mis compañeros, por mi gente, por mi afición. El deportista tiene algo dentro de su cuerpo que lo mueve en situaciones complicadas. Lo que me movió es el deseo, la pasión, el sentimiento y el orgullo de futbolista. No era nada fácil. Íbamos a contrarreloj, los plazos se nos echaban encima, la final estaba ahí... Pero por nada del mundo quería perderme esa final. Por todo lo que había pasado ese año, por lo que había ocurrido en la última final de la Champions en París, aquélla era mi final. Debía jugar en Roma, jugar en Roma era mi deber. Y, además, me lo debía a mí mismo. Sólo quería salir al campo y jugar ese partido. No sabía cuál sería el resultado final, pero no podía permitirme no jugar allí. Tenía demasiados problemas deportivos y personales que resolver en aquella final. Y también muchísimas razones para no estar en Roma, pero la final de París, Stamford Bridge, la posibilidad de conseguir el primer triplete de la historia para el Barça...»

Andrés tenía que jugar esa final. No le quedaba otra. Sí o sí.

«Recuerdo que acabé el partido del Villarreal con esa pequeña rotura. Me dio muchísima rabia, pero también es verdad que apenas me duró una noche. Al día siguiente, ya camino del hospital, había cambiado totalmente el chip. Aunque hubiese estado cojo, que casi lo estaba, ya había decidido jugar en Roma. Cada minuto fue un reto para mí. Un desafío. Emili y yo trabajamos mañana, tarde y noche. Roma estaba esperándonos, pero lo que no sabía ni de lejos era el peaje que debía pagar por una situación tan comprometida y estresante. No tenía ni idea. Ni se me pasó por la cabeza. No peligró mi carrera, pero, teniendo en cuenta las consecuencias de aquel sacrificio, sí la puse muy al límite. El peaje fue carísimo, pero aún hoy sigo pensando que mereció la pena.»

Sí, mereció la pena sufrir el «peor verano» de su vida. Aquel año se había escrito la parábola del buen manchego.

8.

AL BORDE DEL ABISMO

«Hubo momentos en que no veía la luz.»

«No, no es la necesidad de contar algo lo que me ha llevado a intentar explicar mi historia. No, no se trata de eso. Es, en realidad, la ilusión, las ganas de ver resumido en un libro todo lo que he vivido. Y que quede ahí para siempre, donde se vea el valor que concedo a las personas que, de una manera u otra, han marcado mi vida. Siempre he necesitado a alguien a mi alrededor. Siento que he necesitado a determinadas personas para poder ser quien soy o, de alguna manera, para que me ayudaran a serlo. Podría empezar por muchos momentos, quizá en otras ocasiones había sentido miedos similares, pero quiero empezar por aquí... Quizá por ser el miedo más reciente, quizá porque, aunque han pasado varios años, siempre anda ahí, pero seguro que, a medida que vaya recordando, tropezaremos con otros temores...»

Así empezó todo.

«Quiero comenzar por ahí. Por el año 0, mejor dicho, por el periodo en que peor lo he pasado. Cuando hablo de lo peor, no me refiero a jugar más o menos, a ganar más títulos o no, sino a que hubo momentos en los que no veía la luz, no encontraba el camino, momentos en que perdí la confianza en mí mismo. En Andrés. En Iniesta. Esa confianza que siempre había tenido, esa confianza que ha sido el motor de mi vida. Y fue algo terrorífico, insoportable. Es muy duro tener la sensación de no ser tú. Aterra. Al menos, a mí. No sé a las demás personas.

137

»Todo empieza después de haber vivido el que debería haber sido el verano más glorioso de mi carrera. *Glorioso* no significa que no fuera duro, que no hubiera mucha tensión. Aquel verano fue duro, también hubo muchos nervios, siempre estás obligado a dar más de lo que crees tener dentro de ti. De repente, uno empieza a encontrarse mal. No sabe por qué, pero un día está mal. Y al siguiente también. Y así, día tras día, no mejoras. El problema es que no sabes lo que realmente está pasándote. Me hacen un montón de pruebas. Todas salen perfectas. Pero mi cuerpo y mi mente se desencuentran, se alejan. Nada produce mayor congoja que no saber las cosas que te pasan. Y más si te encuentras mal. Quizá cuando alguien lea esto piense que es una tontería. Quizá otra gente se sienta identificada con lo que cuento. Lo único que sé es que es muy angustioso. Pasan los días y tu mente no descansa. No paras de darle vueltas a esa situación preguntándote por qué te encuentras mal y, al mismo tiempo, tienes que seguir disfrutando de las dichosas vacaciones. Y, a la vez, debes seguir recuperándote de la dichosa lesión del recto anterior, que se ha agravado en la final de Roma.

»La bola se va haciendo cada vez más grande. Te encuentras mal y la gente que te rodea no lo entiende. Y el Andrés que todo el mundo conoce se está quedando vacío por dentro. Eso es duro, muy duro... Pasa el verano, llega la pretemporada, llega la hora de pasar la revisión médica, algo rutinario e irrelevante cuando te sientes bien, pero en el primer entrenamiento del verano me hago un poco de daño en la pierna lesionada. Hasta cierto punto era lógico. Después del verano que había vivido era imposible que ese músculo estuviera fuerte. La imagen que daba en las pruebas era buena, pero no estaba fortalecido. Total, tenemos que irnos a Estados Unidos a hacer la pretemporada y yo lesionado. ¡Menudo inicio! De nuevo, quince días entrenando solo, al margen del grupo, con la ayuda de Emili Ricart.

»Siempre intento guardármelo todo para mí, siempre me lo como todo solo para no preocupar a los míos, para que los demás estén bien, pero llega un momento en que es inevitable. Había entrenamientos que ni podía acabar por esa sensación tan rara que tenía en el cuerpo...»

Sin embargo, hubo un momento en que todo parecía estar a punto de cambiar.

«Recuerdo un día, aún en Estados Unidos, en que gracias a los doctores (ellos están acostumbrados a cosas así y tienen mucha experiencia) me dieron un poco en la tecla y comenzamos a trabajar. Creíamos haber encontrado el problema y nos pusimos a solucionarlo, pero, desgraciadamente, cuando ya íbamos a volver, recibí un mensaje. Me pilla todo en el peor momento anímico posible. Llevaba dos semanas sin poder entrenar en Estados Unidos. Desde la final de Roma, no había vuelto a jugar un partido. Comenzaba con la medicación y ya me estaba encontrando mejor. Y entonces... Entonces... El último día viene Puyi y me dice: "Me ha llamado Iván...".» Se refiere a Iván de la Peña, el joven que lo deslumbraba cuando era niño y a quien imitó en Brunete rapándose la cabeza. Iván le había dicho a Puyol: «Dani ha muerto». «Lo único que pude decir fue: "¿Está confirmado? ¿Seguro?". Sí, estaba confirmado. Sí, era seguro. Me quedé atónito, no podía entender nada. No lo podía creer. Dani, mi amigo Dani, había muerto. La noticia me heló el corazón. Los siguientes días en Barcelona fueron terribles. A partir de ahí empezó mi caída libre hacia un lugar desconocido... Vi el abismo. Y fue entonces cuando le dije al doctor: "No puedo más".

»No sé cómo explicarlo, pero he comprobado que, cuando la mente y el cuerpo están en una situación tan vulnerable, eres capaz de hacer cualquier cosa. No sé si suena demasiado fuerte, pero "entiendo", entre comillas, a las personas que en un momento determinado hacen una locura. Por eso siento la necesidad de agradecer la comprensión de toda la gente que me rodea, de mis padres, de mi familia, de Anna, de todos. Sin ellos habría sido imposible recuperarme, totalmente imposible. Millones de gracias. Millones y millones. Sé que yo en su lugar habría hecho lo mismo, pero hay que hacerlo y, además, hay que vivirlo. Fue muy duro vivir situaciones tan ingratas. También he podido comprobar que es primordial para todos y, por supuesto, para la gente del deporte, contar con el apoyo de un profesional, alguien experto que sepa escucharte. Y a veces basta con contar lo que sientes. Quizá esté equivocado, pero eso es lo que siento. Tal vez se deba a mi manera de ser, pero ésta es mi vivencia. Gracias, Inma. Gracias, Pepe. Gracias, Bruguera. Mi vida desde que nací es la que es, las cosas que he ido pasando son las que son, mi carácter es el que es, mis problemas son los que son. Los demás tendrán otros, pero los míos son los míos. En cierto modo soy el producto de mi manera de ver las cosas, de mi educación, de los valores que me han inculcado. Hubo un momento de mi vida en que mi cuerpo dijo basta. Un momento en que me dijo: "Has estado muchos años escuchando y complaciendo a todo el mundo, ahora es tiempo de escucharte a ti mismo, de dedicarte tiempo a ti mismo". ¿Qué explicación le doy a todo ello? Pues que dentro de mí me quedé sin nada. No era consciente de eso, pensaba que era un superhombre y que lo aguantaría todo. Pues no. No es así. He aprendido muchísimas cosas de todo aquello. Muchísimas. Sé que puede parecer incomprensible, pero es así. ¡¡Era así!! Me notaba vacío por dentro, sin ilusión, sin cosas que me hiciesen feliz. Y puedes exclamar: "¡Si lo tienes todo! ¡Si tienes dinero! ¡Si juegas en el Barça! ¡Si juegas en la selección! ¡Si mucha gente te adora!". Es cierto. Y sé que será incomprensible para muchos, pero me notaba vacío. Y si estás vacío, necesitas recargar las baterías porque si no estás muerto.»

Andrés recuerda el verano de 2009, prólogo de otro año infernal. Tenía todo para disfrutar de las mejores vacaciones de su vida (Stamford Bridge, Liga, la final de Copa, que no jugó por el «maldito séptum», y la Champions en Roma de titular sin que nadie le discutiera su jerarquía como sucedió en aquella final de 2006 en París), pero una sucesión de malas noticias acabó siendo fatalmente dramática.

Hacía tiempo que Andrés no era Iniesta por mucho que jugara cada partido como siempre. A veces, sorprendiendo incluso a los que estaban al corriente de lo que ocurría bajo esa camiseta. Un día, Sesi, uno de sus mejores amigos, estaba viendo el entrenamiento del Barcelona en la vieja masía donde Cruyff construyó el libro de estilo que acabó con el espíritu victimista que dominaba el club. Había quedado a comer con Andrés y esperaba a que terminara la sesión cuando sonó su móvil. Era José Antonio.

—No puede ser que el chiquillo esté así, pero no quiero que se entere de esta llamada. ¿Anda por ahí? —le preguntó a Sesi.

—Tranquilo, José Antonio. Aún está entrenando.

El padre no podía estar tranquilo porque el universo Iniesta había descubierto que su columna central se desmoronaba.

—Es el único que no es feliz en la familia. ¡Eso no puede ser! —gritó con vehemencia, asustado por no reconocer a su hijo.

Durante una comida veraniega en Cadaqués, precisamente con Sesi, tras unos días de descanso en Tossa, Anna ya había detectado algunos síntomas. Todo iba bien hasta que, de repente, mira a Andrés y percibe algo extraño:

—Papi, ¿qué te pasa?

Se hizo el silencio en la mesa.

—No, nada, nada. Estoy bien, estoy bien... —contestó Andrés.

Pero no estaba bien, nada bien. Él sabía mejor que nadie que necesitaba sentirse Iniesta. Y finalmente encontraría el camino. No resultó fácil, pero lo halló.

«¿Inma? Tocamos temas delicados... En ella encontré y encuentro el espacio único para compartir todos los temas posibles. Con unas personas puedes hablar de ciertas cosas y con otras no. Con ella, en cambio, no tengo ese límite. No sólo porque me vacié interiormente, le conté mi vida casi desde el día en que nací, sino también porque me ha dado mucho. Recuerdo que si habíamos quedado a las seis de la tarde, yo ya estaba allí preparado diez minutos antes, señal de que me iba bien compartir esos momentos con ella y que tenía muchas cosas que contar. Algunas las tenía que expulsar. Inma me ha ayudado a comprender muchas cosas o a mejorar en otras y, por encima de todo, me ha enseñado a elegir. A veces no nos damos cuenta de lo que estamos haciendo. Lo hacemos casi por inercia, porque debemos hacerlo. Vas tirando un día, vas tirando otro, vas tirando así... Hasta que llega el día en que no puedes tirar más. Inma es una pieza muy importante en mi vida, sí. En una etapa muy complicada fue necesaria para avanzar, diría que imprescindible... Sí, sí. Ahí estuve, ahí estuve.»

Habla sin citar ningún lugar, pero da la sensación de que conoce todos los recovecos de ese oscuro pasillo en el que quedó atrapado. Pocos lo sabían. Dentro del vestuario, sólo unos elegidos tenían acceso a esa restringida información y dejaron «siempre el espacio necesario para que Andrés se fuera encontrando, sin presionarlo, sin agobiarlo», conscientes de la empinada montaña que tenía ante él. Fuera de ese vestuario, prácticamente nadie sabía lo que estaba ocurriendo. Eran dos mundos que no estaban nunca en contacto real. En la fachada, una artificial y postiza sonrisa exterior cuando pisaba la calle para que nadie descubriera nada. Y, luego, de puertas adentro, una enorme preocupación porque no se adivinaba la salida para escapar de esos meses de angustia en ese desconocido lugar que lo atrapó.

¿Dónde estuvo realmente Andrés?

«Fue complicado, realmente complicado», dice Emili Ricart midiendo con extrema precisión toda palabra para no herir sensibilidades. Ni siquiera el paso del tiempo, todo arranca en el verano de 2009, mitiga el dolor causado. «Pasa lo de Jarque y sale todo. Es un momento de ansiedad general en el que van apareciendo otras cosas: lesiones, presión... Al final, la cabeza no está al cien por cien. Y el cerebro, aunque no se crea, va unido al músculo. Pasan cosas, muchas cosas, por la cabeza y luego se acaban rompiendo los músculos. Y lo que es peor: Andrés termina teniendo una sensación que resulta demoledora para cualquier deportista de alto nivel. "Parece que soy de cristal", llega a decir día tras día cuando no ve la posibilidad de recuperarse del todo.»

Como dice Andrés, sí, ahí estuvo.

«Hay un punto en que se rompe.» La definición de Emili es literal. Se rompe por fuera y se rompe por dentro. «Adelgaza muchísimo, no está bien, trabaja más que nunca, pero no hay manera. Y eso, claro, es algo que atormenta a cualquiera. Necesitaba ayuda para volver a ser lo que era, necesitaba, sobre todo, la confianza y el apoyo de la gente. ¿Cómo salió de allí? Con una voluntad de acero, con mucha energía, con mucha determinación, convirtiendo cada día en una cuenta atrás. Estoy seguro de que hay muchos deportistas que no habrían superado ese delicado momento.» Se sentía solo, pero tuvo suerte de sentirse arropado por el «universo Iniesta», ese restringido círculo de personas que le dieron el apoyo necesario para reencontrarse. «Claro que lo pensamos. Lo pensamos todos, pero nadie lo decía. Claro que piensas que en un momento todo se puede ir al carajo, pero él tiene un entorno muy cercano, muy sólido, que lo ayudó a resistir esos días tan complicados. Un día, mientras estábamos haciendo una sesión de recuperación a causa de una de esas malditas lesiones musculares, me dijo: "Emili, he oído a Rafa Nadal —el tenista vivía entonces una crisis causada por las incesantes lesiones—, y sé bien lo que dice. Comprendo lo que cuenta porque yo he pasado por algo así".»

Emili, más psicólogo que fisioterapeuta, escucha en silencio esa reflexión y le recuerda su máxima: «¡Andrés, hay que respetar el reloj biológico!». Y él lo respetaba, pero el problema es que, por no tener, no tenía ni reloj. No había un procedimiento al que recurrir para que sus músculos se recompusieran. El cristal estaba tan roto que...

«El tema del dolor es muy particular —reflexiona Emili intentando hallar, aunque sin éxito, una explicación científica—. Si no has padecido esta dolencia, no lo entiendes.» El dolor, y no sólo el dolor físico, lo llevó hasta ese lugar. «Andrés es un hombre con raíces muy profundas en su tierra, muy de su gente, de su familia, por las experiencias que ha vivido. Sufre por todo y por todos. Ese cordón nunca lo ha roto ni lo romperá nunca. Él lo mantiene siempre. No puede evitarlo. Se preocupa por todos», cuenta Emili. De tanto preocuparse por los demás, Andrés se olvidó de sí mismo y esa azarosa tormenta interior hizo que se sintiera aún más débil.

«Andrés tiene una época jodida», cuenta Bojan, decidido a no revelar detalles íntimos de la crisis que sufrió su amigo hace ya años. El delantero también sufrió y padeció algo similar, una experiencia que le da autoridad para hablar de ese tema. «Sucedió en mi primer año, al poco de llegar al Camp Nou. La época en la que me tocó lidiar con mi propia crisis de ansiedad, que me apartó de la Eurocopa», recuerda Bojan, una aparición deslumbrante en el primer equipo del Barça, otro producto de la Masía, esa academia de jóvenes que halla tesoros en cualquier rincón de la geografía balompédica. En esa época, Andrés era un gigante para él. Presa de la admiración, Bojan lo seguía como al ídolo que tenía todo lo que él soñaba. Por eso, siendo tímidos como son los dos, apenas se hablaban. Se querían, pero en silencio.

«Por eso, me sorprendió que un día, al acabar el entrenamiento, Andrés me dijera: "Bojan, tengo que hablar contigo".» Suena extraña esa petición. «Ya sabes que si Andrés te dice eso, es que hay algo raro. Recuerdo que nos sentamos en la zona de aguas del vestuario del Camp Nou. ¿Qué me dijo? Pues me explicó, en muy pocas palabras, lo que le pasaba. A medida que me iba hablando fui descubriendo que vivía una situación similar a la mía. Como es lógico, me embargó la empatía, consciente de que son cosas que no se pueden compartir con todo el mundo. Lo entendí al instante. En realidad sentí estar reviviendo todo lo que me sucedió. Y lo quería compartir conmigo. A mí, en realidad, todavía me quedaban algunas secuelas —revela Bojan—. Sé que todo lo que compartía conmigo no se puede hablar con casi nadie. Sólo con tu familia y punto. Son sensaciones tan desagradables, tan molestas que, al final, te las guardas para ti. No quieres siquiera que los demás se enteren para no hacerles daño. Y, al final, quien se acaba haciendo más daño eres tú mismo. Por eso no exteriorizas nada.»

Allí, en la zona de aguas del vestuario, a solas, seguían charlando Andrés y Bojan. «Los dos nos entendemos al instante. Vivimos lo mismo. Sentimos lo mismo. Sabemos que es una situación muy complicada en la que se pasa muy mal porque no ves la salida.» Uno habla, otro escucha. «Hay un momento en

que me digo: "No voy a permitir que Andrés pase por algo así"».
A Bojan le costaba entender que Iniesta, siendo quien es, sufría algo así, pero rápidamente lo entendió todo. Y lo interio-
rizó. «Me estaba hablando mi ídolo. Me estaba contando esas
cosas un hombre que viene de ganar una Eurocopa, de marcar
goles para la historia... Y te abre su corazón. Eso demuestra una
gran sensibilidad y, sobre todo, una increíble humildad. Fue él
quien me llamó. Fue él quien me dijo que quería hablar conmigo. Por eso, soy yo quien quiere estar a su lado para ayudarlo en
todo lo que pueda.»

Desde ese encuentro furtivo en la zona de aguas, todo cambia en la relación entre Bojan y Andrés. A partir de ese momento, las charlas son cada vez más constantes. «Me sentía muy a
gusto hablando con él. Nos sentíamos muy a gusto los dos charlando. Era una terapia mutua. Nos ayudábamos el uno al otro.
Nuestra relación se hace mucho más intensa porque cada día
nos conocemos mejor. Además, Andrés tuvo un año delicado
con tanta lesión, tenía miedo de no poder llegar al Mundial,
aquel séptum... —Bojan también se sabe de memoria el historial clínico de su amigo Andrés—. Llegó con pinzas a la final de
la Champions. Estaba muy frágil, muchísimo... Aquel año nos
unió mucho. Nos unimos mucho.» Y aquello se fortaleció tras
un primer encuentro lejos del Camp Nou.

«Andrés y yo nos conocimos en Egipto. Era un partido amistoso y sentimos el primer flechazo. Hasta ese día, yo no había
entrenado nunca con el primer equipo, por lo que ese partido
era como si se abriera una puerta al sueño que tenemos todos
los niños. Es curioso lo que se vivió allí. Para los jugadores del
primer equipo, ir a Egipto para un amistoso era incómodo, mo-
lesto. Para mí, en cambio, era una experiencia brutal. Desde ese
primer momento tuve algo distinto con Andrés —rememora
Bojan—. Llegamos al estadio, ya a reventar desde hacía casi tres
horas, y yo, como es lógico, estaba nervioso. Muy nervioso.

Entonces, mientras estábamos haciendo el calentamiento, se acerca Andrés y me dice: "¡Tú tranquilo, Bojan! No te preocupes!". No sé por qué, no me digas la causa, todavía ahora me pregunto cómo, pero me dio mucha energía. Muchísima. Tengo hasta la fotografía de ese momento, recuerdo hasta el color de la camiseta de entrenamiento que llevábamos. Era roja.»

Bojan debuta en el Barça con dieciséis años, en abril de 2007, y marca un gol en Egipto: «Para mí, un momento importantísimo. Luego volví al filial, nos fuimos de vacaciones y, al regresar, tras el verano, hice la pretemporada con el primer equipo».

Se reencuentra con Andrés, pero es un Andrés al que Puyol, como tantos otros, no para de tenderle la mano. Una y otra vez. Fue el capitán, afligido por lo sucedido y tremendamente preocupado por las secuelas que tendría en su compañero, quien le había comunicado la muerte de Dani.

Es Puyol quien le abre la puerta de Raúl para que se ponga en sus manos, uniéndose a las manos de Emili, para intentar hallar entre ambos una rendija de esperanza ante tanto problema. «Andrés lo somatiza todo. Quizá por eso acaba lesionándose tanto. Creemos que podemos con todo, pero no es así. Y llega un momento en que te das cuenta», cuenta Puyol.

—¡No es justo, Puyi! ¡El isquio no es justo! ¡No me jodas! Cuando mejor me encuentro, con veinticinco años, me pasa esto. No, por favor. ¡No me jodas! —le dijo Andrés buscando consuelo ante esos músculos que se habían desgajado de su cuerpo.

«Cuatro meses sin jugar al fútbol. Aquello se me hizo eterno. —cuenta Andrés—. El proceso fue muy jodido. Muchos meses de preguntas sin respuesta, preguntas a diario para no avanzar nada. Se te hace interminable. Muchos meses de medicación, muchos meses complicados. Intentaba hacer un entrenamien-

to con el equipo y, de lo mal que me encontraba, no podía aca-
barlo, pero seguía y seguía, sabía que eso al día siguiente me
haría dar un paso más en mi recuperación. Cuando volví ante el
Dinamo de Kiev, ya habían pasado cuatro meses y dos días desde la final de Roma. Sólo pude jugar la primera parte de ese partido. ¿Por qué? Porque no aguantaba más, sentía que me iba a
explotar la cabeza. Tenía sensaciones muy complicadas. No sé
ni cómo definirlas, pero seguro que la gente que haya vivido
algo así me puede entender. También sabía que, aunque se tratara de pequeños pasitos, esos pasitos tenían mucho valor.
Poco a poco iba sintiendo que me encontraba mejor. Creía que,
tarde o temprano, acabaría llegando la normalidad.»
    Nada, sin embargo, fue normal.

    —Andrés, tú mismo. ¿Vale? Cuando notes algo extraño, te vas.
Ni me pidas permiso, ¿vale? Agarras y te vas del entrenamiento. No pasa nada. Lo importante eres tú, sólo tú —la voz de
Guardiola llegaba a la cabeza de Andrés; no era la voz de un entrenador, sino la de un amigo—. Si no te sientes bien, lo dejas y
te vas al vestuario, pero ni lo pienses, por favor...
    Y, muchas veces, en ocasiones apenas a los diez minutos de
entrenamiento, Andrés ya enfilaba el camino de los vestuarios
desconcertado por sensaciones que no lo dejaban vivir en paz
consigo mismo. No necesitaba ni mirar a Pep. Ni Pep tenía que
mirar a Andrés. Hay momentos en que las palabras sobran. Y, de
pronto, desaparecía del campo como si hubiera sido engullido.
    «Siempre quieres que todas las personas que están a tu alre-
dedor se encuentren bien, que estén cómodas, que no tengan
problemas de ningún tipo, pero nunca piensas que tú eres el
que no está como debería. Eso jamás lo piensas porque crees que
a ti no te van a pasar cosas así, pero nadie está libre. Tú crees
que eso sólo les ocurre a los demás hasta que te pasa a ti. Y a mí
me pasó.»

«Tuvo ese amago de depresión tras la muerte de Jarque. Le dio por no comer. Apenas probaba bocado», explica José Ramón de la Morena.

«Andrés es una persona muy sensible y hay momentos en que las cosas se tuercen —señala Guardiola—. Es la vida misma. Y su mujer, su hija, su familia... lo sacaron adelante. Nosotros estábamos ahí para ayudarlo en todo momento, pero él fue muy fuerte. Él y su gente. Sólo queríamos que supiera que nosotros estábamos a su lado para cuando nos necesitara.» Pero Andrés se recluyó en sí mismo. «Es como yo. Cuando se encierra, prácticamente no puedes acceder a él», reveló Víctor Valdés al programa *Iniesta de mi vida* de Telecinco destapando, por vez primera, el drama que padecía su amigo. Han pasado más de cinco años, tiempo más que suficiente para que se puedan revelar detalles que habían permanecido camuflados en el vestuario.

«Uno no tiene que hundirse nunca, aunque el golpe sea terrible, pero ahí estuve, ahí estuve», sostiene Andrés.

«El físico lo mató. Tanta lesión acabó convirtiendo todo eso en un calvario, en un sinvivir. Todo era muy raro. En ese periodo lo vi destrozado», confiesa Valdés.

—¿Por qué, Víctor, por qué? No entiendo lo que me sucede, de verdad no entiendo nada —le decía Andrés al amigo y hermano y con quien había compartido buena parte de su carrera profesional en el Barcelona.

Palabra por palabra, casi lo mismo que repetía a Puyi, Bojan, Emili, Raúl... Sólo él sabía lo que sucedía ahí dentro («en mi cabeza, en mi cabecita», dice Andrés), o tampoco.

«Fueron momentos de una sensibilidad extrema, los peores que jamás había visto a Andrés —dice Pruna, más que un médico en aquella fase crucial—. Él se da cuenta de la debilidad que podemos padecer las personas en algunos momentos, cuando la mente nos abruma. Da igual que seas jugador de fútbol o lo que seas. Muchas veces cambiarías todo lo que eres por estar bien, por tener una vida "normal", tranquila, sólida. Sí, te gustaría ser normal. Realmente Andrés lo había pasado muy mal por situaciones personales, buscaba mi ayuda, buscaba mis recursos para que le diera explicaciones a todo eso que estaba viviendo. Quería una explicación médica a lo que le estaba sucediendo. Mediante exámenes, pruebas, análisis, todo lo que estaba en nuestras manos, intentábamos dársela. Algo que pudiera justificar realmente lo mal que se sentía. Finalmente, poco a poco, sale el lado humano de cada uno y eso es lo que da fortaleza a Andrés.» Porque la respuesta, como cuenta Pruna, no estaba en los exámenes médicos. «Lo que necesitaba no eran pruebas, lo que anhelaba Andrés era recobrar la armonía. Y, poco a poco, la fue recuperando y eso es lo que le ha permitido ser lo que es ahora. No, no hablo del jugador, que todos saben lo que es Andrés, sino de la persona», explica el médico.

«En ese sentido, la cabeza es muy traicionera y te puede llegar a afectar mucho. Eso es lo que pasó», reconoce Andrés, el nuevo Andrés que recuperó la «armonía» tras meses y meses de callado sufrimiento.

9.

LA CONQUISTA DEL CIELO

«Será el destino… Me tocaba estar allí y allí estaba.»

Andrés aguardó a que todo el mundo durmiera en Johannesburgo. Siempre supo disfrutar del silencio, de esa sensación de soledad tan íntima, tan suya, especialmente cuando quería escuchar su cuerpo, ya liberado de la camilla de Raúl. Andrés nunca fue ruidoso, pero aquella noche todavía tuvo más cuidado al abrir la puerta de su habitación y, de manera furtiva, se puso a correr como si le fuera la vida en ello, de punta a punta por aquel pasillo del hotel de Sudáfrica. Tenía la necesidad de ponerse a prueba él mismo, aunque fuera sin la pelota por medio ni nadie a la vista, alejado de la enfermería y del campo, solo en la intimidad, pendiente de las sensaciones de su cuerpo menudo, convencido de estar ya curado, deseoso de poder gritar: «Ya está, sí, ya está, se acabó el tormento». Y, finalmente, Iniesta pudo chillar, correr, jugar, imparable hasta la final de la Copa del Mundo.

Como por arte de magia, después de muchos desencuentros, los dichosos músculos malheridos desde hacía meses se habían sincronizado de manera automática, y las dos piernas de Andrés volvieron a funcionar como las agujas de un reloj suizo, ajustadas finalmente por las manos precisas de Raúl Martínez y los consejos de Emili Ricart, los dos separados por miles de kilómetros, pero conectados cada segundo con Iniesta.

«Yo no estaba con Andrés —confirma Raúl—. Ni sé cuándo se puso a correr. No me lo contó, me enteré de otra manera. No suele contar las cosas y no es nada fácil entrarle. A veces tampoco hay explicaciones científicas a determinadas lesiones. Yo no lograba entenderlo, pero, tras varias exploraciones, había localizado una zona que hasta entonces pasaba desapercibida, un tejido que provocaba una desorganización en la pierna, y sospeché que ése podía ser el nudo del problema.» Raúl le desbloqueó la pierna y Emili le limpió la cabeza con un vídeo que Andrés veía todas las noches antes de acostarse, como si fuera el padrenuestro que rezaba de pequeño en Fuentealbilla.

A Pep Guardiola le apasiona el tema de la motivación y dispuso la producción de un vídeo para preparar la remontada del Barça contra el Inter de Mourinho en la semifinal de la Champions de 2010. Lo harían Emili y Santi Padró, el periodista de TV3 que ya había ideado el *Gladiator* de Roma.

Aquella cinta recogía grandes derrotas y grandes victorias deportivas, momentos de frustración y de euforia, protagonizados por figuras como Roger Federer, Fernando Alonso y Gemma Mengual junto con las victorias de las secciones de baloncesto y de balonmano, que daban paso al gol de Stamford Bridge: el Iniestazo. Aquella final de Roma, la ópera cantada por Bocelli, el cabezazo de Leo colgado del cielo en el coliseo italiano. La película comenzaba con abrazos, euforia, manos tendidas, complicidad. Todo en color, pero, después, el blanco y negro dominaba la pantalla durante treinta segundos para resaltar la derrota, el sufrimiento (Puyol y Estiarte lamentando el golazo de Essien en el palco de Londres mientras Laporta se repeinaba sospechando lo peor) y las caídas de esos deportistas. No sólo las físicas, también las anímicas. Y, a partir de ese momento, poco a poco, el color volvía a dominar el metraje para terminar subrayando la victoria con una última imagen en la que se veía a todo el Barça festejando en un círculo la tercera Champions (Roma), una buena manera para visualizar el triunfo ante el equipo de Mourinho, la sardana del éxito para coronar el inicio del ciclo más espectacular, pero Guardiola no les mostró aquel DVD a sus jugadores en el vestuario del Camp

Nou. Camino del estadio, cuando el autobús del equipo avanzaba escoltado por una gran fila de motos y coches de hinchas azulgrana bajando del Tibidabo, el entrenador advirtió que había demasiada excitación y decidió no aumentar la adrenalina de los jugadores del Barça. El vídeo quedó en manos de Emili, el único que lo había visto aparte de Pep y Padró. Duraba cuatro minutos y cuatro segundos y en él no aparecía ni un solo balón. Era todo emociones, sensaciones, pura piel con una música que cautivaba.

Emili intercambiaba mensajes a diario con él, así que supo que la cosa funcionaba desde que Andrés hiciera aquella solitaria carrera en el hotel donde estaba concentrada la selección española. Raúl ni siquiera necesitó hablar con Andrés. Al futbolista lo delataban su rostro, felizmente iluminado, y su carácter, siempre introvertido, a veces silencioso y otras muy socarrón. Acostumbrado a jugar con dolor, Iniesta se sintió por fin limpio y liberado, ansioso por alcanzar el Soccer City de Johannesburgo, la luz que lo aguardaba después de la estancia en los suburbios de Soweto.

«Quizá me cueste encontrar una persona tan implicada, tan predispuesta a trabajar y tan honesta como Emili. Yo no lo conocía personalmente, pero cuando entró Guardiola a entrenar al primer equipo, también llegó él. Desde entonces, nos hemos hecho prácticamente inseparables. Me identifico mucho con él, con su forma de pensar, con su forma de trabajar. Es muy especial para mí —afirma Andrés, que está igualmente prendado de Raúl—. Sabía que Raúl era una máquina en su parcela. Y lo comprobé durante aquel Mundial. Sólo puedo decir que, a día de hoy, deportivamente hablando, él me salvó la vida. Conoce mi cuerpo y mis reacciones como si me hubiese parido, se ha convertido en una pieza imprescindible.»

Uno es «especial» y el otro, «imprescindible», los dos pendientes de Andrés, ambos conectados desde puntos opuestos, especialmente sensibilizados con un jugador que necesita ponerse a prueba a solas para saber que ha sanado, escuchar el clic que suena igual que cuando cede la cerradura de una caja fuerte. «Sí», resonó en el pasillo por boca de Andrés. El Mundial empezaba entonces para Iniesta y no cuando se subió al avión en dirección a Potchefstroom.

«El 13 de abril de 2010, durante un entrenamiento en la Ciudad Deportiva, me lesioné el isquiotibial derecho —recuerda Andrés—. Me hice una buena rajadita, faltaba poco más de un mes para que Del Bosque diera la lista para el Mundial y el tiempo era muy justo. Creía que no llegaba. Mejor dicho, pensé que no llegaba.»

En la Ciudad Deportiva del Barcelona todavía hoy se recuerda ese instante de dolor, todos se asustaron al ver a Andrés abandonar llorando el entrenamiento acompañado, naturalmente, por Emili. Hasta Carles Puyol, el capitán, se percató de la gravedad del momento y se ausentó para acompañar a Iniesta.

«Tranquilo, Andrés, todo irá bien. Ánimo, mucho ánimo, tranquilízate», le susurraba el defensa aún sobre el césped en una larga caminata que se hizo interminable porque Andrés no escuchaba, no atendía, paralizado por el desgarro muscular que lo enviaba de nuevo al pozo que creía olvidado. Se consumía a lágrima viva. «Me acerqué a él y le dije "tranquilo, Andrés, vas a ser el mejor del Mundial", pero él lloraba y lloraba. Creo que ni me escuchó.» El susurro de Paco Seirulo, el preparador físico del Barcelona, se confundía con el agua que caía de la ducha. Siempre creyó que Andrés no lo oyó ese día. «Sí, claro que oí a Paco, por supuesto, pero no podía ni hablar», cuenta Andrés recordando aquella imagen en el vestuario, instantes antes de que Puyol, capitán, amigo, confidente, cómplice, le enseñara la puerta por donde acabaría llegando la solución: «Tienes que hablar con Raúl, ¿vale? Todo irá bien, pero habla con Raúl». Andrés, ido como estaba, seguía sin escuchar nada, maldiciendo su suerte, abatido a pocas semanas del Mundial. «Esa lesión me dejó la moral y el corazón por los suelos. Llevaba un año sufriendo mucho y me quedaba la ilusión de ir al Mundial, pero esa rajadita estaba a punto de dejarme fuera —cuenta Andrés—. Y, sí, hablé con Raúl.» Andrés apenas parece expresar sus sentimientos, pero siempre acaba rodeándose de los mejores, ganándose la confianza de los especialistas, todos presa del embrujo del niño de Fuentealbilla.

«Recuerdo el día en que hablé con Raúl. ¿Qué me dijo? "¡Tranquilo, Andrés! Tranquilo. Llegarás al Mundial. Y, una vez allí, haremos todo lo necesario para que tu cuerpo vuelva a la normalidad», recuerda Iniesta. ¿Normalidad? ¡Qué palabra tan rutinaria y tan deseada a un tiempo para un futbolista lesionado en vísperas de una Copa del Mundo! «Es uno de los momentos más difíciles que tengo que vivir. La vida me ha enseñado a no rendirme nunca», escribió entonces Andrés en las redes sociales cuando no quedaban ni dos meses para el partido inaugural de España en Durban.

«Durante el Mundial prácticamente hicimos vida en común. Nos tiramos un mes pasando todas las noches juntos. Después de cenar, llegaba el "momento Raúl". Me tiraba en la camilla y él gobernaba mi cuerpo», relata Andrés.

«¿Qué le hice?» Aún hoy Raúl tarda unos segundos en responder a la pregunta de qué cambió en el cuerpo de Andrés. El vídeo de Emili activaba su mente para sobrevivir de noche y las manos de Raúl domesticaban sus músculos de día. Los dos sabían mejor que nadie que algo iba mal en el cuerpo del impaciente Andrés. No lo consolaba siquiera la paz que le había transmitido Vicente.

«Tranquilo, te esperaré hasta el final», le había dicho Del Bosque, el salmantino justo y sensato, lleno de sentido común, hombre de palabra, hijo de Fermín, un empleado de la Renfe represaliado tras la Guerra Civil. Del Bosque aguardó y el jugador se encomendó a los buenos oficios de Emili y Raúl, intuitivo y astuto uno, capaz de llegar hasta los cimientos de su arquitectura emocional y hábil y meticuloso el otro, capaz de dar con el secreto mejor guardado bajo la piel de Andrés.

La paciencia del seleccionador fue tan decisiva como la faena de los fisioterapeutas y la predisposición del propio Iniesta. Una semana antes del debut mundialista contra Suiza, España jugó un último amistoso en Murcia contra Polonia.

El volante manchego agarra la pelota recostado en la banda del once: siendo diestro, vive feliz y con naturalidad en la banda izquierda, y doma la pelota con delicadeza viniendo de fuera hacia dentro para encadenar una sinfonía de pases que lo llevan al balcón del área de Kuszczak. La vertiginosa y precisa jugada dura dieciséis segundos, después de que Iniesta se asocie al primer toque con Xavi y Silva, hasta quedar de espaldas a la portería de Polonia. Andrés controla el cuero dulcemente con la pierna izquierda, después la pisa con la derecha y más tarde se da la vuelta para encarar al guardameta y a los cinco defensas que le cierran el paso ante el pasmo de la hinchada de Murcia. Andrés pica entonces la bola para sortear el muro contrario, igual que hizo Laudrup con Romario en un partido del Barça en Pamplona, y habilita el pase a Xavi. Y Xavi a Silva. Visto y no visto. En un santiamén.

«Ahí hemos visto a un mago inventando un pase, inventando un espacio, la llegada de Xavi, lo que es un equipo... Una dejada y el remate de David.» El relato de Zubizarreta, por aquel entonces comentarista de TVE y poco después director deportivo del Barcelona, venía precedido de la misma admiración que se advirtió en la grada cuando se vio volar el balón desde la bota derecha de Andrés. Apenas catorce minutos de partido y tanto Raúl como Emili, uno sentado en el banquillo de la Nueva Condomina y el otro preparando su viaje de vacaciones a la República Dominicana, sonreían, cómplices de la felicidad de Andrés después de asistir a Villa con el exterior del pie en el 1-0 y, como volante diestro de toda la vida, ponerle el balón a Xavi, como si de la reencarnación de Laudrup se tratara, para hacer subir el 2-0.

En la grada se desató la euforia y la selección era una fiesta, todos entusiasmados por la recuperación de Iniesta hasta que éste se acercó al banquillo y pidió el cambio a Del Bosque. «De algo me tiene que servir la experiencia», argumenta el jugador, sabiendo que al notar el más mínimo dolor debe retirarse. Allí fue sustituido por Pedro. Del Bosque se asusta y los médicos se preocupan porque es el minuto 39 de partido y es 8 de junio, justo una semana antes del inicio del Mundial contra Suiza.

«Lo hemos sustituido porque tenía molestias en la parte posterior del muslo. No ha notado ningún pinchazo ni tampoco le ha ido a más. Fue al inicio del partido y, como no estaba cómodo, se produjo el cambio. Es una lesión muscular menor. Para estar más tranquilos, le haremos algunas pruebas, pero inicialmente descartamos que esté roto el músculo. Se trata de una lesión leve, pero hay que tener precaución», cuenta a los periodistas Óscar Celada, uno de los médicos de la Roja. Habla para la prensa y habla también para Andrés, que ya sabía el diagnóstico, de nuevo compungido, atrapado otra vez por sensaciones contrapuestas, dichoso por su juego y amargado por su nueva lesión.

El muslo derecho estaba roto. O casi. Había un desgarro fibrilar y, al examinar las pruebas que se le hicieron en su día libre en Barcelona, aquella inflamación aconsejaba paciencia. «Se trata de un edema, un pequeño edema, en un músculo de la parte posterior del muslo derecho, el muslo semimembranoso en su zona más alta. En principio, esta lesión tiene buen pronóstico. No hay rotura de fibras musculares. No lo descartamos para debutar ante Suiza», explicó Juan Cota, otro de los médicos federativos.

En principio. La expresión *en principio* tenía amargado a Andrés. Aquella pierna derecha ya había soportado muchas lesiones que «en principio» tenían un pronóstico inicial y, después, no tenían final. Ninguna, en cualquier caso, más grave que la rotura del bíceps femoral y más tarde la del recto anterior, dos serios contratiempos para el jugador del Barça. El Mundial se echa encima y aumenta la preocupación de Del Bosque porque la sensibilidad del juego de España pasa por la pierna de Iniesta. Y el jugador se siente agobiado, desesperado consigo mismo, por sus reiteradas roturas musculares, demasiadas por más terco, cabezota y obstinado que sea Andrés.

Iniesta llegó al partido contra Suiza, al estreno del Mundial, y, cuando se llevaba una hora de juego, se volvió a lesionar, derribado por Lichsteiner. Tardó en levantarse del suelo, obsesionado con tocarse durante cuarenta segundos la parte posterior del muslo derecho, el eje de todos sus males, incapaz de recordar siquiera que lo sustituyó como ya era norma Pedro. El ritual se repetía con independencia del adversario, del campo y del torneo, incluso cuando se trataba de la Copa del Mundo. Del Bosque sacaba a Iniesta, el manchego se lesionaba y en su puesto entraba inmediatamente Pedro. Roma, Murcia, Durban... Aquellas escenas parecían reproducirse una y otra vez sin solución de continuidad. Cuando mejor se sentía, aparecían las lesiones. En el debut del Mundial, Andrés regaló dos delicados pases interiores dejando, por ejemplo, solo en el área suiza a Piqué, convertido en inesperado delantero centro. En otra jugada nos devolvió su mejor versión firmando un taconazo mágico. Andrés estaba tranquilo. Se movía bien en el campo, como demostró con un curvado disparo desde fuera del área (casi en el mismo sitio que en Stamford Bridge, en la media luna) usando el interior de su pie derecho, ya en la segunda mitad, poco antes de caer por la dura entrada del jugador suizo.

Sin embargo, ante Suiza, la lesión pareció más grave, sobre todo porque, por un momento, Andrés dio la sensación de que lo engullía la hierba sudafricana, circunstancia que no pasó desapercibida para Michael Robinson, comentarista para Canal+ con Carlos Martínez: «No me gusta la cara de Iniesta», afirmó el exdelantero del Liverpool. Había que recuperar la rutina de los mensajes de Emili y los masajes de Raúl, la terapia psicológica y física, la confianza ciega en que habría un día en que no caería Iniesta. «Recuerdo llegar al campo y verlo tocándose atrás.»

—Parece un golpe, Andrés —le dice nada más llegar Celada, uno de los médicos de la selección.

—No, no, doctor. Me ha dado un calambrazo atrás —le responde el jugador, asustando así al médico, que ve desfilar por su memoria el inacabable capítulo de lesiones musculares que han sacudido a su paciente—. Es una especie de calambre, doctor —insiste Andrés.

—¡Vaya! Salimos caminando poco a poco del campo. Sin prisas, Andrés, ¿vale? —contesta Celada.

Resignado a que no jugaría contra Honduras porque para ese partido apenas quedaban cinco días, el cuerpo técnico de la selección confió en poder contar con Iniesta para el también decisivo partido contra Chile. Al seleccionador, hombre de profundas convicciones, le tocaba aguantar la crítica por la derrota ante Suiza por 1-0. «No vamos a dar bandazos, seremos fieles a nuestro estilo. La tarea de un seleccionador debe ser escuchar a la gente, pero manteniéndose fiel a sus criterios», sostuvo Del Bosque. «Ha sido una desgracia futbolística que no te explicas», se lamentó Xavi.

La frustración es doble para Andrés, por la derrota y por la lesión, que no se produce igual en Barcelona y en Sudáfrica.

Tan delicada es la situación que se decide no hacerle pruebas médicas y los doctores aseguran que se trata de un fuerte golpe, sin más. No quieren ir más allá, convencidos de que, si le muestran una imagen más de la zona afectada, puede ser su final en la Copa. «No hay que hacer medicina sólo a partir de las imágenes —explica Raúl—. A veces anticipas, arriesgas, necesitas ser intuitivo a fin de que el jugador no se obsesione con la lesión.»

«Entre los partidos de Suiza y Honduras, lo pasé muy mal. Muy mal», recuerda Andrés, entonces entregado a una rehabilitación que pasaba necesariamente por acostarse con el vídeo de Emili, la historia de una superación de la que naturalmente también él era protagonista, y levantarse en la camilla de Raúl. Y fue en aquel confesionario, allí donde los jugadores se desnudan y cuentan sin abrir la boca sus secretos, frustraciones y angustias, sólo perceptibles por las manos del fisioterapeuta, donde escuchó un clic, se sintió diferente y necesitó ponerse a prueba a escondidas en aquel pasillo del hotel de Johannesburgo la víspera del duelo con Honduras. «Sí, Raúl dio con la tecla, lo noté», dice Iniesta.

«No, no fue nada fácil entrarle y entenderlo es difícil, a veces pienso que no lo acabo de entender, Iniesta es abstracto —continúa Raúl (fue Puyol quien le aconsejó que tratara a Andrés de determinada manera)—. ¡Tienes que cogerlo! Y, en cuanto lo tienes, verás que es un enigma, nunca sabes qué piensa, vive en su mundo, como si estuviera desconectado, de entrada desconfiado. No se puede entrar en su cerebro. Y lesionado es un ansias. Lo cierto es que es un reloj suizo y los dos sabemos cómo funciona, cómo responde, hemos aprendido qué ajustes son necesarios o, por decirlo de otra manera, Andrés es un mecano sensible. Ahora había que rearmonizar su cuerpo. Y eso fue lo que hicimos.» Eso ocurre en Sudáfrica mientras desde Barcelona le llega una frase que le retumba de tanto oírla: «Andrés, hay que respetar el reloj biológico. Hay que respetarlo siempre». Emili no se cansa nunca de repetir ese mensaje.

Nueve días más tarde, el 25 de junio, después de la derrota en el estreno con Suiza, Andrés celebraría una doble victoria: España ganó a Chile con un gol suyo incluido, después de una asistencia de Villa (el fútbol al revés) y acabó el partido con aquella sonrisa de niño travieso, de quien no ha roto un plato y, sin embargo, es capaz de armar una muy gorda cuando se celebra una buena victoria, con el Barça o con la Roja.

No hay mayor triunfo para Andrés que enfilar cansado el túnel de vestuarios tras noventa minutos de fútbol. Si se cumplen sus tradicionales predicciones aún se siente más victorioso: «Víctor, hoy marco. Y si marco, te lo dedico», le musitó a Valdés, su compañero de autobús, camino del estadio de Pretoria. Las mejores victorias ayudan a contar buenas historias, por más mínimas que parezcan, como la trayectoria que siguió la selección hasta llegar al campo: «En ese autobús se podía cortar el silencio», reveló Del Bosque, consciente de que la selección se jugaba el futuro en el Mundial. La tensión y la concentración colectivas eran máximas y la intimidad era estrecha: Andrés cuchicheaba con Víctor, el chico que lo protegía en la Masía, el jugador a quien el fútbol le dio la justa oportunidad de figurar en la lista de los 23 elegidos precisamente por la influencia de los azulgranas ante Del Bosque.

A mayor exigencia, mejor es la respuesta de Andrés cuando se siente bien y presiente lo que va a ocurrir en el partido, capaz incluso de anunciar a Valdés que le dedicará un gol, una promesa especialmente arriesgada en un futbolista muy selectivo con sus dianas. La jugada nació y acabó en sus botas: robó la pelota, combinó con el Niño Torres, se apoyó en Villa y disparó a la red chilena. Un tiro con la derecha, como debe ser, su pierna buena, definitivamente curada, impredecible para porteros tan sagaces como el chileno Bravo, un guardameta que terminaría siendo compañero suyo en el Camp Nou. No era un gol cualquiera, porque en la temporada 2009-2010 sólo había anotado otra diana en 42 partidos con el Barça. Tan dramático fue aquel curso que terminó con Andrés jugando sólo cinco minutos en la última jornada, cuando el equipo de Guardiola logró la Liga en el Camp Nou ante el Valladolid. Cinco minutos de premio, de homenaje, de estímulo.

Andrés ya no se tocaba la pierna, sino que se miraba las botas, no recordaba los partidos jugados, sino los que faltaban por disputar, contaba los días que quedaban para la final después de aquel clic y de aquella carrera a oscuras en Johannesburgo. Ya no quedaba ni rastro de la «rajadita» en el muslo derecho tan bien cuidado por Raúl. «Muchos de los problemas en el isquio eran derivados de la lesión que me hice por jugar la final de Roma», confiesa Andrés. Hasta él, sin ser médico, como si de una fusión de Raúl y Emili se tratara, conoce su cuerpo y sus músculos. «Fueron muchos meses, muchos... Pero cuando Raúl dio con la tecla y liberó esa zona, todo empezó a funcionar», cuenta Andrés, un hombre que siempre se expresó a través de la pelota, nunca con palabras ni gestos, un hombre que para sentirse futbolista precisa que su cuerpo esté en forma, estable, armonizado, como si fuera un bailarín. Habla con el balón.

«Si me siento bien, ya está... Lo demás, funciona.» No hay término medio con Andrés, indestructible cuando sana, frágil mientras está lesionado, incluso trágico: «¿Por qué me tuvo que pasar ahora, justamente en el momento en el que estaba tan bien?», se pregunta cada vez que cae, como si no existieran lesiones leves o graves, exigente como es con el cuidado de su cuerpo.

El viaje de Pretoria a Johannesburgo era bastante cómodo. La «rajadita» había desaparecido, cicatrizado ya el músculo y cicatrizada, al fin, su memoria. Ciudad del Cabo (las portadas del triunfo sobre Portugal fueron para Ronaldo y su mal perder), Johannesburgo (en Ellis Road el placer fue saber que el portero suplente, Reina, fue capaz de ayudar al capitán Casillas a detener un penalti decisivo) y Durban, el retorno al punto de partida, eran simples etapas para Andrés. En Durban, el 16 de junio, fue donde se lesionó ante Suiza poco antes de que Del Bosque proclamara que si pudiera volver a ser futbolista le encantaría «reencarnarse en Sergio Busquets», y en Durban fue también, el 7 de julio, donde disfrutó tras aquel imponente gol de Puyol que abría la puerta a la final de un Mundial, el partido con el que ni sueñan los futbolistas por lo difícil que resulta llegar hasta allí.

—Por favor, Xavi. El siguiente córner me lo pones ahí, ¿vale? —le dijo el capitán al volante del Barça.

—¿Pero cómo te lo voy a poner en el centro? ¡¿No ves cómo son los alemanes de altos?! —le respondió Xavi.

—¡Déjate de hostias, Pelopo! Tú me la pones ahí en medio, en el punto de penalti. ¿No ves que ellos están parados? —insistió el defensa.

—Sí, claro. ¡Como si fuera tan fácil! —protestó el centrocampista.

—Si no me la pones ahí, no subo más —sentenció el central.

Las cámaras de televisión captaron el airado gesto de Puyol hacia Xavi cuando, en el descanso del España-Alemania (0-0), se metían ambos en el vestuario. Iba refunfuñando Xavi con su frase final: «¡Como si fuera tan fácil!».

Fácil no lo era y menos aún con ese maldito Jabulani, un ingobernable balón de playa convertido en la pelota oficial de un Mundial. La duda duró hasta que llegó el primer saque de esquina y Xavi se fue hacia el córner derecho del marco de Neuer. «Vale, ahora te la pongo, Puyi.» A su lado tenía a Iniesta, bastante cerca, a unos cinco o seis metros, no más. Aunque Andrés no lo supiera, su función era engañar, practicaba una maniobra de distracción para el plan de Xavi-Puyol. Quería Xavi que Alemania entendiera que España iba a lanzar el córner en corto, como solía hacer el equipo, un prólogo para construir la segunda jugada y sacar a los gigantes germánicos de su cueva. Una jugada de manual en el libro del Barça y de la Roja. Pero todo quedó neutralizado por la terca voluntad de Puyol y la comprensión de Xavi.

El Jabulani obedeció al pie del maestro y voló directamente hacia el punto de penalti. De la bota de Xavi a la cabeza de Puyol. Sin intermediario alguno. Y, entonces, el central catalán se levantó un centímetro más y acudió un segundo antes que cualquiera de los ocho defensores alemanes que cubrían a los cinco atacantes de España. Ya se sabe que en la Roja, al igual que en el Barça, el juego es precisamente una cuestión de tiempo y espacio, de un segundo y de un centímetro, y, sobre todo, cuestión de velocidad de ejecución más que de anticipación. Hay que pensar rápido y llegar antes que el contrario y, si es preciso, incluso que tu propio compañero. Puyol se llevó por delante en su salto a Piqué («iba a rematar yo, pero en ese momento me pasó él, pensé que era un avión», bromeó después Gerard) y conectó un testarazo tan imponente, por fuerte y preciso, que sólo podía acabar en gol. Dos segundos para meter un gol histórico. De la bota de Xavi a la red de Neuer. España no había marcado ni un solo gol en el Mundial en acciones a balón parado. ¿Después? Tampoco.

«Te juro que cuando iba a sacar el córner, pensé: "Será gol, seguro que sí" —repite Xavi cada vez que se le recuerda la jugada—. "¡Búscala Puyi! ¡Búscala! Y ya verás cómo será gol".» Y, naturalmente, aquello fue gol después de que Villa estorbara a Neuer y Piqué se batiera con las torres de Alemania, una acción de estrategia que los azulgranas habían perfeccionado en el 2-6 al Madrid.

El gol más importante en la historia de España.

—¿Pero cómo te portas así con mi país? ¿Por qué? ¿Qué te habíamos hecho, eh?

La pregunta sonó áspera, incluso desagradable, propia de un grosero, alejada de cualquier ironía en boca de aquel engreído que pasaba junto a la mesa de un hotel lujoso de Johannesburgo, cuarenta y ocho horas antes del partido más decisivo que pueda jugar un futbolista. Allí sentados estaban Puyol, su hermano Josep y su amigo Javi, Iniesta y el agente de los dos futbolistas, Ramon Sostres. Los cinco levantaron la cabeza sorprendidos y vieron la figura de un arrogante alemán dirigiéndose al capitán del Barça.

Se trataba de Lottar Mathäus, un bávaro que había disputado nada menos que cinco mundiales y había alcanzado una estrella en Italia 90, un currículo intimidatorio ante el reto inédito que afrontaba la Roja.

—Nada, no he hecho nada. Sólo era un golecito, un cabezazo —respondió Puyol.

Igual de rápido que marcó, igual de rápido respondió el defensa azulgrana con una delatora sonrisa presidiendo su melenudo rostro.

—¡Tranquilo, tranquilo! ¡Qué tengáis mucha suerte en la final! —intervino el alemán.

Mathäus se marchó con una sonrisa, la misma que recorrió aquella mesa, interrumpida la conversación por una frase que, a bote pronto, había sonado a desafío y después pareció ser una felicitación, mitad en broma, mitad en serio. No es fácil para los latinos descifrar a los alemanes.

—¿Te das cuenta, Carles, te das cuenta de que has marcado el gol más importante del fútbol español y eso lo sabe todo el mundo? —comentaron los interlocutores de Puyol.

—Ojalá lo sea sólo hasta el domingo —respondió el goleador—. Sólo hasta el domingo.

—Tranquilo, Carles, de eso me encargo yo. No te preocupes.

De golpe, las miradas se dirigieron a la cara de Andrés, sorprendidos los contertulios por la contundencia de su frase y, al mismo tiempo, esperanzados porque, cuando se suelta con afirmaciones tan rotundas, Iniesta siempre acierta. Cuando todo parece fácil, él alerta de los riesgos; cuando todo parece complicado, él anuncia la llegada de un futuro mejor.

—¿Crees en el destino, Andrés?

—¿Por qué lo preguntáis?

Andrés no suele marcar muchos goles, pero ha sido el protagonista de dos de los más celebrados y decisivos en el Barça y en España. Iniesta desmontó los cimientos de Stamford Bridge con un tiro tan ajustado a la crueta que ni siquiera las manos de un gigante de dos metros como Čech pudo detenerlo y, en la final de Johannesburgo, batió a Stekelenburg.

—Lo del destino es una palabra muy compleja. Será el destino... Me tocaba estar allí y allí estaba.

Lo dice como si hubiera pasado casualmente por el Soccer City, como si en otra jornada laboral hubiese tenido el capricho de visitar Londres.

Si se había recuperado en Sudáfrica, no era precisamente por casualidad, a pesar de haber llegado a pensar que no volvería, razón que explicaría aquella relajación que sentía ahora y que le permitía intervenir con gracia en cualquier tertulia, disfrutar cada noche del vídeo terapéutico de Emili y brincar entusiasmado hacia la camilla de Raúl.

Así llegó Andrés al partido de su vida, al reencuentro con su destino, como si emprendiera un viaje hacia el pasado rescatando la infancia perdida en el patio de Fuentealbilla. No había por aquel entonces en su pequeño pueblo ningún campo de fútbol. Tampoco Andrés lo necesitaba. Le bastaba con la «pista». Y la pista era su Maracaná, el estadio de sus sueños, el lugar donde tramó los mejores regates y dibujó jugadas imposibles.

Un patio, dos porterías de balonmano y un gigantesco árbol que casi ocupaba un cuarto del terreno de juego. Cemento armado, resquebrajado por el paso del tiempo. Aquél era su estadio preferido, allí era donde vivía de verdad, por más que se pasara muchas horas de estudio en el colegio y en el coche de su padre camino de Albacete. «Allí había jugado muchas finales de mundiales, eurocopas, champions, ligas...», cuenta Andrés.

«No, no pensé en todas esas cosas», dice un poco despistado al recordar los minutos previos a su aparición planetaria, ya caída la calurosa noche sudafricana y con el mundo del fútbol pendiente de un partido anómalo, porque la Holanda de Sudáfrica se parecía a la vieja y furiosa España, y España era más que nunca Holanda, aquella selección que con el fútbol total conquistó el juego en 1974 después de perder la final con la Alemania del káiser Beckenbauer. Las camisetas se habían intercambiado desde la llegada de Luis Aragonés y Del Bosque a la Roja: el equipo del toque, del pase, del control, para suerte por fin de los centrocampistas españoles y, naturalmente, de Iniesta.

Andrés llega al vestuario, se sumerge aún más en su mundo y sólo aparece un instante para acercarse a Hugo Camarero. Tiene algo que decirle a uno de los asistentes de la Roja, uno de los preparadores físicos, uno que tiene manos de seda para apaciguar cuerpos doloridos. Y, en el vestuario, escucha a Iniesta decir: «Oye, Hugo, por favor...».

Hugo, enredado en el trajín previo a cualquier partido, y aquel partido era la final de un Mundial, pues... atendió a Andrés.

«Primero me mandó hacer una camiseta Jesús Navas, quiero decir una camiseta con dedicatoria. Después, vino a verme Andrés, él se estaba tratando con Raúl y no sé si vio la camiseta de Jesús. En una caseta, antes de cualquier partido, imagínate en la final de un Mundial, pasan muchas cosas. Tratamientos, vendajes, masajes...»

Se acercó Andrés.

—Oye, Hugo, por favor, hazme una camiseta para Jarque.

—¿Qué talla quieres? ¿Grande? ¿Pequeña? ¿Manga larga? ¿Manga corta? ¿Tirantes? Corta. Vale, tranquilo, cuando subas del calentamiento, la tendrás en tu sitio. No te preocupes, Andrés.

—Pon, por favor, «Dani Jarque, siempre con nosotros», y que se vea bien por delante.

—Tranquilo, la tendrás en tu sitio.

Andrés se fue a calentar. También Hugo debía bajar al césped del Soccer City para ayudar a Javi Miñano, el preparador físico de la selección, a hacer el calentamiento, pero antes tenía algo que hacer.

«A todo correr, me voy a buscar a Joaquín, uno de los utilleros de la selección: "¡Toma, Hugo! La de tirantes".» ¿Pero quién le dio el rotulador? «También fue Joaquín. Ellos llevan siempre porque se necesitan para las hojas de las faltas, de los córneres que ponía Toni Grande a los jugadores antes de cada partido, pero Joaquín, no me preguntes por qué, ya se olía algo. "No lo gastes mucho, no gastes demasiada tinta. Luego, necesitaremos ese rotulador, ya verás", me dijo.» Cada vez que marcaba con acelerada paciencia las letras, la mirada de Joaquín se agriaba. Temía quedarse sin la tinta necesaria. «Como soy bastante meticuloso, iba marcando cada letra con fuerza, gastando demasiada tinta para los deseos de Joaquín. Quería que se leyera bien. Que se viera todo perfecto.» Hugo actuaba con una fe inquebrantable, convencido de que esa camiseta la vería todo el mundo.

Andrés ya calentaba sobre el césped y Miñano estaba echando de menos a Hugo, pero éste todavía no había terminado.

—¡Venga, Hugo, acaba ya!

Entre la prisa que le metía Joaquín y la presión que sentía él, no había demasiado tiempo para entretenerse. Acabó pronto.

«Quizá seis o siete minutos. No mucho más.» Cuando Andrés volvió, la camiseta ya estaba en su sitio.

«Creo que no me dijo nada, quizá hizo un gesto. Ya sabes cómo es Andrés. Habla más con gestos o miradas que con palabras.»

Acabado el calentamiento, volvió Hugo al vestuario y se hizo el silencio. Regresó Andrés y se encerró en sí mismo. De repente, todo resulta muy sutil, como si un delicado equilibrio de susurros, miradas y gestos se impusiera antes del partido que sabían más importante de sus vidas. Nadie lo vio enfundarse esa segunda piel bajo la camiseta azul de la Roja. Tampoco se fijaron sus compañeros en que Andrés, supersticioso y hombre de rutinas, había cortado las mangas. No le gusta jugar con manga larga.

«Sí, es verdad. Recuerdo que aquel túnel era muy largo, aquel túnel del vestuario al césped era en pendiente. Veías la luz al final. Daba la sensación de estar entrando en el Coliseo. No ves nada de la grada hasta que no llegas al final.»

En ese túnel, Andrés, ya con la camiseta blanca de tirantes y las letras de Hugo bajo su piel azul con el seis de España, siente algo en su interior. ¿Miedo? No. ¿Angustia? Tampoco. ¿Nervios? Quizá. ¿Inseguridad? Tal vez. Baja el túnel intranquilo.

«Todavía hoy, cuando veo esa fotografía se me ponen los pelos de punta. ¡Imagínate él! Veo ese mensaje y se me amontonan miles de *flashbacks*. Y pienso en todo lo que sufrió en ese Mundial —cuenta Hugo—. Y sufrió mucho. Contando la preparación previa, cincuenta y cinco días. Días y noches de tratamiento. A veces, no sólo con Andrés, hasta las cuatro de la madrugada. Mira lo que le pasó en Murcia antes de viajar a Sudáfrica: Andrés estaba bien y lo cazaron. Mira lo que le pasó con Suiza, volvía a estar casi del todo bien y... otra vez, vuelta a empezar. Y, cada mañana, la misma escena. "A ver, ese buenos días de Andrés, ¿cómo es?" Tampoco necesitamos muchas palabras. Creo que hizo más sesiones de entrenamiento conmigo que con el grupo. Y me bastaba con que sonriera. Un simple gesto era suficiente. Había noches en que rezaba más que dormía. Rezaba para que a la mañana siguiente sus buenos días fueran tranquilizadores.»

Los auxiliares de la selección trabajaron con la máxima prudencia y procuraron que a Andrés no le faltara nada. Antes de ir a Sudáfrica, la Federación levantó incluso un gimnasio en la Ciudad Deportiva de Las Rozas con máquinas muy especiales. «Trajimos para Xavi y para Iniesta las mismas que usaban en el Barcelona —explica Hugo—. Y luego presionamos para que se llevaran algunas similares al Mundial, hasta la misma cinta de correr para Ramos.» Como muchos jugadores, Andrés es muy supersticioso, muchísimo, pero todo aquello iba más allá de la simple superstición.

Un día en que trabajaba en el campo con Albiol, el doctor de la selección pisó el césped acaloradamente al grito de «ve con Andrés a hacer los ejercicios de siempre; ve ahora y luego vuelves con Albiol, por favor». No podía esperar el paciente, seguro de que si repetía, día tras día, las mismas rutinas, habría un momento en que todo su cuerpo quedaría sincronizado. Por eso dejó Hugo todo lo que estaba haciendo y se marchó al encuentro de las piernas de Andrés. No era cuestión de romper la rutina. Ni la superstición.

«Teníamos que manejar muy bien todos los procesos con Andrés, las pruebas que le hacíamos, la información que le dábamos. Todo tenía que ser superpositivo. Recuerdo, por ejemplo, a Raúl repitiéndole siempre el mismo mensaje para que no hubiera dudas: "Tranquilo, Andrés, esto está muy bien" —cuenta Hugo—. Y no, Andrés no estaba bien. Estaba mal, pero, por muy mal que estuviera, teníamos que ser muy positivos.»

En decenas de esos pequeños detalles vividos en cincuenta y cinco días iba pensando Hugo mientras bajaba el largo túnel del Soccer City. Feliz porque Andrés había encontrado aquello que había pedido. Y sin que él notara las prisas, la tensión y los nervios de Joaquín —«¡termina Hugo, termina Hugo!»—, cuando pasaba, sin mirar, junto a la Copa que acabaría besando aquella noche. «Y no sé qué fue de aquel rotulador, sólo recuerdo que lo devolví un poco enfadado, eso sí lo recuerdo», dice Hugo.

Hay que ver primero la camiseta de Jesús Navas y después la de Andrés Iniesta. Es el mismo mensaje, pero con distinto destinatario. Jesús se acordó de Antonio Puerta* y Andrés de Dani Jarque. Y las camisetas son también distintas. Jesús lucía una de manga corta, color azul celeste. ¿Y Andrés? Todo el mundo lo sabe. Blanca y de tirantes. «La letra es igual. El lema es igualito.» Ambas llevan la firma de Hugo.

«¿Por qué no lo pensé antes? Pues no lo sé. ¿Inspiración? Tal vez. No soy de pensar en muchas cosas», cuenta Andrés.

No sabe, no contesta. Armonizado su cuerpo, los días anteriores a la final, Iniesta se dedicó a asuntos como lograr que sus amigos del alma (Jordi, Joel, Sesi, Alexis) llegaran a tiempo para presenciar la final.

«No pienso en la camiseta cuando marco el gol. Es algo instintivo. Marcas y te la quitas inmediatamente después. Si lo piensas, no sale tan bien. Salió clavada, limpia, perfecta, no se me engancha en ningún momento, ni se cae... Ni me caigo yo. Salió de cine.»

La letra de Hugo había dejado de ser anónima y el mensaje de Andrés sacudió millones de corazones encogidos aún por ese gol que jamás olvidarán. «Yo vi el gol de manera distinta a los demás —advierte Andrés al describir el momento del disparo

---

* Jugador del Sevilla muerto en 2007 tras sufrir un paro cardiorespiratorio durante un partido.

que da un Mundial y termina con las frustraciones seculares de un país—. Cuando recibo el balón no escucho nada. Cuando controlo la pelota, tengo la sensación de que se para el mundo. Sí, sé que es difícil explicarlo. No sentí nada, sólo silencio. El balón, la portería, yo... Un poco antes de que me pasen la pelota doy un paso atrás para no caer en fuera de juego. Sabía que no estaba en fuera de juego, pero lo hice por instinto, tu cuerpo se echa atrás casi de manera automática para evitar cualquier problema. Y luego... Después, el silencio.»

Y el balón, gobernado con dulzura, vuela libre.

«Hay que aguantar, aguardar el momento exacto para enganchar bien la pelota. Tú mandas en ese momento. Allí sólo mandaba yo. El balón era la manzana de Newton. Yo, por tanto, era Newton. Sólo tenía que esperar a que la ley de la gravedad hiciera bien su trabajo. Mandas porque controlas el movimiento, la altura, la velocidad del balón y, por supuesto, la altura de la pierna. En ese silencio eres el único que puede dominarlo todo.»

Así se explica que el autor pueda modificar la obra en función de los acontecimientos: «Mi intención era tirar más esquinado para que no llegara el portero, pero me salió más centrado. Más fuerte, eso sí. No pienso demasiado en lo que voy a hacer. Cuando pienso, pierdo décimas de segundo y no me siento bien. Si piensas demasiado, igual fallas...».

El remate, más centrado de lo previsto, dobló la mano derecha de Stekelenburg. Arrodillado el meta holandés, superado ya por el balón, Andrés miró hacia atrás esperando que el juez de línea no cometiera ninguna injusticia: él estaba en posición legal, pero, al mismo tiempo, miraba hacia atrás para recordar algo más: «Participé en toda la jugada».

Iniesta habla con orgullo de su manera de tejer pases desde la zona de Sergio Ramos, por aquel entonces lateral derecho de España, a la de delantero centro, hogar provisional de Fernando Torres, antes de que éste sufra una lesión muscular en la misma final.

El taconazo a Navas; el desmarque para ganar un espacio; la pausa necesaria para convertir todo en el prólogo de una jugada inolvidable... Ahí, en todos esos pequeños detalles, está Andrés. El mismo que no sufre en una angustiosa final que tuvo momentos taquicárdicos también en la portería de España.

«Cuando veo a Robben enfilar la portería de Casillas me quedo expectante. Sólo eso. Al final, confías en tu portero, es así de simple. Ahora, después de ver muchas veces esa jugada, creo que Robben tenía mucho campo para intentar regatear a Iker, pero, por suerte, no lo hizo, chutó y se encontró con un inmenso Casillas. Esa parada fue determinante. Además, a medida que iban pasando los minutos, me sentía mejor. Iba a más. Tenía la sensación de que ganaríamos. El equipo se encontraba mucho mejor y yo estaba más fuerte. ¿Cómo se nota? Lo sientes, lo ves hasta en la manera de controlar la pelota. Quería protagonismo, me sentía con energía para asumir la responsabilidad. No tenía miedo a nada. Con el balón me veía poderoso. No, no lo digo por el gol. Eso fue una jugada puntual. Nada más.»

Y nada menos.

«Antes del gol, recuerdo un muy buen control orientado que no pude culminar por muy poco, la jugada en la que expulsaron a Heitinga, también otras dos o tres acciones. Sentía que tenía que dar algo más que el resto para ganar esa final. No me pregunten por qué, pero estaba dentro de mí», afirma Andrés.

Aquélla no fue una final fácil, ni mucho menos, y no por motivos puramente futbolísticos ni por requerir una prórroga. Andrés entendió desde el primer instante que jugaba miles de pequeños partidos en uno, uno muy especial, tan viejo que arrancaba cuatro años atrás, en 2006.

«Claro que recuerdo las entradas de Van Bommel. ¡Como para olvidarlas! Me pisó a propósito, luego me hizo dos entradas más que eran de tarjeta roja directa... Y, mira por dónde, hasta me podían haber expulsado. ¡Uf! Si me llegan a expulsar a mí... Ocurrió cuando le meto la cadera a Van Bommel y él se tira al suelo como si lo hubiera matado... En aquel momento me daba mucha rabia que me hubiera pisado para hacerme daño. Después, me doy cuenta de que me podían haber sacado la roja y entonces...»

Andrés no puede ni terminar la frase, pero inmediatamente activa el disco duro de su memoria rescatando documentos que avalan ese instante en que ni él mismo se reconoció.

«Nos inflaron a palos en esa final, la entrada de De Jong a Xabi Alonso, las que me hicieron a mí... No, no habría sido nada justo. No suelo perder la calma, es verdad.»

Pero la perdió. En apenas un segundo, Andrés, enredado en ese conflicto con Van Bommel, había dejado de ser Andrés.

A veces da la sensación de que no le tienta hablar, pero, a los pocos minutos de estar respondiendo a preguntas sobre aquel partido, se suelta: «El gol no es lo que se ve por televisión. Se parece, pero no es así. Ése es el gol que ve la gente. Desde donde yo estaba, la perspectiva era otra. La sensación en el campo es irrepetible. Quiero decir que es un gol muy mío, que sólo lo he metido una vez. No sé cómo explicarlo, me resulta muy complicado describirlo. No encuentro las palabras. Todo lo que había a mi alrededor quedó congelado durante unos segundos. Y escuché el silencio... Sí, sé que puede parecer contradictorio, pero el silencio se puede escuchar.»

Aquella camiseta blanca con tirantes escrita con mimo por Hugo, está en la casa de Dani, el estadio de Cornellà-El Prat, allí donde cada partido se detiene cuando llega el minuto 21, el dorsal que llevaba el central del Espanyol. El balón rueda en el césped, pero la gente se olvida del fútbol y ovaciona a Dani, el amigo de Andrés, y así partido tras partido, año tras año.

Y aquella camiseta azul de manga corta, cortada a toda prisa en el vestuario del Soccer City, una verdadera obra de museo, tampoco está en manos de Andrés. «La tengo yo. ¡Bueno, yo no! Ese tesoro está escondido en una caja fuerte —Emili aún sigue alucinado con aquel regalo que le trajo Andrés de Sudáfrica, una camiseta azul que contenía, además, otro tesoro—: "¡Nuestro secreto funcionó para ser campeones! ¡Gracias por estar a mi lado! Con cariño, A. Iniesta 6".» No, aquélla no era la letra de Hugo. Aquélla era la letra de Andrés estampada en aquella tela que aún no tenía en el pecho la estrella que acredita al campeón del mundo.

Todos recuerdan y recordarán el gol, pero pocos recuerdan que Andrés jugó seis de los siete partidos del Mundial... y en tres fue elegido por la FIFA como el mejor. Incluida la final, claro.

10.

LA PENA MÁXIMA

«Uno no se hace a la idea de que
la vida pueda ser tan injusta.»

«Me apena muchísimo separarme de esta camiseta, pero éste
es el mejor lugar donde puede estar. Yo marqué el gol, pero así
Dani también será siempre recordado.» Y Andrés, emocionado
por el recuerdo del amigo que nos dejó antes de tiempo, legó
esa histórica camiseta blanca al Espanyol, la casa de Dani Jarque. Ese gol que sólo marcó una vez, aunque todos dicen haberlo vivido una y mil veces como si fuera suyo. Sin embargo,
alguien lo presintió incluso antes, tal vez cuando Andrés, como
genial mecanismo de seguridad, dio un par de pasos hacia atrás
para contar con el espacio necesario dentro de la legalidad antes de recibir el balón.

Jessica, la esposa de Dani Jarque, arrinconó apenas unos segundos su profundo dolor (hacía casi un año de la muerte del jugador en plena concentración de pretemporada en Italia) y se
plantó delante del televisor. Tardó once meses en volver a ver un
partido de fútbol y necesitó varios años para revelar lo que sintió
en aquel momento. Aquél fue el primer partido para Jessica.

«No veía fútbol, ni siquiera encendía el televisor, necesitaba
estar en silencio. En silencio con mi dolor. Pero aquella noche
decidí ver la final. No me preguntéis por qué, quise verla. Estaba en casa, con mi madre y Martina, mi hija. La pequeña tenía
entonces 10 meses. Recuerdo que acababa de salir de la ducha,
con el pelo enrollado en una toalla, y me senté nerviosa frente
al televisor. Era la final de un Mundial. A Dani le habría apasio-
nado verla rodeado de sus amigos. Por eso, me dije: "Lo veo, sí,

lo voy a ver". Mi madre me miraba preocupada y me repetía una y otra vez: "¿Seguro que quieres verlo? ¿Seguro, Jessica?".

Ella, lógicamente, me lo preguntaba porque era la primera vez que veía un partido de futbol desde que Dani nos dejó y he de reconocer que las primeras veces que uno se enfrenta a recuerdos del pasado durante el duelo son muy duras. Se convierten en "esas primeras veces" de una nueva vida. Una vida en su ausencia... "Sí, mamá, lo quiero ver. Sí, sí." Y ahí estaba yo, en el sofá. También es verdad que yo no entiendo mucho de fútbol. Recuerdo que muchas veces Dani me decía: "¿Cómo he jugado?". Entonces, si jugaba fuera, yo tenía mi propio ritual: necesitaba quedarme sola, encendía la tele y prendía unas velas. Me encantan las velas, me transmiten paz y serenidad y, a la vez, me acompañan con su luz. Cuando le decía "has estado muy bien, Dani", él me respondía: "Pero si hoy no he dado una, todo me salía del revés". "Ah, pues yo te he visto mucho en la tele", le contestaba. En la siguiente ocasión me volvía a preguntar: "¿Qué tal?". "Hoy, fatal, Dani. Fatal. No se te ha visto casi." "¡Pero si hoy me ha salido todo rodado!", respondía él. He de reconocer que mi visión futbolística ha estado y estará siempre muy lejos de la de un profesional y que mi opinión era demasiado subjetiva. Sinceramente, sólo veía los partidos para conectar con él, con sus nervios, con su ilusión, su perseverancia... y, de alguna manera, para compartir, en cada partido, su sueño de niño, el fútbol. Además, intentaba transmitirle energía positiva. Por eso, desde aquello, no había vuelto a ver un partido de fútbol. Ya no había nadie con quien conectar... Y, de pronto, me encuentro viendo la final.»

Jessica y su madre María viendo juntas el partido más importante que hay en el fútbol.

«Todavía hoy no sé por qué lo hice. Es algo que te lleva a estar ahí, quería conectar. Sabía que ya era imposible disfrutar de lo que veía, pero intuía que algo iba a pasar. Segundos antes del gol, lo presentí. Empecé a llorar antes de que lo marcara. Me acuerdo del momento en que le hacen el pase a Andrés y él se queda solo ante la portería. Mete el gol y yo... no quise verlo, preferí taparme los ojos.»

Interrumpe el relato y calla. Jessica se lleva las dos manos a la cara. Ella, enamorada y apasionada de la luz, por tenue que sea, se queda a oscuras. Como cuando vio a Andrés en esos instantes finales. Como no lo vio después.

«No, no veo nada más, sólo veo a Andrés disparar a gol, pero no veo nada más porque me tapé los ojos con las manos. El gol, pero sobre todo la dedicatoria, emocionó a mi madre y ella gritó: "¡Mira, mira, mira!".Yo no quería mirar porque sabía que él iba a estar ahí. No sé por qué, pero lo sabía. Sí, antes de que Andrés marcara, presentí el gol. Tampoco sé explicarlo, pero sabía que iba a suceder así. Llámalo intuición, presentimiento, destino, lo que quieras, pero Andrés es una persona que le podía dedicar ese gol a su familia, a su mujer, a sus hijos, a tanta y tanta gente. ¡Y se lo dedica a Dani!»

A Jessica le cuesta encadenar tres frases seguidas. Habla y llora. O, tal vez, sería mejor decir que llora y habla.

«¿Por qué se lo dedica a Dani? Creo que ese hecho habla de Andrés, pero también habla de Dani, de lo que era y de lo que es Dani, de lo que significó, significa y significará siempre para las personas que tuvimos la oportunidad de compartir momentos de nuestra vida con él. Habla de todo lo que nos enseñó, de sus valores y de su inolvidable manera de vivir y lidiar con la vida. Veo el gol y no puedo mirar nada más. No veo ni la camiseta que lleva Andrés. Mi madre me repetía: "¡Mira, mira, mira!". Pero cuando levanté la cabeza, ya estaban todos encima de Andrés y no vi nada. Sólo después, en las repeticiones y en el telediario, vi el mensaje que había escrito para Dani. No lo vi en directo. Y me preguntarás por qué no me animé a verlo. Pues no lo sé. Lo he pensado muchas veces. ¿Porque tenía que estar

Dani con Andrés ese día? ¿Porque yo tenía que estar con ellos también desde mi desconexión? Cada uno en un lugar diferente, pero todos estábamos en Johannesburgo. La tierra y el cielo se fusionaron en ese gol.

»¿Sabes? Dani no tenía ninguna camiseta de Andrés. Se las cambiaban en cada partido, pero, cuando llegaban a casa, desaparecían. En casa no quedó ni una. Imagino que él sí tendrá muchas de Dani, pero es normal. No son tan fáciles de regalar. Pero una camiseta del Barça y de Andrés Iniesta se vende sola. En nuestro caso, venían amigos a casa y Dani no tenía reparos en regalárselas si se las pedían. Dani era muy generoso y daba la importancia justa a lo material. Para él, no era más que una camiseta, pero, en cambio, cuando la regalaba, conseguía hacer feliz a alguien y eso para él tenía un valor añadido. Era una persona libre de anclajes emocionales a las cosas. Las camisetas eran de Andrés, pero sólo eran camisetas. En cambio, el cariño y la admiración que Dani sentía por Andrés se quedaban con Dani, no se desprendía de esos sentimientos al regalar las camisetas.»

Jessica habla y llora. Llora y habla. Pero sonríe sin parar permitiendo que sus palabras broten de manera entusiasta y contagiosa. El tiempo lo cura todo, dicen. Mentira. No cura nada.

«Andrés es una persona que me produce ternura y admiración, la verdad. En ocasiones, cuando voy caminando por la calle con Martina y ella me señala un anuncio suyo, "mamá, mira, Andrés", se me dibuja una sonrisa en la cara. No me importa quién es, sino lo que me transmite. Andrés es una de esas personas de las que te alegras que sea feliz en la vida porque se lo merece. Tiene una madera especial y es emocionalmente sabio. Tiene mucho en común con Dani. En este mundo en el que imperan el materialismo, la soberbia y la frialdad, Andrés brilla siendo una buena persona y destaca por su humildad y sencillez.

»No quiero que mi parte del libro entristezca. No, por favor, eso no. Al fin y al cabo, todo lo que vivimos es lo que nos hace ser como somos y todos esos momentos duros que superamos se convierten en nuestro amuleto para la lucha y la felicidad.

»Todavía hoy recuerdo aquel momento. Sé que cuesta comprenderlo, pero sucedió. Él estaba en Johannesburgo y yo en Castelldefels, pero antes de que llegara el gol, yo sabía que iba a marcar, lo sabía. Son cosas que no se pueden explicar. Es como cuando amas sin límites a una persona, siempre hay una conexión que va mucho más allá de lo físico. No sé qué es, pero... hay algo más.»

De pronto, gracias a aquella final, Jessica se reencontró con el fútbol antes de volver a la soledad del dolor. Ella lloraba en su casa; Andrés, sobre el césped. Estaban conectados. Siguen conectados. Una vez terminado el partido, con lágrimas sin fin, apretaba los puños tirado en el césped del Soccer City, fusionado en un abrazo con Víctor Valdés, su amigo. En Londres llegó el último a la montaña humana. «Cuando chutó en Stamford Bridge, yo chuté con él desde la distancia —cuenta Víctor; en Sudáfrica, con el chándal de suplente, llegó de los primeros—. Entré en el campo y lo vi llorando desconsoladamente. Y me puse a llorar a su lado —añade el portero—. Andrés es mi hermano pequeño.»

«No sé explicar tanta felicidad, me invadió una sensación de placer infinito, inalcanzable. Después de tantas y tantas cosas malas que me habían pasado esa temporada. Tantas y tantas... Pero, al final, el fútbol te lo devuelve todo. Te lo devuelve si trabajas, si crees, si sientes este juego, si vives para él», recuerda Andrés. El fútbol, por ejemplo, le tendió una mano cuando creía haberse perdido en aquel tormentoso verano de 2009 en el que Dani se fue y él se alejó de todo. Hasta del balón. «Se lo debía. No había tenido la oportunidad de rendirle un homenaje en el fútbol. Dani se lo merecía. Quería compartir toda esa felicidad con él, con sus familiares, con su gente, con todos. Por eso, antes de empezar el partido, me puse esa camiseta.»

Por eso buscó a Hugo para que le escribiera esa dedicatoria, convencido de que acurrucaría la Copa que habían besado antes que él muchas leyendas del fútbol mundial. No contaba, quizá, con el gol, por mucho que recordara aquel anuncio premonitorio a Puyol, autor del segundo tanto más importante en la historia del fútbol español. Ni siquiera contaba con que, de manera sincronizada, elegantemente lenta, pudiera deshacerse del tejido azul que protegía su gran secreto.

Aquel partido se lo debía a Dani, «mi amigo periquito», a quien echa tantísimo de menos que lamenta «no haber insistido en vernos más veces y en hablar más a menudo; uno no se hace a la idea de que la vida pueda ser tan injusta como para dejarte sin un amigo como él».

Vivían en la misma ciudad, pero eran almas diferentes. Uno símbolo y capitán del Espanyol; otro, símbolo del Barça. Se conocieron en las categorías inferiores de la selección española compitiendo en la sub-15, en la sub-17 y consiguiendo aquella medalla de oro en el Europeo sub-19, además de la sub-21. A Dani, el corazón no lo dejó llegar a la absoluta, pero siempre estará presente en el gol más importante. En esa ruta hacia la élite, Dani y Andrés fueron tejiendo su amistad, lejos de la luz de los focos, en aquel coche que compartían desde el aeropuerto del Prat cuando volvían de sus partidos con las selecciones inferiores. «Él era un año mayor que yo y siempre nos llevamos muy bien. Además, me hizo un poco de taxista. Él tenía coche, yo no», recuerda Andrés. No era cada semana. Ni mucho menos. Aguardaban ambos a que el balón los reuniera en grandes citas como la de Oslo (julio de 2002), en un partido que presagiaba, sin que ellos lo supieran entonces, un logro profético.

Se trataba de la final del Europeo sub-19. La España de Iñaki Sáez jugaba contra la Alemania de Uli Stielike, exjugador del

Madrid. El partido acabó 1-0. Marcó Fernando Torres. Idéntico rival, idéntico resultado, el mismo goleador que marcó seis años más tarde en la Eurocopa de 2008. «Me ha encantado Iniesta, maneja muy bien el balón», avisó el seleccionador alemán horas antes de esa final, uno de los momentos cumbres en la convivencia de Dani, el dorsal número cuatro de aquella joven España, con Andrés, el dueño del ocho. Siempre juntos. De aquí para allá, viajando por Noruega mientras el «Van Basten del Manzanares», como se conocía a Torres, iba fabricando goles para alcanzar el título.

Tenía razón Stielike. En el minuto 54, Andrés recibió un pase, todavía en campo español, a más de sesenta metros de la portería de Haas, un prometedor guardameta alemán que luego no brilló en la Bundesliga. Tras dos controles suaves y delicados, guiando la pelota para que cruzara la línea del centro del campo, armó el tercer y definitivo gesto técnico que facilitó la jugada para el ariete. Torres rasgó la adelantada defensa alemana y, a la espera de la pelota, atacó el espacio. El pase que desarma y desnuda a cualquier equipo, como temía Stielike. El delantero se coló entre los dos centrales y, cuando ya cabalgaba hacia el meta, trastabilló antes de disparar. Los alemanes, ingenuos, creyeron tener controlada la situación, sin reparar en que al niño del Atlético de Madrid le había dado tiempo para meter la puntera de su bota derecha, para burlar a un defensa y a Haas. La conexión entre el ocho (Andrés), el mismo que tres meses después de Oslo debutaría en Brujas, y el catorce (Fernando) funcionaba de maravilla mientras por detrás Dani Jarque, un central seguro e inteligente, ordenaba la casa. En 2008, fue otro ocho (Xavi) quien asistió al nueve (Fernando) para que naciera una nueva selección con el exquisito toque de Luis Aragonés mejorado luego por Del Bosque.

«Yo había visto por primera vez a Andrés cuando entré a dirigir el Albacete y nombré de segundo a Ginés Meléndez, a quien había conocido en los exámenes para obtener el título de entrenador nacional en Bilbao», explica Iñaki Sáez, sustituto de Benito Floro en un intento por evitar lo inevitable: el descenso del Alba a Segunda División. Floro había sido el inventor del «queso mecánico», como se conocía entonces al Albacete de Zalazar, Catali, quien sería luego entrenador de Andrés, el Toro Aquino y Delfi Geli. El modesto Alba jugaba tan bien que Floro fue requerido por el Madrid a inicios de los noventa cuando empezaba la era del *dream team* de Cruyff. Aquel Madrid tropezó por segunda vez en Tenerife y Floro regresó sin suerte a la Mancha. Una vez destituido, aquella temporada 1995-1996 lo sustituyó Sáez. «Y yo llamé a Ginés.» Y Ginés, en medio de la preocupación por eludir el descenso, algo que finalmente no conseguirían, se le acercó un día: «Oye, Iñaki. Vamos a ver a un chaval, ¿vale? A ver qué te parece». Sáez asintió y acompañó a su ayudante Ginés.

«Era un enano, pequeño, pequeño... Pequeñito, diría yo. Pero no perdía un balón, manejaba el partido como quería, sabía quién estaba detrás de él, quién delante... Y le dije a Ginés: "Este niño es un fenómeno de la naturaleza".» Sáez le perdió la pista al «pequeñito», estuvo un par de años sin tener noticias de Andrés, que tenía ocho cuando funcionaba el «queso mecánico» de Floro. «Supe por Ginés que lo había fichado el Barcelona y después empecé a verlo en las categorías inferiores de la selección. Hasta que lo tengo en Oslo. Me acuerdo perfectamente de todo. Es más, mucha gente me había dicho que no me encargara de esa selección porque ya me habían dado la absoluta y me exponía a que no fueran bien las cosas, pero tenía mucha confianza en esos jóvenes, en Fernando Torres, en Andrés Iniesta, en Dani Jarque... Y me dije: "Yo me voy con éstos a Noruega, pase lo que pase". Y eso que Alemania, como se demostró en la final, era el coco. Pero teníamos un equipazo, no fallaba nada ni nadie», rememora Sáez viajando a sus tiempos más felices, como si estuviera describiendo la España campeona del mundo sub-20 en Nigeria (1999), con Xavi y Casillas como pilares de un nuevo tiempo que se avecinaba. Aquella selección también la entrenó él.

No sabía entonces Sáez que tuvo entre sus manos el germen de la España que modificó el orden natural de las cosas gracias al atrevimiento de Luis Aragonés, el primero que creyó en los «pequeñitos» para después dar paso a la generosa sabiduría de Vicente del Bosque. «Tenía un buen portero, unos centrales muy majos, la claridad de Andrés, los goles de Fernando... Tenía de todo. ¿El gol? Sí, lo sé. Fue un poco chungo, algo raro, pero entró. Y eso es lo que vale... Pero medio gol fue el pase de Andrés», cuenta Sáez, entregado también a «ese central tranquilo que resolvía todo y ayudaba sin hacer ruido; y además, Dani era un chaval fenomenal; del Espanyol siempre venían muy buenos chicos».

Es ahí, lejos del ruido mediático, cuando aún siguen siendo niños, donde se construyen las historias que duran toda la vida. Como la de Fernando y Andrés, uno de Fuenlabrada, otro de Fuentealbilla. «Tenía cinco años cuando ingresé en mi primer equipo, el Parque 84», recuerda Fernando. Sí, el «Van Basten del Manzanares». «Participé en una maratón de fútbol que se hacía en el polideportivo de Fuenlabrada. ¿Los partidos? Eran quince o veinte niños corriendo detrás de un balón, ¡una auténtica locura!» Mientras Fernando perseguía esa pelota durante dos días, Andrés hacía lo mismo en otro lugar de España. A él le tocaba regatear las sillas del bar Luján. Fernando, por su parte, hizo un viaje singular: empezó de portero para acabar de goleador, siempre en el barrio, siempre en esa Galicia que descubría cada verano cuando se iba de vacaciones. Para Andrés, los veranos eran fútbol y más fútbol. Fuentealbilla, la explanada del colegio, la calle... Contemporáneos (el madrileño nació en marzo de 1984 y el manchego en mayo de ese mismo año),

Fernando y Andrés estaban trazando un camino que los llevaría a coincidir en Inglaterra y en el Europeo sub-16, pero el trayecto hasta allí no les resultó nada fácil.

A Fernando, una lesión de rodilla en un amistoso (abril de 2001) previo al inicio de la liga juvenil lo tuvo con el alma en vilo. Pensaba que no llegaría a tiempo de disputar el torneo, su primera gran experiencia, pero lo consiguió. Y Andrés había dejado de llorar en la Masía. No habían transcurrido ni cuatro meses (5 de febrero de 2001) desde que Serra Ferrer, le permitió entrenar con sus ídolos. Una distancia tan corta (apenas treinta metros separan la residencia del Camp Nou) para un viaje tan largo (casi cuatro años de espera) y, al mismo tiempo, tan precoz. Con dieciséis años se asomaba a la Masía, pero a la Masía como campo de entrenamiento. Por eso, su viaje a Inglaterra era el premio final.

Llegaron Fernando y Andrés juntos a Durham y descubrieron un mundo nuevo. Allí se estaba construyendo un relato de complicidad. Un espigado delantero, pecoso él, había conectado con un pequeño y genial futbolista al que le sobraba camiseta por todos lados.

En esa selección también destacaba Carlos García, un pulcro defensa del Espanyol, amigo también de Andrés a pesar de haber comenzado esa relación de manera extraña: «Yo lo lesioné. Él jugaba en el Barça y yo en el equipo de la Fundación Ferran Martorell. Estábamos jugando un partido, le entré por detrás y lo lesioné. Creo que fue un pequeño esguince de rodilla. Debíamos de tener trece o catorce años, imagínate la vergüenza que sentí. Además, a la semana siguiente bajaba yo con mi hermano Alberto por la Travessera de les Corts —recuerda Carlos— y vi a Andrés. Íbamos por aceras distintas. Y los dos, vergonzosos como somos, nos miramos y nos saludamos. A mí aún no se me había quitado de la cabeza que lo había lesionado. Me sentía

culpable». Poco a poco, jugando partidos en la selección catalana, enfrentándose en esos derbis, empezaron a conectar. Y
conectaron de tal manera, explica Carlos, que «hasta un día
Andrés se quedó a dormir en mi casa». Amigos, olvidada ya
aquella inoportuna patada, disfrutan felices de su primera experiencia como profesionales. Están jugando un Campeonato
de Europa. Y son internacionales.

La España de Juan Santisteban, un venerable maestro de jóvenes talentos, empezó el Europeo con una goleada a Rumanía
(3-0) y una segunda todavía más rotunda frente a Bélgica (5-0).
Hasta que llegó Alemania, la misma a la que ambos derrotaron
como adolescentes y adultos, dispuesta a parar a Andrés. Por
las buenas o por las malas. Por las buenas les resultó imposible
a los germánicos; por las malas, no. Lo cazaron y, a diez minutos del final, dejó el campo lesionado.

«Fueron con intención de hacerle daño. Desde el banquillo
alemán oíamos cómo querían frenar a Andrés: "Pegadle, pegadle" —cuenta Carlos García; y le pegaron tanto que lo sacaron del campo—. Para nosotros fue un golpe futbolístico por lo
que era Andrés, pero aquello también fue un golpe anímico
muy grande. Andrés, sin ser una persona que hable demasiado, se hace querer. Ver a un chico que está tan por encima del
resto y con esa actitud que exhibía, te produce asombro y sim-
patía.»

España salió derrotada por 0-2, pero pasó a los cuartos de final por la diferencia de goles. El problema es que perdió a Andrés. Ya no volvió a jugar ese Europeo. Fernando se quedó solo.
Carlos, también.

Iniesta regresó desconsolado a Barcelona con «un esguince y
un edema óseo en la rodilla derecha», frustrado y, al mismo
tiempo, pendiente de aquella España diezmada por una nueva
lesión, la de Gorka Larrea («en cuartos de final contra Italia»,
concreta Carlos García), presidida por jugadores talentosos

como Diego León y, de nuevo, finalista, ahora contra Francia. Y, también, ganadora con un gol de penalti de Torres. Iniesta quería estar en aquel partido para agradecer que sus compañeros le dedicaran las victorias, pero el Barça no lo permitió. «Larrea se va a San Sebastián y Andrés a Barcelona. La Federación quiere que los dos estén con nosotros en la final. La Real deja venir a Gorka; el Barça no», dice Carlos.

Por aquel entonces, con Joan Gaspart de presidente, Rexach de entrenador (sustituyó a Serra Ferrer) y Guardiola anunciando su adiós en el Camp Nou, el club azulgrana era un volcán. A los gestores barcelonistas les preocupaba más el fichaje de Riquelme que asegurarse el futuro de Andrés sin saber que con el tiempo Iniesta dejaría al argentino en el banquillo.

«No, no puedes ir. Los médicos no te dejan.» Ese frío argumento servido desde el club azulgrana sacudió el corazón de Andrés. «Sentí algo de impotencia, claro que me ilusionaba ser campeón de Europa, pero quería estar con mis compañeros.» Sus compañeros hicieron lo imposible para que Iniesta se sintiera en el campo. Tras marcar el penalti, Fernando Torres se levantó la camiseta.

«Fernando había escrito un mensaje para Andrés y Gorka. Algo similar a lo que hizo después Andrés con Dani en el Mundial de 2010», cuenta Carlos García recordando el dolor de ambos compañeros por no poder jugar la final. Gorka estaba en la grada; Andrés, en su casa.

«Tengo la sensación de que para él fue mucho más duro no ir a la final que la lesión en sí. Eres un niño, tienes, por vez primera, la posibilidad de proclamarte campeón de Europa. Es lo máximo; además, teníamos un grupo humano muy bueno. Desde los catorce o quince años habíamos coincidido muchas veces en viajes a Madrid. Y Andrés no pudo estar con nosotros», resalta el defensa del Espanyol, también amigo de Jarque («Dani era como mi profesor»).

«Cuando acaba la final en Inglaterra, el delegado de la selección se queda con la medalla de Andrés, pero todo el mundo ya sabía que se la tenía que llevar yo. No hizo falta ni que lo dijera nadie», afirma Carlos. Los amigos están para esas cosas. Al llegar al aeropuerto de Barcelona, el defensa del Espanyol cumplió su último cometido del torneo: entregar la medalla de campeón a Andrés. «La tuya», le dijo mientras se la colocaba como si ambos estuvieran aún en el podio inglés.

«Todo el mundo sabe que siento una gran admiración por Carlos García. Somos muy amigos, no tenemos por qué disimularlo», sostenía el azulgrana para defender su amistad con un perico, aceptada finalmente después de conocerse la relación entre Iniesta y Jarque, una relación que permaneció casi oculta hasta que se descubrió en la final del Mundial. «A Dani lo conocí en las categorías inferiores de la selección española y de la catalana —cuenta Andrés—. Congeniamos muy pronto y nos teníamos mucho respeto. A veces esas cosas se dan desde la sencillez. Éramos muy amigos, la verdad. No paro de recordarlo con mucha nostalgia. Dani tenía una personalidad parecida a la mía, estaba muy tranquilo casi siempre. Y de cachondeo cuando se podía, claro. Como jugador, Dani siempre hacía las cosas correctas y sin aspavientos, era el futuro central de la selección absoluta, pero...»

En Johannesburgo, Andrés era el interior y Dani el central. Jugaron juntos la final. Y sólo Jessica lo presintió.

11.

CAMINO DE LOS ONCE METROS

«Hay momentos en que debes
asumir responsabilidades.»

La mayoría de los entrenadores pasan muy mal rato en las pró-
rrogas porque no es fácil dar órdenes y las cosas, buenas o malas, ocurren de manera irremediable, muchas veces sin que se
pueda intervenir desde un banquillo donde más pronto que
tarde comienza a circular un papel para señalar quiénes van a
tirar los penaltis en caso de necesidad. Apuntar es relativamente fácil. El problema se presenta cuando, acabado ya el
tiempo añadido, el entrenador comienza a tener serios problemas para encontrar a los cinco jugadores elegidos para empezar la tanda. Hay jugadores que se descartan a sí mismos
como lanzadores, otros se ofrecen sin venir a cuento y nadie
se atreve a decirles que mejor que no tiren de momento, que
quizá en la segunda tanda si continúa manteniéndose la igual-
dad en el marcador. No es fácil mantener la calma en momentos de máxima tensión salvo para preparadores como Vicente
del Bosque.

El seleccionador había echado sus cuentas y tenía ya pensa-
da la rueda de penaltis cuando se encontró de sopetón con la
cara de Iniesta.

—Míster, quiero tirar un penalti —le soltó.

Ni el seleccionador ni sus compañeros, ni siquiera sus hinchas más fieles, recordaban a Andrés en el punto de los once
metros dispuesto a lanzar un penalti, una suerte reservada a
futbolistas con mucha pegada o especialmente fríos y serenos,
francotiradores que nada tenían que ver con la figura angelical

de Iniesta, siempre reservado y hasta entonces tímido para pedir la voz en situaciones de riesgo como la que se presentaba en Donetsk.

«Lo peor no fue lo que le dije al míster. Detrás de mí venía Sergio Ramos y le dijo lo mismo: "¡Míster, tiro uno!".» De repente, la cara de don Vicente cambió; con el central del Madrid siempre hubo mucha cháchara sobre su peculiar manera de tirar los penaltis y más después del que había fallado hacía dos meses en las semifinales de la Champions contra el Bayern. La selección campeona de Europa se jugaba el título en una tanda de penaltis para la que se ofrecían dos jugadores inesperados: Iniesta y Ramos.

—Pues vale, tiradlos.

«En realidad, todos los que dispararon se ofrecieron ellos», comenta Del Bosque, un personaje que se hace querer y respetar por su buen hacer, por su sentido común, por su manera serena de entender un juego a veces irracional como el fútbol. No conviene llevar la contraria a un jugador que se ofrece para una causa compleja y menos si se trata de un futbolista serio y cabal, nada frívolo precisamente, por más que nadie lo recordara tirando un penalti con la selección o con el Barça.

«¿El último penalti que recuerdo de Andrés? Pues debió de ser en juveniles —Jordi Mesalles, antiguo compañero de Iniesta en la Masía, pasó del asombro al miedo en lo que tardó éste en llegar a la pelota—. "¿A qué viene eso? ¡Andrés nunca tira!", me decía asustado.» A Mesalles le falló la memoria, como a todo el mundo.

En su debut con el Barça en la Copa Catalunya disputada en Tarrasa, Iniesta tiró un penalti. Apenas tenía dieciocho años. Y, en aquella lluviosa noche de mayo de 2002, Andrés falló o, dicho de otra manera, acertó Morales, el portero egarense. Un Barça de entreguerras, víctima de la era Gaspart, cuando el club no tenía presente ni se adivinaba tampoco su futuro, perdió aquella final durante una tanda de penaltis en la que participó Iniesta.

Xavi, más veterano y locuaz, siempre mediador en los momentos complicados, lo animó: «No te preocupes, Andrés, los penaltis los fallan quienes lo tiran. Tienes mucha calidad de tiro». Palabras de consuelo que Andrés no escuchó, como tampoco reparó en las palabras de su entrenador, Carles Rexach, siempre dispuesto a relativizar la crueldad del fútbol. Volvió a casa y se puso a llorar, encerrado en su soledad, sin que José Antonio ni Mari pudieran reconfortarlo, darle el consuelo reparador de los padres. Obcecado como es, todavía hoy recuerda aquel error y también cómo, a su manera, lo enmendó con el tiempo.

Una década más tarde, en 2012, Iniesta se acercó, seguro de sí mismo, al míster Del Bosque para pedir que lo dejara tirar un penalti. Mesalles, en su casa de Barcelona, se echaba las manos a la cabeza. «Mira, papá, mira quién va a tirar», le decía a su padre, tan asustado como él.

Allí, en Donestk, estaban su madre Mari, su hermana Maribel y Juanmi, el novio de Maribel, pero en la prórroga de la semifinal contra la Portugal de Cristiano Ronaldo y Pepe con el marcador empatado a cero (0-0), las dos abandonaron el estadio. Salieron, no podían resistir la tensión. «Ojos que no ven, corazón que no siente», reza el refrán. Un buen momento para comprobarlo. En vano. Juanmi, pese a la tensión, no se movió de su asiento: «Sufro mucho, pero no puedo dejar de ver los partidos, ni siquiera cuando vamos perdiendo. Soy masoquista». Por eso se quedó durante la tanda de penaltis. «¿Os vais? Bueno, pues yo me quedo. Una tanda de penaltis como ésta seguro que no la veremos en la vida», se dijo entonces.

¿Y José Antonio? El padre de Andrés detesta los aviones. No suele viajar. Ucrania estaba demasiado lejos. Optó por quedarse en su tierra, en Fuentealbilla, sufriendo solo, como a él le gusta, para que nadie pueda contar cuánto sufre uno cuando está solo en esos momentos: solamente lo sabe él. Tampoco resistió la presión. Acabado el partido, cuando la prórroga se consumía y se anunciaban los penaltis, José Antonio apagó la tele, cerró la puerta de su casa y se fue a dar vueltas por el pueblo. Sin móvil, claro. Aislado del mundo. No sabía nada de lo que estaba sucediendo en la otra punta de Europa. Le podía entonces el alma de hincha de España, el equipo en el que jugaba su hijo, al que suponía tan expectante en la cancha como él en la soledad del pueblo.

Andrés tiró el segundo. El primero fue Xabi Alonso, un especialista. El primero y el último suelen ser lanzadores experimentados, la mejor manera para empezar y acabar la rueda. Desde el centro del campo, abrazado a todo el equipo, con Jesús Navas a su derecha y Sergio a su izquierda, Andrés miraba a Alonso. Tiró el madridista a la izquierda y Rui Patricio, el portero portugués, desvió el balón. Los mejores también fallan.

Tampoco acertó Moutinho, el primer tirador luso, que se topó con la figura felina de Casillas, fiable en el remate que iba a su derecha.

Llegó entonces el momento de Andrés. Barba de varios días, gesto serio, muy concentrado en el penalti. Al cruzarse camino de los once metros con Moutinho, ni vio al portugués. Tomó el balón olvidado a quince metros del área, lo levantó con dulzura, lo agarró con la mano derecha y caminó tranquilamente hacia el punto de penalti. Seis segundos.

Casillas agachó la cabeza. No quería ni verlo. Juanmi, en cambio, sí. «Era el primer penalti que veía tirar a Andrés y pensé: "¡Menuda responsabilidad! ¡Como lo falle!".» Afortunadamente, por bien de su propia salud, José Antonio ni siquiera sabía en ese momento que su hijo estaba a punto de tirar un penalti decisivo.

¿Y Mari? Tampoco ¿Y Maribel? Menos. Nadie de la familia tenía la más mínima sospecha. Sólo Juanmi. Las dos mujeres estaban fuera del estadio, atrapadas por un creciente nerviosismo, muy cerca del área y, al mismo tiempo, muy lejos de la cancha, ambas pendientes sólo de las noticias que se había comprometido a dar una amiga de Maribel: Arian fue quien les dijo que Andrés iba a tirar un penalti.

—¿Un penalti?

—Sí, un penalti.

Mesalles, pegado a la pantalla del televisor, estaba tan sorprendido como todos los aficionados españoles y europeos. Ningún comentarista fue capaz de explicar aquella sorprendente decisión. Ninguno recordaba un precedente.

Andrés depositó con suavidad la pelota en la cal, sin excesivo mimo, un movimiento casi protocolario. Alzó la cabeza, miró a Rui Patricio, el mismo hombre que había repelido el tiro de Xabi Alonso, y retrocedió unos pasos. Como si quisiera desdecirse o alejarse de la jugada, llegó a caminar tanto que se salió del área. En dos segundos y medio viajó a la infancia.

«Sí, me dicen que lo tiré igual que en Brunete. No, no lo sabía. Ni me había dado cuenta.» Ambos viajes fueron idénticos, miméticos los gestos, como si no hubieran transcurrido diecisiete años. Tan sólo había un cambio. En el modesto campo de Brunete, con hierba artificial, vestía de blanco y llevaba el cinco a la espalda. En el suntuoso Donbass Arena de Donetsk, de hierba natural, lucía el seis en una camiseta roja con una estrella cosida junto al corazón. Una estrella de campeón del mundo. Pero la liturgia fue idéntica. En la preparación del disparo, tranquilo y concentrado; preciso en la ejecución: chutó a la izquierda del guardameta, no muy ajustado al palo, tampoco demasiado cerca de Rui Patricio. Hasta la celebración fue muy parecida. En Brunete, engullido por una camiseta gigantesca para un cuerpo tan menudo, se vio un brazo izquierdo que se levantaba con rabia antes de que sus compañeros del Albacete se le tiraran encima: en aquel momento, no quedó más rastro de Andrés que una gran sábana. Y en Ucrania apretó tímidamente y de forma repetida su puño izquierdo antes de celebrar el gol tras burlar a Rui Patricio, que se tiró a su derecha cuando el balón tomó el camino de la izquierda. El primer gol de la tanda: 1-0.

«Cuando marcó Andrés, me volví hacia los portugueses para festejarlo, pero, al instante, pensé: "Ten cuidado, esto aún no ha acabado. Aún quedan tres penaltis. Y si terminan ganando ellos, a ver si no sales de aquí y te comen vivo por haberlo celebrado antes de tiempo" —cuenta Juanmi—. No me achanté, estaba solo como la una, pero vi todos los penaltis. Todos. No me tapé los ojos.» Juanmi sí vio el gol que no vio José Antonio. El gol que no vieron Mari ni Maribel. El penalti que tampoco vio Sara Carbonero, la periodista de Telecinco que estaba sobre el césped.

«¿En ningún momento se te ha pasado por la cabeza pensar: "voy a lanzar un penalti"? No sé si es el míster quien decide la lista de lanzadores. ¿Pero te apetecería haber tirado hoy un penalti?», le preguntó Sara a Iniesta nada más acabar el partido, España ya instalada en la final de la Eurocopa, la tercera de su historia, la segunda consecutiva, de Viena a Kiev. Andrés, siempre paciente, miró a la periodista, pareja de su compañero Casillas, bajó la cabeza tímidamente y respondió: «Sí, de hecho, he tirado el segundo. Al final del partido decidimos los que íbamos a lanzar y, afortunadamente, todo ha salido bien».

La dulzura de la respuesta no rebajó la sorpresa por la pregunta. Consciente por fin de su despiste, Sara se preparó de inmediato para lo que se le venía encima. «Gracias, Andrés. Y ya sabéis compañeros: mañana en Twitter ese penalti de Andrés Iniesta. Yo estaba tan nerviosa que no sé en qué estaría pensando...»

Andrés, en cambio, no se puso nervioso. Ni antes, ni durante ni después del lanzamiento, seguramente porque era el único que sabía que iba a tirarlo; puede incluso que sospechara que ni su padre ni su madre ni su hermana lo iban a ver, y es hasta posible que el muy pillo pensara en la sorpresa que iban a tener Mesalles y todos sus amigos cuando se dirigiera al punto de los once metros. Y por todo ello es comprensible que Sara Carbonero no viera o no se diera cuenta de que Andrés Iniesta había tirado un penalti en Donetsk.

«Hay momentos en que debes asumir responsabilidades. Y a mí eso me gusta mucho. Cada vez más», sostiene hoy, aún feliz por haber burlado a Rui Patricio y sorprendido a los suyos.

Desde Ucrania ha lanzado pocos penaltis.

12.

LA CONQUISTA DE LA FELICIDAD

«Lo mejor de Andrés es aquello que esconde, eso
que los demás no ven, eso que sólo su gente sabe.»

«Aquella noche se cruzaron nuestros caminos. Tal vez sea cosa
del destino, casualidades de la vida. No sé bien por qué, pero
todo sucedió la noche del 23 de junio de 2007. Ignoro cómo fue
realmente, pero lo que sí sé es que entonces, sin buscarlo ni es-
perarlo, conocí a quien iba a ser el amor de mi vida, mi compañero de aventuras, mi confidente, el padre de mis hijos... Un
padre maravilloso que dedica su tiempo libre a Valeria y Paolo
Andrea, que se desvive por ellos porque ellos también le han
regalado una manera distinta de ver la vida.»

A Anna, la mujer de Andrés, interiorista y asesora de imagen, le
gusta sentir el agua, la del mar o la de las piscinas. Nada extraño en una joven del Maresme.* Ahora nada por puro placer, sin
cronómetro, como cualquier persona, algo muy distinto de lo
que ocurría en su adolescencia, cuando entrenaba en el Centre
Natació Mataró. Empezó siendo bien pequeña y a los dieciocho
se retiró. Era una buena especialista en crol y espalda. Guarda
muy buenos recuerdos de aquella época. Algunas de sus mejores amistades vienen de los tiempos en que viajaban de competición en competición por Cataluña y España, «amistades sa-
nas y verdaderas —nos dice— porque se forjan en el esfuerzo y
la solidaridad».

---

* Comarca costera situada al norte de Barcelona.

«Ya se sabe lo que pasa con los entrenamientos de natación. Te levantas muy pronto, a las cinco y media, después toca colegio, comida, vuelta a las aulas y por la tarde de nuevo a la piscina para después volver a casa, hacer deberes, cenar y dormir. Una rutina que apenas te deja tiempo para nada, pero con el paso del tiempo recuerdas ese periodo como uno de los mejores de tu vida. A la mayoría nos marcó mucho y nos dio valores que todavía perduran.

»Me gusta volver a Llavaneres, allí viven mis padres, Vicenç y Pili, con los que estamos muy unidos; también viven allí muchos de mis amigos y el resto de mi familia. Además, queda relativamente cerca de donde vivimos nosotros e ir allí es como un soplo de aire fresco: el mar, la calma, los recuerdos... Una melancolía muy agradable... Son mi gente y es el lugar donde nací. Mi hermana Marta tampoco vive con ellos y coincidir no es fácil, así que en cuanto podemos quedamos, ella es mi debilidad. Mis amigas son las de siempre, de cuando hacía natación. Seguimos siendo el mismo grupo de siete chicas, todas están allí. O aquí, a mi lado, por decirlo de algún modo.»

Ése era y ése es el mundo de Anna. Luego llegaría el mundo de Andrés.

«Él se siente más libre en su entorno más cercano. Si los de fuera lo vieran, pensarían "¡éste no es Andrés!", pero claro que es Andrés. Ahí es donde aparece el Andrés que me enamoró. Una persona muy interesante, un hombre lúcido y enigmático al mismo tiempo con quien no hace falta hablar mucho para darse cuenta de lo genial que es.

»Es afable, respetuoso, muy atento, siempre está cuidando de los demás, pero lo mejor de Andrés es aquello que esconde, eso que los demás no ven, eso que sólo su gente sabe, eso que nos hace sentirnos afortunados de estar junto a él. En ese círculo aparece con una de sus bromas, que a mí me encantan, y sorprende a todos. Acostumbrados como estamos a ese tono de voz un poco apagado y grave, ahí dentro, sin embargo, tiene algo especial. Tiene ese algo. No sé qué es exactamente, pero te engancha. Y un día dije: "¡ME ENCANTA!". Desde entonces han pasado más de nueve años. Puede parecer que hay dos Andrés, pero no es así. Es siempre él. Único. ¿Por qué? No lo sé, Andrés es así. A lo largo de nuestro camino hemos ido conociéndonos mejor y aprendiendo mucho el uno del otro, por eso sé que en muchos momentos no hace falta hablar, sólo con mirarlo sé que algo le pasa y no es necesario ni que me lo diga. "¿Estás bien, Andrés?", le pregunto. "Tranquila, no pasa nada, tengo un mal día", me contesta. Nada más, y yo no insisto. Si me lo quiere contar, sabe que puede hacerlo. En el fondo, yo sé de qué se trata. No es una persona a la que le guste mucho contar las cosas y, de todas formas, tampoco le preguntas demasiado. Si le apetece, te lo explicará porque sabe que tú estás ahí para ayudarlo o para darle otro punto de vista.»

Así era Andrés hasta que sucedió algo que cambió su manera de ver la realidad.

«Andrés no para de tragarse las cosas, pero llega un momento en que dice "algo me pasa". Ocurrió durante el verano de 2009. Hasta entonces no le había dicho nada a nadie, supongo que todo debe de estar marcado por las relaciones que estableces en tu infancia. Andrés no lo tuvo fácil. Su infancia fue diferente a la de los otros niños. Tiene que ser complicado separarte de tus padres con apenas doce años, justo cuando estás moldeando tu carácter. Pienso que todo lo que vivió entonces le ha influido mucho y por eso, entre otras razones, es la persona que es. En ese aspecto somos distintos. En mi entorno hemos compartido siempre nuestras inquietudes y vivencias. Además, mi familia siempre ha estado junta. He tenido la suerte de vivir con mis padres y mi hermana, pero Andrés no la tuvo. Ahora que estamos juntos y compartimos nuestras vidas, hemos ido ahondando la comprensión mutua. Poco a poco vamos encontrando nuestra sintonía, algo que no es fácil para nadie. Tampoco me resultaron fáciles tantos cambios repentinos al empezar nuestra relación. Cambio de ciudad, no tener cerca a mi gente y otras cosas, pero lo hice porque quise. Porque quería estar con él, por supuesto. Andrés fue mi gran apoyo y lo sigue siendo: en aquellos momentos de ansiedad, cuando se movía todo por tantas novedades como vivíamos, me demostró que el esfuerzo merecía la pena. Juntos hemos creado lo más bonito de nuestras vidas: nuestros hijos.»

Anna dejó atrás una etapa de su vida y se zambulló en un mundo nuevo.

«Aunque mi familia esté a sólo treinta kilómetros, también pasé momentos de añoranza, de nostalgia. Mi vida cambió de repente, pero, poco a poco, con el apoyo de Andrés y de su familia, fui asimilando las cosas; ellos se volcaron mucho, siempre me hicieron compañía. Y, por supuesto, nunca me faltó el respaldo de los míos. Supongo que si le preguntáis, él dirá lo mismo. Al final, los dos nos sobreponemos a las dificultades. Lo hacemos con paciencia hasta que, de pronto, todo se pone en su lugar, todo fluye. Así ocurre: hay contratiempos, pero al final conectamos más y mejor cada día. Si lo piensas bien, en estos años juntos la vida ha dado muchísimas vueltas: cambios, nuevas experiencias, aprendizajes en todos los sentidos, pero siempre para mejor, como pareja y como individuos. Él me recuerda una y otra vez cuánto he influido en su vida ¡para bien! Veis, eso sí que me lo dice. Nos hemos influido el uno al otro en igual medida. Ambos somos mejores personas. En eso consiste el amor, ¿no? Aprendizaje, admiración, respeto. Puedo decir bien alto que eso lo tenemos.»

Anna vuelve al principio de la historia.

«¿Cómo era Andrés cuando lo conocí? Sólo sé que tuve la sensación de haberlo conocido desde siempre. En aquel momento me estaba conquistando, ¡y qué bien se le daba! Como conquistador era igual que ahora. Idéntico. Le gustaban las sorpresas: aparecía en mi casa sin avisar y me llevaba a cualquier lugar inesperado. Me dejaba notas. Tenía esos pequeños detalles que aún conservamos hoy, detalles que para mí son muy importantes y necesarios. No lo ves, pero ahí está él siempre, avivando cada instante, haciéndolo maravilloso con sus gestos de cariño. ¿Somos diferentes? Sí, ¡mucho!, aunque él piensa lo contrario. Pero compartimos algo que nos une desde el primer día: hemos conectado y cada vez vamos a mejor, ¡y lo que nos queda! Eso me encanta. Mi frase preferida es que lo mejor está por llegar. Siempre es así. Y siempre será así.

»A mí no me gustaba el fútbol, diría que no me interesaba para nada. En mi familia, eso sí, todos son culés. Veíamos los partidos del Barça, pero si no los veía me daba lo mismo, eso también es verdad. Ahora no me pierdo ni un solo partido en que juegue Andrés, disfruto mucho viéndolo, siento orgullo y admiración por él, me emociono y también sufro, la verdad... ¡Cómo cambian las cosas! Cuando le dije a mi padre que salía con Andrés, me sorprendió un poco su reacción. Él es un hombre muy liberal, con la mente muy abierta, pero un día se acercó a mi madre, que es la sufridora de la familia, y le dijo: "Pili, ¿tú crees que Anna con este jugador del Barcelona...?". En ese momento le salió la vena de padre protector... Pero sólo fue ese comentario. Luego, todo fue de maravilla.»

«Sí, es verdad. Me estaba asustando un poco», cuenta Vicenç. «No me pongas nerviosa», contestó Pili. Recuerdan bien el día en que su hija volvió a casa después de una fiesta de San Juan y les dijo: «Ayer, conocí a Iniesta». «¿Iniesta? ¿Pero Iniesta el del

Barça?», le preguntó su padre. «Sí, ése, papá.» Todos estaban inquietos en la casa de los Ortiz, incluso Marta, la hermana pequeña, una joven desenfadada y nada futbolera que solía emprender alegres aventuras en solitario. «Pues sí, estoy un poquito asustado, Pili. ¿Tú crees que Anna, nuestra niña, con un futbolista del Barça?», insistió Vicenç. «Tranquilo, seguro que les irá bien», sentenció Pili. «Sí, pero ya sabes...», continuó Vicenç, que no lograba acallar las alarmas y los recelos propios de cualquier padre. «Pero luego lo conocimos y ya está. Tardó tres o cuatro meses, no más, en entrar en casa. Andrés es así, pim-pam. Todavía hoy me preguntan: "¿Qué sientes teniendo a Iniesta de yerno?". Para mí no es Iniesta, para mí es Andrés. En mi casa siempre es Andrés. No sólo eso: si alguien lo llama Iniesta me suena raro. Además, cuando hablo de él me emociono, no lo puedo evitar», dice Pili.

«Sí, para todos, es Andrés», recalca Marta, la hermana de Anna, la chica independiente y atrevida a quien no le gusta el fútbol. Tampoco a Xevi («mi chico», como lo llama ella) le apasiona. Son como alienígenas en el planeta de Andrés, que gira en torno a un balón. «Mi chico también pasa. Creo que, en el fondo, eso le da una cierta paz a Andrés, que es superexigente, que está comprometido hasta la médula con el fútbol. Llegamos nosotros y no nos enteramos de nada. Hablamos de un montón de cosas, pero casi nada de fútbol. Desde que lo conocí, ya el primer día que vino a casa, era muy reservado. Un día apareció cuando yo estaba preparando los exámenes de bachillerato», cuenta Marta. Son polos opuestos: ella locuaz, alegre, de risa fácil y contagiosa; él callado, discreto, cauto, circunspecto. «"Sabes, cuñado, tengo que aprender de ti, tengo que aprender a guardar silencio." A veces no necesita conversar para saber lo que te pasa. De pronto suelta la pregunta adecuada y le cuentas todo. No puedo olvidar lo que hizo por todos en los momentos peores, cuando operaron a mi padre, cuando Anna perdió a su hijo... Lo que Andrés sufrió por nosotros es increíble. Siempre estaba allí, cada minuto, cada segundo. Y conmigo, que también lo he pasado muy mal, más aún. Andrés no necesita hablar para hacerse querer. Sí, ya sé que es un futbolista muy famoso, muy querido y muy bueno, pero nadie sabe quién es como persona. Cuando te abre la puerta es un placer estar con él. Es genial. Todo funciona. Se desvive por su familia.»

«¡Claro que me ha cambiado la vida desde que convivo con Andrés! Por supuesto. ¡Y mucho! —admite Anna—. Los horarios, los planes, los calendarios son muy especiales, nunca coinciden con los de la mayoría, así que son rutinas y situaciones distintas. Pero eso no significa que yo haya cambiado a nivel personal. ¿Por qué debería hacerlo? Soy la mujer de Andrés, pero, en realidad, sigo siendo la misma persona, la misma Anna de siempre con mis inquietudes, mis gustos, mis amistades de toda la vida. Y, sobre todo, sigo valorando el lugar de donde vengo y quién soy gracias a mi familia y a esos amigos.»

Aunque han cambiado muchas cosas, lo esencial permanece inmutable.

«Yo sigo siendo yo. Y que Andrés sea como es nos ayuda a los dos porque nuestro mundo es nuestro. Sólo nuestro. Conservo mis amistades de siempre, aunque estemos lejos. No quiero cambiar nada ni tengo por qué hacerlo. Ya he comentado antes que Andrés es muy detallista y que le gusta sorprenderte. Aparece un sobre en la cocina, en el baño o en la cama. "Para mami", así es como me llama (yo a él, "papi"), y en la nota me describe un plan y me pregunta si acepto o no con su firma al final siempre. ¡Me encantan! Con el tiempo ya son sorpresas a medias. No es culpa suya, sino mía, porque me gusta saber adónde voy y qué voy a hacer. Soy demasiado previsora y organizada, soy así.

»Lo que cuenta, en definitiva, son las ganas de sorprender, y Andrés lo consigue. Al principio decía: "Anna, haz las maletas que nos vamos", pero, claro, como no me aclaraba adónde terminé diciéndole: "Andrés, prefiero saber adónde vamos". Ahora me dice: "Es una sorpresa, Anna, pero, como sé que prefieres saberlo, vamos a ir a tal sitio y haremos esto o lo otro...". Además, ahora tenemos que coordinarlo todo bien por los niños, disfrutamos mucho con ellos y les dedicamos todo nuestro tiempo. A Andrés le encanta jugar con ellos y ellos lo adoran, se nota cuando llega a casa. La llegada de nuestros dos principitos lo ha ayudado a ver la vida de otro modo. Antes, por ejemplo, si perdía un partido llegaba triste y cabreado y no había nadie que lo sacara de ahí. Ahora, en cambio, ve a los niños y le cambia la cara. Claro que es importante el fútbol, al fin y al cabo es su trabajo, pero lo otro es su vida, y eso es lo MÁS importante. Ha cambiado mucho en ese sentido. Ahora, si pierde un partido parece que concilia mejor el sueño o al menos lo intenta; no siempre lo consigue, pero lo intenta. Todavía hay noches en que lo ves dar vueltas y vueltas, pero ése es Andrés y eso no cambiará.

»Menos mal que eso lo lleva mejor, que ya consigue salir del pesimismo tras los partidos perdidos. Todo eso se lo da, sin duda, la experiencia. Pero si algo tengo claro es que yo he encontrado a mi compañero de viaje. Y con cada experiencia vivida juntos lo tengo aún más claro. Es y será siempre MI OTRA MITAD.»

Anna ha acentuado con énfasis las palabras que resumen e iluminan un idilio iniciado por sorpresa (una más) en junio de 2007. Se conocieron la víspera de San Juan en un pub de Mataró llamado El Teatre. Andrés se había dejado caer por allí con un amigo y ya no paró de perseguir a la chica que aquella noche servía copas sustituyendo a una camarera. Perseveró sin desfallecer hasta unirse a ella en una boda multitudinaria donde compartieron su dicha con toda la gente que los quiere. Después regresaron a una intimidad que preservan como oro en paño. No se prodigan en actos públicos ni alternan mucho con otras parejas célebres. Ahora, además, cuidan de Valeria y Paolo Andrea.

«Desde el momento en que la vi supe que Anna sería mi mujer», afirma Andrés. Así fue aquel momento inolvidable:

«Un compañero de clase en el módulo de Actividades Físicas de grado superior del Colegio Sant Ignasi, un chico que se llama Jordi, me preguntó si quería ir a una fiesta que él organizaba en Mataró. Bueno, en realidad él era el relaciones públicas. Yo le dije: "Ya me conoces, sabes que no soy de muchas fiestas, no me gustan mucho. No creo que vaya, pero ya veremos. Te lo confirmo unos días antes". Me gusta dejar las cosas claras para no crear falsas expectativas. El caso es que finalmente le pedí a mi amigo Jordi Mesalles que me acompañara a la fiesta. Primero me dijo que no podía, pero luego, justo el día anterior, decidió apuntarse. Yo no tenía el número del otro Jordi (acostumbro a borrar los mensajes, no cabrían tantos como recibo), así que cuando llegamos a la zona de la playa en Mataró, Mesalles y yo no sabíamos qué hacer. No encontrábamos el sitio, dimos unas cuantas vueltas y, al final, decidimos volver a Barcelona. Justo antes de tomar la autopista sonó mi móvil y resultó ser el famoso Jordi. Un guiño del destino, un golpe de suerte. Al poco rato estábamos los tres con una cuarta persona, era Joel. Hubo una fase de bajón, como suele ocurrir en muchos encuentros verbeneros cuando ya no sabes qué hacer. Estábamos a punto de regresar a Barcelona cuando alguien comentó que cerca de allí habían abierto un nuevo pub. Se llamaba El Teatre. Decidimos ir a tomar algo para alargar la noche. Mientras pensábamos qué íbamos a tomar, vi en la barra a una chica morena, de pelo largo, guapísima. No pude quitarle los ojos de encima. Fue un amor a primera vista, como se suele decir. Era Anna, naturalmente. Según supe más tarde, no trabajaba en el bar: estaba allí de forma circunstancial para sustituir a su amiga Silvia. Otro guiño del destino. Así son las cosas de la vida.

»Me enamoré perdidamente de aquella chica, me obsesioné con ella, pero no encontraba la manera de volver a verla tras el flechazo de aquella noche. Jordi, el chico de la invitación, tardó una semana en darme su número de teléfono. Por más que insistiera cada día con dos o tres mensajes, no me lo enviaba. Jordi decía ser amigo de Anna y yo no entendía por qué no me pasaba su número. Así que le envié un ultimátum: «O me das su teléfono o ya no quiero saber nada más de ti».

Andrés se comporta así en todos los terrenos: no acepta las medias tintas ni las vaguedades: tienes el número y me lo das o se acabó el cuento. A cambio de su lealtad exige lealtad recíproca. Jordi lo comprendió y le pasó el móvil de Anna.

«Le escribí un mensaje. No puse nada especial, solamente la saludé y poco más. Creí que con aquello bastaría para animarla a contestar cualquier cosa, pero nada —Andrés ignoraba que a Anna ni le interesaba el fútbol ni se sentía especialmente atraída por los futbolistas—. Tuve que cambiar de táctica. Me hice amigo de su mejor amiga, Silvia, la chica a quien sustituyó aquella noche de San Juan en El Teatre. Me inventé que tenía que hacer un trabajo para la universidad y empecé a taladrar a Silvia preguntándole por Anna. Ella le podría contar cosas que yo no me atrevía a decir. La historia duró bastante tiempo: tardamos varios meses en formalizar nuestra relación. Me pareció una espera eterna. No hay que olvidar que soy tauro, un tipo obstinado, terco, muy cabezota.

»Tardamos un tiempo en volver a vernos, pero congeniamos enseguida —prosigue—. Todo fue relativamente fácil. Teníamos muchos puntos en común tanto en nuestra forma de pensar como en nuestra manera de actuar. Había veces en que nos decíamos: "Somos lo mismo; tú en mujer y yo en hombre". Y lo digo siempre con la misma admiración porque Anna me devolvió la vida. Estaba pasando por una situación difícil y ella logró que recuperase la ilusión. No tengo palabras para expresar mis sentimientos. Soy de los que piensan que tanto en los asuntos profesionales como en los personales tienes que pasar por momentos buenos y malos, por las duras y las maduras, para crecer y mejorar. Eso es lo que me ha pasado con Anna. Hemos crecido mucho como pareja, nos entendemos y respetamos. Ella apareció en el instante justo para guiarme hacia el lugar correcto. Estoy seguro de que sin Anna no habría sido ni la mitad de feliz de lo que soy, que no habría disfrutado tanto. No ha sido fácil, pero ella siempre ha estado ahí.

»Antes creía que el fútbol y la vida íntima son un binomio, que los dos términos se retroalimentan; pensaba que sólo podía sentirme bien si ambas cosas funcionaban —continúa Andrés—, pero con el paso del tiempo he ido entendiendo que la parte básica es la personal. Ahora no me sirve de nada estar muy bien en el campo si no soy feliz en casa, pero sí puedo ser feliz aunque no pase por una buena racha como jugador, ya sea a causa de una lesión o de un mal resultado. Valeria, mi hija, tiene mucho que ver en todo esto. Paolo Andrea, mi hijo, también. Lo compruebo al llegar a casa después de un partido. Cuando los veo se desvanece el peor de los enfados y me olvido del fútbol. En esos momentos te das cuenta de cuáles son las prioridades. ¿Cómo me voy a mortificar, cómo voy a angustiar a nadie por un mal partido habiendo tanta gente enferma, gente que sufre? ¿Por qué tengo que cabrearme si no juego? ¿A qué viene recriminarme una mala actuación cuando lo he dado todo en el campo? Anna al principio, Valeria después, Paolo Andrea más tarde, ponen las cosas en su verdadero sitio.»

Y acaba: «Muchas veces me pregunto qué habría pasado si la llamada de Jordi nos hubiera pillado ya en la autopista de vuelta a Barcelona. Algo hizo que Anna y yo nos encontráramos, estábamos predestinados: ella no trabajaba allí, yo no iba a ir, y sin embargo...».

No es casual que la fiesta previa a su boda se celebrara en el antiguo Teatre ni tampoco que Andrés y Anna pidieran que el local, ahora reformado y con un nuevo nombre, estuviera ambientado tal como lo habían conocido aquella noche de 2007. «Los dos le damos muchas vueltas a la cabeza», dicen con una sonrisa.

Andrés aún tiene reservada una última sorpresa para Anna:

Tras casi nueve años juntos hemos vivido tantísimas cosas que me resulta muy difícil expresar en unas líneas los sentimientos que tengo hacia ti, Anna, y todo lo que despiertas en mí como persona. Me dejaré muchas cosas sin escribir, pero sólo tengo palabras de orgullo, de reconocimiento, de respeto y de cariño hacia ti como amiga, como novia, como pareja, como mujer y como madre de nuestros hijos. Son innumerables las experiencias maravillosas que hemos compartido: los primeros encuentros, los viajes, las vacaciones en pareja, las reuniones familiares, los nacimientos de nuestra princesa y nuestro terremoto... Nuestra boda en aquel día mágico. Las hemos disfrutado como merecían, pero es sobre todo en las horas amargas donde me has demostrado que eres especial, Anna. Eres única. Eres valiente. Tienes un corazón enorme. Lo he visto una y otra vez a lo largo de estos años. Te doy las gracias por la entereza que siempre has tenido, por lo grande que fuiste cuando nos dieron la noticia de que habíamos perdido a nuestro hijo. Lo perdimos después de pasar lo que pasamos... No todos consiguen superar situaciones tan delicadas, Anna, y tú lo hiciste. Estuve a tu lado, todos estuvimos a tu lado, pero fuiste tú, Anna, quien logró superarlo. Eso nos hizo mejores y desde entonces pienso que un ángel nos acompaña. Las experiencias adversas nos hacen crecer y mejorar. Si de algo estoy seguro es de que, al final, eso lo hemos conseguido. Y es sólo el principio porque a tu lado lo mejor está siempre por llegar.

Tu Papi

SEGUNDA PARTE
DESDE LA BANDA

13.

COMPAÑEROS DE VIAJE

Andrés Iniesta nunca se dará más importancia que la estrictamente derivada de su papel en el campo, pero sí asumirá la responsabilidad que ese papel conlleva, y más ahora como capitán
del Barcelona. La suya es una carrera deportiva en progresión
ascendente, una trayectoria digna de esos futbolistas que con-
sagran sus carreras a los clubs donde se formaron, una especie
hoy en extinción incluso en entidades tan peculiares como el
Barça. Nadie encarna mejor la evolución del equipo azulgrana
que el centrocampista de Fuentealbilla. Iniesta hizo suya la par-
titura de la Masía desde muy niño, destacó después como in-
térprete, como primer violín por excelencia, en partidos memorables (recordemos Stamford Bridge o Johannesburgo) y
ahora actúa como compositor de la melodía para el tridente
formado por Messi, Suárez y Neymar.

Ya no es sólo un futbolista exquisito, el interior de extraordinarias cualidades y momentos inolvidables: ahora tiene más
versatilidad, hilvana el juego y tiene mucho más recorrido.
Único en los intangibles y decisivo también en las estadísticas,
bien podría figurar en la película *Black Swan* para interpretar
tanto al cisne blanco como al cisne negro, dos en uno: técnica
y pasión, inocencia y sensualidad, fragilidad y dureza... Es el
más delicado y feroz de los jugadores en el ballet de la cancha.
Tras Andrés Iniesta se oculta siempre un Mister Hyde. Con
todo, aunque se siente abrumado con frecuencia, ahora ríe más
que nunca, se ve alegre y feliz. Es exigente consigo mismo y
sabe que cumple su cometido, pero también le interesa saber
qué piensan de su juego futbolistas como Messi, Piqué o Busquets. En definitiva: agradece las opiniones de sus compañeros

y los juicios de los entrenadores tanto como el más preciado de los trofeos.

Los títulos son síntomas de la salud colectiva, pero los trofeos individuales pueden causar peligrosas dolencias: encienden el ego, inflaman la vanidad, si no se digieren como corresponde en los deportes de equipo, y más aún cuando, como es habitual, el galardonado pertenece a un club poderoso. Iniesta fue segundo en la votación del Balón de Oro 2010, que ganó su compañero Messi. Lo curioso es que, en cierto modo, dentro de la selección española que ha ganado dos eurocopas y una Copa del Mundo ejerce una función (práctica y simbólica) similar a la de Messi en el Barça.

LEO MESSI

«Acércate, vente, ponte a mi lado.»

Messi siente un respeto reverencial por la figura de Iniesta (elegido, por otra parte, mejor jugador europeo en 2012) y quiere dejar constancia de la estima que siente por él: «Andrés es una persona sencilla, tranquila, es tal y como se muestra en la cancha, como se lo ve. Hace sus cosas, su trabajo, procurando no hacer daño a nadie, teniendo cuidado con lo que dice, de modo que todo el mundo lo quiere, los suyos y los rivales. Se gana nuestro respeto».

Messi habla despacio, con calma. Ha reservado un momento de la mañana para hablar de su compañero, los minutos que sean necesarios. Después de entrenar ha pasado por la ducha y ahora se muestra inesperadamente locuaz: «Desde que llegué al Barcelona oí hablar de Andrés. No lo conocí en la Masía. Yo iba a comer allí, pero apenas nos cruzábamos porque él ya cursaba el bachillerato, nos llevamos tres años. Después lo veía más en los entrenamientos, pero siempre ha sido el mismo, la misma persona y el mismo jugador», prosigue el argentino. Según él, lo asombroso de Andrés es que a veces parece no tener edad.

«Siempre lo he visto con la pelota pegada al pie. Me he acostumbrado a verlo así. Lo hace todo fácil y bien. A veces puedes pensar que no hace nada, pero resulta que lo hace todo. En él todo es diferente. Lo más difícil en el fútbol es lograr que cada jugada parezca sencilla, fácil, como si no costara nada, ningún esfuerzo.» A Messi no lo incomoda que lo comparen con Iniesta, pero tampoco le agrada, sobre todo cuando se le pregunta si le puede quitar protagonismo en el equipo, si rivalizan por el puesto de gran figura: «Para nada. Es cierto que ha jugado en varias posiciones y yo también, pero es que él está más en contacto con la pelota que yo, Andrés es un armador del juego. Sé lo difícil que es eso. Su juego es distinto, son cosas que vienen desde que eres chico, pero lo ha mejorado con el tiempo, con los entrenadores. Tal vez los dos tengamos rasgos de jugadores de calle.

»En la calle, cuando eres un pibe, agarras cosas que te sirven mucho cuando creces. Acostumbras a jugar con mayores, pero siempre actúas igual, juegas de la misma manera. Ahora cada vez es más raro que un futbolista salga de la calle. Yo diría que somos parecidos porque jugamos mucho con el cuerpo, a esquivar, pero tiene algo que me maravilla: hay un momento en que piensas que lo vas a atrapar, que le vas a quitar la pelota, pero luego resulta que no puedes. Aunque no es muy veloz, siempre se acaba yendo, más por su técnica que por su rapidez.

»Nos parecemos más en lo de hablar poco. Él suele estar en un rincón del vestuario y yo en el otro. Nos cruzamos, nos reconocemos, nos juntamos. Con una mirada ya sabemos. No hace falta más. En el campo me gusta tenerlo cerca, sobre todo cuando el partido se pone raro, duro y áspero. Entonces le digo:

"Acércate, vente, ponte a mi lado". Agarra al equipo, lo maneja, me busca, me la da. En las finales siempre nos juntamos Andrés, Xavi, Busquets y yo para levantar al equipo. Hemos vivido grandes alegrías. Recuerdo ahora un abrazo muy emocionante en el Bernabéu después de meter un gol. Tuvo un gesto muy bonito conmigo». Ocurrió en noviembre de 2015 y el partido acabó con victoria azulgrana por 0-4. Después de marcar el 0-3 en el minuto 54, Andrés se fue derecho al banquillo, donde estaba Leo, para abrazarlo y festejar el tanto. Para Messi fue una sorpresa conmovedora.

Ambos pertenecen ahora al grupo de los capitanes: «No es un detalle cualquiera, sino una cosa muy linda después de tanto tiempo juntos. Nos entendemos enseguida, no hace falta gritar, cada uno sabe lo que debe hacer. Alcanza con la mirada. Aunque a veces sí habla —señala el argentino—. Cuando Andrés dice algo es para gastar una broma o por algo muy concreto. Lo escuchamos y lo respetamos. Yo el primero. Al fin y al cabo somos parecidos en nuestros valores, quiero decir que la familia es fundamental, nos sentimos cercanos. Hemos ido agarrando confianza y nos soltamos más. Es una persona muy modesta y eso es admirable porque como futbolista es mágico, todo lo que hace con la pelota es increíble y parece no darle importancia. Con naturalidad, como si nada. Todo lo hace bien».

NEYMAR DA SILVA

«Practica el fútbol *slow motion*.»

Aunque haya sido de forma paralela, Messi ha evolucionado con Iniesta, los dos se han formado en la misma cultura futbolística, son partícipes de una manera muy singular de vivir el juego desde muy pequeños, cuando apenas habían cumplido doce años. Neymar, en cambio, fichó por el Barça siendo una estrella codiciada por equipos como el Madrid o el Bayern de Múnich, que intentaron negociar su fichaje con el Santos: «Yo quería ir al Barça desde niño para poder jugar con Messi, con Xavi y con Iniesta. Los veía y pensaba que un día tenía que estar ahí con ellos».

A Neymar también le gusta hablar de Iniesta: «¡Cómo no! Es un fenómeno, un genio, un *craque*, como decimos en Brasil. El fútbol debe agradecer que alguien tan dotado como él haya decidido practicar este deporte». El brasileño se recrea en sus explicaciones sobre el manchego con el ingenio y la desenvoltura que caracterizan a su propio fútbol. Es un jugador tan valiente como acrobático, un jugador de playa frente a futbolistas de calle como Messi e Iniesta, aunque sostiene que también se ha criado en la calle, «feliz con un balón y una portería improvisada, sin nada más».

«Cuando el balón llega a los pies de Iniesta, yo ya estoy tranquilo —dice Neymar—. Hablamos de una sensación diferente, compartida por todos, de la que tenemos con otros jugadores cuando reciben el balón. Se produce una calma enorme. Todavía hoy, ahora que ya estoy con él, me sorprende esa quietud. A veces me llaman amigos de Brasil y me dicen: "¡Pero no tiene sangre! Nunca se pone nervioso. ¡Por favor, Ney, pínchale en el brazo!". Es muy difícil tener tanta calma. No pierde nunca el control ni se agobia. Da igual que haya dos, tres o cuatro jugadores a su alrededor. Sabe hacer el gesto técnico para que la pelota te llegue en las mejores condiciones posibles.»

Neymar se siente dichoso de jugar por delante de Iniesta: «Siempre me orienta, me indica lo que tengo que hacer, me ayuda a tomar decisiones cuando agarro el balón. Se mueve siempre en busca de lo mejor para mí y para el equipo». Al igual que Messi, el brasileño quiere tenerlo siempre cerca: «Cuando el partido se pone difícil, le digo: "¡Ven, Andrés, acércate, por favor! ¡Aún más! Lo más cerca que puedas". Si él está con el balón, todo nos resulta más fácil. Por su forma de jugar, por su alegría futbolística, por sus habilidades, a veces parece brasileño, un jugador de los antiguos, de los mejores que ha habido. En mi país ha habido jugadores de una gran calidad, pero él, de todas formas, es un futbolista especial, no es un tipo normal. Tiene una destreza singular, un don especial, es un genio del balón. Para mí es un jugador de PlayStation.

»Tú lo ves jugar —insiste Neymar— y piensas que su juego es fácil, pero lo que pasa en realidad es que convierte lo más difícil en sencillo. Conduce la pelota y hace unos controles espectaculares sin esfuerzo aparente. Y con sus regates practica el fútbol *slow-motion*. Su juego parece lento, pero sus efectos son rápidos. Rápido, pero lento. ¿Me explico? Todo es diferente en él. Tiene los ojos detrás de la cabeza, sabe lo que pasa siempre detrás, te domina driblando, te regatea con el cuerpo y, además, le encanta jugar sobre la línea. Algunos jugadores se angustian cuando pisan la línea de fondo y se precipitan, pero Andrés no. Es fantástico en espacios reducidos, hace cosas que no esperas. Se acaba el campo, parece que la bola se va y aparece él, tan feliz, para regatear con una naturalidad y una sencillez que provocan el asombro de la gente.»

El delantero brasileño siente la misma admiración por el Iniesta individuo, por la persona, y más ahora que es capitán: «No grita, no levanta la voz, pero está siempre, lo notas cuando lo necesitas. No necesita alardes para hacerse notar. Me ha ayudado mucho desde que vine. Su aire tranquilo, esa calma inalterable, hace que me sienta bien cuando estoy inquieto. Siempre me da consejos y palabras de ánimo. No me fue fácil convivir con jugadores a los que admiraba. Cuando me vi en el vestuario, junto a ellos, tuve la sensación de estar dentro de un videojuego. Andrés siempre ha sido el mismo. Pese a que lo ha ganado todo, se comporta de manera sencilla, humilde. A veces se calienta, pero es buena gente y gasta muchas bromas, es más bromista de lo que la gente cree. Es un tipo divertido cuando quiere. Tenemos personalidades muy diferentes, pero lo admiro como persona y como futbolista».

LUIS SUÁREZ

«Lo hace todo en una baldosa.»

Al igual que Neymar, Luis Suárez quería jugar en el Barça y pidió a su agente, Pere Guardiola, que dejara de negociar con los demás clubs cuando conoció el interés de Luis Enrique. La empresa de Pere Guardiola, Mediabase, representa también a Iniesta. Así se explica que ambos futbolistas fueran cómplices en vivencias futbolísticas cuando militaban en equipos tan distintos como el Liverpool y el Barça: «Todavía recuerdo el asombro de mis compañeros cuando celebré el gol de Iniesta en el Mundial. Yo estaba en el hotel con Uruguay y grité tanto que me preguntaron cuál era el motivo. Respondí que mi hija iba a nacer en España».

Luis Suárez contactó entonces con Joel, el responsable de la agencia de Guardiola en Barcelona, y le pidió el teléfono de Andrés para felicitarle por el tanto que daba la Copa del Mundo a España: «Conversamos a través de la Blackberry. Hablamos sin conocernos, establecimos una relación de confianza sin habernos visto nunca, hasta mi mujer me preguntaba sorprendida cómo podía estar tan pendiente de un futbolista al que no había saludado en la vida. Y al final nos conocimos en el partido que jugamos en Qatar, España-Uruguay. Los contactos aumentaron hasta que llegué al Barcelona».

Y, naturalmente, Iniesta habló con Luis Suárez en cuanto éste llegó a Barcelona. «Me dijo incluso que eligiera la taquilla del vestuario que está al lado de la suya —relata el uruguayo—. Fue el primero que contactó conmigo y el primero que me tranquilizó. Él es igual que yo, somos tipos muy familiares. Y esa manera de ser facilita la amistad muy rápido. Jamás olvidaré su mensaje de apoyo cuando hubo las acusaciones de racismo contra mí. Me sorprendió con su ayuda, me reconfortó que uno de los señores del fútbol se dirigiera a mí como lo hizo. Le doy más importancia a sus mensajes que a los elogios recibidos por los goles.»

El delantero charrúa todavía recuerda que nada más llegar a la ciudad deportiva advirtió que había dos rondos en el entrenamiento y Andrés le preguntó: «¿En cuál quieres jugar? ¿En el de los españoles o en el de los extranjeros, en el del cachondeo o en el otro?». «Y yo me fui con él al rondo de la farra. Me abrió los brazos y me dijo: "Tranquilo". No paró de preocuparse por mí en el primer entrenamiento.» Equipara las figuras de Iniesta y Gerrard, el capitán del Liverpool. «Ambos son lo máximo del fútbol, son dos marcas, dos maneras de entender el juego y la vida, gente de la que aprendes, ejemplos para todos. Andrés es admirable, le estaré siempre agradecido.»

Suárez ha congeniado con el «serio» Andrés aunque en ocasiones le ha costado entender su guasa intermitente, sus bromas inopinadas. «Lo tienes que conocer y él tiene que conocerte a ti. No es fácil sincronizar en el campo a un jugador de pases cortos como él y a un delantero más profundo que tira desmarques como yo. Hay que dedicarle tiempo. Un día me soltó: "¿Qué pasa contigo que no pillas ni una asistencia? No puedo hacer más por ti para que marques un gol". Me quedé helado hasta que me dijo: "¡Era broma!". Cuando está de chiste es muy particular.» Ocurre que Andrés no funciona igual como emisor que como receptor de las bromas. «Una vez le gasté una broma por WhatsApp y me quedé muy preocupado porque no me respondió. Más tarde me dijo: "Bueno,

¿y qué?". Pensé que se había enojado, dudé bastante, pero al final resultó que no. A veces, cuando estamos en la mesa, suelta una de las suyas y sigue comiendo como si no hubiera dicho nada. Lo mismo pasa en el rondo: si te tira una pelota fuerte y mal, algo muy raro, no te mira a la cara, intenta hacerte creer que ha sido culpa tuya, que no ha habido un mal pase, sino una mala recepción. Y el culpable ha sido él.»

No es casualidad que las dos familias salgan a comer de cuando en cuando. «Un día me dijo: "En mi vida pensé que iba a salir tantas veces con un futbolista". A veces lo saludas y te preocupas por su respuesta, piensas que le pasa algo hasta que te dice que no y se abre enseguida». También para Luis Suárez es más fácil descifrar a Iniesta dentro que fuera del campo. «Se expresa con el balón. A veces piensas que se lo has quitado o que se lo vas a robar, pero ves que no, que es imposible, que te ha burlado de nuevo. Igual da que vayas de cara que de espaldas; si te acercas con sigilo por detrás pensando que le rebanarás la pelota, convencido de que esta vez sí vas a poder, te vuelve a sortear, se va por el lado opuesto al que habías intuido. Tiene ojos en la nuca. No deja de perseguir sombras. Cuando veo que se pone a tocar balón me voy de allí, que siga jugando.

Lo hace todo en una baldosa —insiste Luis Suárez—. Sus toquecitos son mágicos y su cambio de ritmo desequilibrante. Parece que esté trotando y te saca un pase increíble. Y todo lo hace con una facilidad asombrosa. A mí me da mucha tranquilidad tenerlo en el equipo. Yo presumo de jugar con Andrés y con Leo. Ambos tienen algo parecido. Es un sueño hecho realidad. Disfruto mucho. En parte me veo reflejado en Iniesta por el esfuerzo. A los dos nos ha costado mucho llegar, hemos tenido que perseverar largo tiempo y siempre hemos contado con el respaldo de la familia. Él es un padrazo. Yo también soy muy tranquilo fuera de la cancha; dentro puedo parecer un loco para algunos, pero fuera soy otra persona, más sereno. Andrés me ha tratado de una forma muy particular y se lo agradezco mucho.»

«Tenemos muchas cosas en común: venimos de la calle.»

Iniesta también comparte muchos rasgos con Sergio Busquets. Ambos son serios y hogareños, hijos de madres más entregadas al hijo que al futbolista, capitanes del equipo. «Tenemos muchas cosas en común: venimos de la calle, hemos pasado por experiencias similares, las vidas de nuestros padres guardan cierto parecido, no nos agobiamos, no queremos ser famosos por nuestra profesión, no renunciamos a nuestra intimidad, estamos muy apegados a nuestras familias. Confiamos el uno en el otro y sentimos admiración mutua. Nos entendemos con la mirada. No somos gente de hablar ni de gritar, ni siquiera de abrir mucho la boca: sabemos qué pasa observando en silencio —explica Busquets—. Los del Barça quizá seamos más reservados, tímidos, de mirar y actuar, nada de vender humo. Y con Andrés, además, sabemos que no nos vamos a fallar el uno al otro. Ése es nuestro código. No es fácil, sin embargo, llegar a esa complicidad. Depende del juego, claro, pero también del carácter.

»Hay que saber esperar, sufrir, trabajar y tener paciencia para llegar hasta arriba y, después, para mantenerte. Se impone la concentración, no distraerte y anteponer lo colectivo a lo personal. No crear malos rollos —continúa Busquets—. Tu cabeza tiene que ser fuerte para aguantar y debes ser perfeccionista, corregir los fallos. Está claro, por otro lado, que si tu vida profesional transcurre en un club que sientes tuyo, todo te cuesta el doble y te llevas los problemas a casa. Andrés y yo, de todas maneras, intentamos ser positivos.»

Pone un ejemplo para mostrar cómo actúan dos capitanes con una personalidad parecida: «El año pasado, cuando ganamos por 1-2 al City, llegamos al vestuario contrariados por el penalti que Leo falló en el último minuto. Había caras de pesadumbre en todos nosotros, como si hubiéramos perdido. Entonces reaccionamos, valoramos el aspecto positivo del resultado y el juego. Ésa es la genética ganadora».

Andrés y Sergio aseguran que no sólo hablan del Barça y su fútbol: también hablan de otros equipos, de otros deportes y, sobre todo, de muchos temas extradeportivos. «Cuando quedamos fuera del club nunca conversamos sobre fútbol. Y cuando competimos, estamos por la faena sin necesidad de decirnos las cosas. Un día, en una concentración con España en Armenia, nos encontramos en el comedor. Habíamos decidido quedarnos en el hotel, cada uno por su cuenta, a pesar de que el míster nos había dado el día libre. Los dos pensábamos que debíamos recuperarnos, comer bien, descansar lo máximo, porque no estábamos de vacaciones. Teníamos unas horas para nosotros, pero no olvidábamos que somos profesionales. Si no juego, echo la siesta aunque luego me cuesta pillar el sueño por la noche.»

Busquets es un hombre apacible que se transforma en el campo: «Me gusta dar la cara por el equipo, pero prefiero ser una persona anónima y no me preocupa la popularidad. No cultivo mi ego porque estoy con los mejores y con Leo. La prioridad es el juego y procurar que Messi se sienta cómodo, bien, igual que Andrés. Yo prefiero quitar una pelota, evitar una transición, que dejarme ir. Prefiero que los demás hagan los goles o las jugadas espectaculares. Y me alegro cuando lo consiguen. Eso fue lo que me pasó con Andrés en el Mundial. Abracé a Casillas y estaba feliz por Iniesta, se me pone la piel de gallina cuando veo sus goles. Tenemos telepatía. El fútbol y la manera de ser de Andrés me transmiten mucha confianza». Busquets disfruta con el fútbol de Iniesta y sufre cuando el manchego se lesiona porque «entonces es otra persona»: «Lo pasa muy mal si no puede ayudar. Y es entonces cuando surgen las mayores complicidades».

DANI ALVES

«Es el mago Andresinho.»

El carácter introvertido de Busquets contrasta con el del efusivo Dani Alves. «Somos la noche y el día, dos mundos diferentes, pero en una buena mezcla está la clave de cualquier equipo: debes tener plantillas equilibradas, también contar con algún loco. Aunque el Barça educa mucho a sus jugadores, yo no soy un *gentleman*, sino un competidor», asegura el brasileño, que está encantado con Iniesta. «Es imposible hablar mal de Andrés. Nos enseña cada día desde la humildad. Le tengo mucho respeto. Es una pieza única. Es un honor jugar con él. Ahora quizá no se repara tanto en su importancia porque todos hemos seguido su evolución, pero el día en que se retire todo el mundo se dará cuenta de que es un grande del fútbol. Ahora nunca celebramos del todo el partido que acaba de jugar porque sabemos que al día siguiente volverá a hacer otro partidazo.»

A Alves le gusta enfrentarse a Andrés en las prácticas porque entiende que es la mejor manera de preparar un partido: «Me gusta mucho entrenarme con él, marcarlo, porque te hace trabajar mucho: parar, arrancar, pasar; consigue que tu preparación sea completa. Cuando te entrenas con él, vas sobrado para el partido.»

«Es de los jugadores más complicados de marcar. Yo soy de ésos que pelean, que corren cuando hace falta, cuando, por ejemplo, tengo delante a un extremo o jugador de banda muy veloz, pero Andrés es capaz de regatear al marcador más rápido del mundo. Es hábil, tiene un gran cambio de dirección y dispone de un retrovisor: siempre sabe por dónde lo vas a presionar. Aunque te acerques de puntillas por detrás para sorprenderlo y quitarle la pelota, siempre te acaba descubriendo y, sin que te des cuenta, sale por el lado contrario al que tú has ido.» Una observación en la que coinciden Messi, Neymar y Luis Suárez. «En algunos movimientos, se parece a Titi Henry. Él me miraba y me atacaba cuando yo me relajaba. Andrés es igual. Siempre giran por el costado contrario al tuyo y se escapan con un fenomenal cambio de ritmo.»

Alves ve en Iniesta al futbolista prototípico del Barça: «Aunque no hace ruido, sabes que se mueve, que va de un lado a otro. No basta con ser bueno en el fútbol, tener calidad, además hay que entender el juego, eso es lo que distingue a Andrés y al Barça. Sabes que cuando tienes un problema le puedes pasar la pelota porque buscará una solución. Lo mismo ocurre con Leo. Su puesto es el de interior, no corre mucho detrás del lateral —prosigue—, pero Andrés, menos de portero, puede jugar en cualquier demarcación. Es un *killer* silencioso: cuando chuta, sabes que la pelota va a entrar, basta con ver el 0-3 del Bernabéu: el gol se celebra cuando el balón todavía no ha llegado a la portería. Y tiene un truco imposible de descifrar: el regate sobre la línea. El rival piensa que se va a salir del campo y el que acaba saliendo es el marcador. Es el mago Andresinho.»

Alves puso a Iniesta en contacto con el propietario de la vivienda donde ahora vive. «Está cerca de mi antigua casa», señala el brasileño. La bodega que el manchego tiene en Fuentealbilla da pie a otro comentario: «Que le guste el vino significa que es una persona sensible. Andrés —concluye Alves— es un gran capitán porque no tiene necesidad de chillar para hacerse respetar. Yo me hago el sordo con los que vociferan. Él es callado pero inquieto y sabe interpretar muy bien las cosas. Siente el fútbol y la vida a su manera, de forma pacífica, y todo funciona a su alrededor. Hasta cuando se enfada se expresa de un modo muy sereno, pero percibes que algo pasa porque su voz es entonces más grave y habla más rápido».

JAVIER MASCHERANO

«¡Andrés te llena los ojos!»

En el vestuario del Camp Nou hay pocas voces tan autorizadas como la de Mascherano. Se explica con gran precisión, de manera que es un hombre muy respetado por los aficionados, los periodistas y, naturalmente, sus compañeros. También por Andrés Iniesta, con quien comparte la capitanía del equipo.

«La primera vez que vi a Andrés fue en un partido con la selección argentina sub-17: remontamos un 1-2 y ganamos por 4-2, con un tiro de Zabaleta, que remató a la escuadra, un gol formidable. Volvimos a cruzarnos en el Mundial sub-20, cuando él jugaba de media punta, por detrás del delantero centro, y, como yo ejercía de medio centro, me lo encontré muchas veces durante el partido. Aunque íbamos subiendo los dos desde chicos, luego no supe más de él por un tiempo. Ni siquiera advertí que, durante el periodo en que yo estaba con Hugo Tocalli,* los dos llevábamos el 8, coincidencia que desconocía. A nosotros nos tocó ganar los dos partidos, pero en el juego ellos eran su-

---

* Entrenador que ha dirigido durante muchos años las selecciones juveniles de Argentina.

periores. Se notaba que tenían un fútbol diferente. A nosotros, cuando estamos en Sudamérica, nos falta pulir la técnica, lo nuestro es más potrero, más fuerte, más intenso. En aquellas épocas, cuando éramos jovencitos, Andrés ya marcaba la diferencia con su gran técnica.

»Diez años después —prosigue Mascherano—, volví a encontrarme con Andrés, ahora como compañero. Nunca nos enfrentamos a nivel de clubs, pero repetimos con las selecciones en dos amistosos: perdimos 2-1 en Madrid después de que nos dieran un lindo repaso y, más tarde, después del Mundial 2010, les devolvimos la lección en Argentina: 4-1. En realidad, los españoles vinieron a celebrar su título.»

Futbolista con mucha memoria y espíritu combativo, Mascherano admira el juego de Iniesta: «Es diferente al resto, un medio ofensivo que tiene la capacidad de armar el juego, desequilibrar ofensivamente y también ayudar en defensa. Es muy difícil encontrar un prototipo de jugador como él. Puedes ver a muchísimos en la misma posición, pero Andrés es único, es brillante. Es muy difícil quitarle el balón, tiene un cambio de ritmo muy personal: cuando vas a su encuentro, él ya se ha ido. Siempre tiene una velocidad más. Parece que no va a llegar nunca, pero siempre llega».

Mascherano cree que Iniesta tiene un don: «Cuando llegué al Barça, durante el primer año, lo hablaba mucho con Pep Guardiola. Le explicaba su capacidad para engañar con el cuerpo. Va siempre con la pelota hacia un lado, conduciéndola con calma, la cabeza siempre arriba, y nadie sabe lo que puede hacer. Te va regateando con el cuerpo, no tiene la necesidad de hacer el regate físico. Te cimbra con su cuerpo, ni siquiera necesita mover el balón. Sólo lo hace él, es muy especial.

»¡Andrés te llena los ojos! —exclama el jugador argentino—. Lo hace todo tan lindo, tan bonito, que te ilumina. No hace ningún gesto técnico que no quede bien. Es vistoso, elegante.

Muy pocos jugadores en el mundo se pueden dar ese gusto. Quizá Zidane, pero el francés tenía una elegancia distinta. El otro día oí a Xavi decir: "A mí me habría encantado tener el cambio de ritmo de Andrés en el uno contra uno. Yo tengo la pelota, giro, no la pierdo, pero Andrés te mata cuando arranca". Tiene la capacidad de hipnotizarte, te atrae con el balón en los pies y, de repente, cuando te acercas, lo pierdes de vista. Yo, como defensa, lo sufro. Parece lento, pero no lo es. Parece débil, pero no lo es. Había un jugador en Argentina, Bochini, que tenía un juego parecido. A otro nivel que Andrés, claro. Físicamente parecía endeble, pero no le podías sacar el balón. Además, Andrés lleva el balón pegado a su pie. No lo separa ni diez centímetros, nunca se le va. Es como Leo. Lo llevan pegado, como si el balón fuera una parte de su cuerpo. Muy pocos tienen ese don».

No hay futbolista que no destaque esas características de Iniesta. Mascherano añade: «Andrés, además, juega en el sitio más complicado, en el centro del campo, donde tienes pocos espacios y te vienen muchos rivales encima. Y, sobre todo, lo hace en la raya. Él juega mucho con la línea. Hay millones de jugadas en que no hay espacio para pasar entre la raya y el defensa, pero Andrés pasa. No sé cómo lo hace, pero pasa. Tiene esa capacidad para jugar en una baldosa, de moverse en una superficie de veinte por veinte centímetros saliendo de sitios inimaginables. Lo ves y luego piensas: "¿Pero cómo ha salido de ahí?".

»Lo malo de ver a Andrés cada día es que te acostumbras y no lo valoras —apostilla—. Cuando convives con él no eres consciente de lo que es. Es como en la vida, te acostumbras a algo bueno y después ves a otros jugadores y les dices: "Pero dámela así, por favor. No, ahí no la pongas". Es el problema de estar en el Barcelona con esta clase de jugadores. Cuando me vaya a otro equipo lo voy a sufrir porque la pelota jamás la vas a recibir como acá ni tampoco tendrá la misma recepción cuando tú la entregues. Acá la pelota viene a la velocidad adecuada, en el momento justo y en una posición perfecta. No tiene nada que ver un pase cinco metros más atrás o cinco metros más adelante porque te condiciona todo. Quizá el espectador normal no perciba todos esos detalles, pero nosotros sí. Advertimos si un jugador te pone la pelota con ventaja o te mete en un lío. Todos esos detalles importan, y más aún en la élite, donde el margen de error es más pequeño.

»Andrés es lo que ves. No hay más. No hay engaño. Es eso. No hay secreto. Es una persona muy sencilla, muy callada, muy reservada. Eso sí, si debe gastarte una broma, lo hace, pero con humildad, siempre fiel a su manera de ser, más a gusto escuchando que hablando. Y, sobre todo, es una buena persona, una gran persona. Nadie de acá te va a hablar mal de Andrés y no por compromiso, sino porque es la realidad —insiste Mascherano—. Nada más llegar tuve buen *feeling* con él.

»¿Cómo conectamos? Yo soy de los que se abren con facilidad, sin reservas, y él es futbolero como yo. Cuando se da esa reciprocidad, es fácil ahondar en la relación. Hablamos de fútbol, pero no todo el día, también de otras cosas. Los dos tenemos la misma edad, hemos vivido muchas situaciones parecidas (y a menudo complicadas) hasta llegar acá. De Andrés se recuerdan los seis o siete últimos años de su carrera, pero antes se lo ha tenido que ganar a pulso. Yo, a mi manera, también, rodando por el mundo hasta llegar al Barcelona. Mi camino ha sido muy largo y el suyo, aunque sin moverse de aquí, también. Lo normal, en su caso, habría sido no resistir ese duro viaje y decir "me voy", pero éste es un lugar para los elegidos, y no sólo hablo de fútbol. Con lo de "elegidos" no me refiero a quienes poseen una técnica, una capacidad táctica o un físico excepcionales, me refiero a la cabeza. Para permanecer en un club como éste tanto tiempo como lleva Andrés y a ese nivel debes ser muy sólido mentalmente, mucho más de lo que la gente supone. Por más que des una imagen de tranquilidad, como puede ocurrir con Andrés, todo va por dentro. La cabeza debe ser muy fuerte para resistir todo eso.

»Brilla por su grandeza, no por lo que ha alcanzado, sino por cómo lo ha conseguido —remarca Mascherano—. Más allá de los logros colectivos, aparte de haber conseguido el gol más importante en la historia de la selección de su país, lo que define a Andrés es que ha mantenido los pies en la tierra. Aceptar y asimilar eso sólo puede hacerse si uno tiene humildad. A cualquier otro se le habría ido de las manos: somos personas, con nuestros egos y vanidades, pero su conducta no ha variado. En los momentos difíciles y también cuando alcanzó la cima, siempre se ha manejado igual. Una actitud digna de imitación. Uno debe y quiere mirarse en esa clase de personas.»

No extraña, por tanto, que a Mascherano y a Iniesta se los considere futbolistas de otra época: «Sí, lo somos —corrobora—. No llevamos tatuajes ni pendientes. Y no lo señalo porque eso sea malo. ¡Quién soy yo para decir qué deben llevar los demás o para juzgar a nadie! Pero es verdad que tanto Andrés como yo somos de costumbres tradicionales. En ese sentido somos muy parecidos: somos apasionados del juego y a los dos nos gusta hacer lo que hacemos. Nos limitamos a eso, tratamos de no dejarnos contaminar por todo lo que rodea el mundo del fútbol. Quizá también porque yo empecé en un campo, en un potrero, al que siendo muy pequeño me llevaba mi hermano Sebastián para jugar con los mayores. Cuanto más hablamos, más coincidencias tengo con Andrés. También creo que tengo una cabeza muy fuerte, pues en caso contrario tampoco estaría aquí. Somos cabezotas. Tenemos nuestra personalidad. Lo que ocurre es que el liderazgo, el respeto verdadero, no te lo da la palabra, sino el balón. Te lo ganas dentro de la cancha. Si das algo ahí dentro, tus compañeros te van a respetar mucho. Si no les das nada, por más que hables, por mucho que digas, por más que te pelees con el rival, por más que chilles, no te harás con ese respeto. Y Andrés es un líder futbolístico. Es como Leo. Se ganan el respeto. Normalmente, a quien es mejor que vos, tú lo respetas. Si es una buena persona y es un tipo recto que te va a ofrecer la mano cuando lo necesitas y no te da la espalda en los malos momentos, lo respetas aún más.

»Y, en el campo —concluye Mascherano—, hablamos más de lo que la gente cree. Que no se note es otra cosa. Depende del pase que me pueda dar él o de la pelota que le puedo enviar yo. Es uno de los compañeros con los que más hablo porque soy central zurdo y lo tengo delante. Cuando agarro el balón necesito una salida y Andrés siempre me la da, pero es verdad que yo soy un poco pesado y éste es un equipo donde se habla poco, pero si eso ocurre es porque hay una complicidad y un conocimiento mutuo firmemente asentado por los muchos años de convivencia. Alcanza con pequeños gestos. Nosotros jugamos de una manera, sólo pueden cambiar algunos matices. Hay tal conocimiento de los usos y costumbres que nosotros mismos nos damos cuenta cuando las cosas funcionan o no. A veces nos corregimos con la mirada. Nos sabemos de memoria los automatismos: llevamos mucho tiempo haciendo lo mismo y, sobre todo, creyendo en lo mismo. Una cosa es hacerlo por obligación y otra bien distinta creer en lo que haces. Y este equipo, con todo lo que ha ganado, con todo lo que ha jugado, cree en lo que hace. En caso contrario no habría ganado todo lo que ha ganado».

Mascherano defiende con uñas y dientes el fútbol del Barcelona a raíz de sus muchas charlas con Guardiola: «Andrés era una de las debilidades de Pep. Más allá de su papel como jugador, me decía que le gustan los futbolistas que juegan por pasión. Desdeña a los jugadores que no viven la profesión. ¿Qué quiero decir? Que Guardiola es un romántico del fútbol. Aprecia lo *amateur*, el antiguo espíritu del juego, más que la modernidad mal entendida. Pep elogiaba mucho a Andrés porque no se adueñaba de la jugada, sino que hacía lo que pedía el juego, nunca se adornaba con una finta de más ni cuando podía, nunca iba de sobrado. En eso Pep ponía siempre a Andrés y a Xavi de ejemplo, sobre todo para los jóvenes».

GERARD PIQUÉ

«Cuando él juega, todo fluye.»

Si Mascherano es el central zurdo, Piqué es el diestro. El expansivo defensa catalán es muy distinto de sus dos compañeros, así que su punto de vista, su perspectiva del futbolista y el individuo, merece sin duda nuestra atención.

«Andrés es un jugador muy singular, muy especial. Si lo juzgas por las estadísticas, aplicando la lógica de la película *Moneyball* de Brad Pitt, no lo ficharía nadie porque mete pocos goles, y tampoco es muy productivo en las asistencias si tenemos en cuenta que actúa en una posición adelantada, pero nadie imagina al Barça sin Andrés. El juego del equipo cambia de forma brutal con o sin Iniesta, sobre todo en la manera de conducir la pelota desde atrás hacia arriba. Cuando él juega todo fluye y te das cuenta de que es un jugador imprescindible para nosotros, tan necesario que el Barça no funciona igual sin él. Es entonces cuando ves que las estadísticas son una cosa fría e impersonal, no reflejan lo que es realmente Andrés para nosotros. No sirve de nada analizar números: él te da una sensación que no se puede medir ni cifrar. Es el juego, es el fútbol. Eso es lo que nos da en todo momento.»

A pesar de que sus caracteres son casi antagónicos, aunque Piqué no suele prever o evitar los aprietos en que pone a su capitán cuando pelea en las redes sociales, se llevan muy bien desde que se conocieron. «La primera vez que tengo contacto con él es en un Zaragoza-Barça, debió de ser en abril de 2007, en la Romareda, cuando al equipo lo entrenaba Rijkaard. En aquella época ya no iba muy bien y ganamos por 1-0. Yo jugaba entonces en el Zaragoza, lo vi en el túnel de vestuarios y lo saludé porque lo conocía de la Masía, aunque nunca hice mucha vida allí. Y, después, al año siguiente, lo volví a ver en la semifinal de la Champions que jugamos, yo con el United, en el Camp Nou. Fue la temporada 2007-2008. Y de nuevo lo volví a ver en el túnel de vestuarios antes de empezar el partido, que terminó 0-0 con Cristiano fallando un penalti. Al final nos clasificamos en Old Trafford con un gol de Scholes. Vi a Andrés allí abajo y le dije: "¡Hostia, Andrés!, he fichado por el Barça para la próxima temporada. Me uno a vosotros". Él me felicitó por el fichaje. Y, la verdad, aquel partido no lo jugué precisamente por tener ya cerrado mi futuro con el Barça. Recuerdo que horas antes, cuando estábamos en plena siesta, subió Alex Ferguson a mi habitación y me dijo: "Es verdad que Vidić no puede jugar, deberías salir tú, pero no puedo hacerlo porque si cometes un error y después vas al Barça podría perjudicarte". El primer jugador del Barça a quien se lo comenté fue Andrés, quizá por esa relación que tuvimos de pequeños. No es que fuera un vínculo muy fuerte, pero nos veíamos de vez en cuando. Él tiene tres años más que yo, es del 84 y yo del 87, pero, al final, formar parte de la Masía nos convierte a todos en miembros de una gran familia. Aunque apenas nos conocíamos, teníamos la misma sangre. No era necesario cruzar muchas palabras.»

La relación se hizo más estrecha en el vestuario. «Siempre nos hemos entendido. Somos de caracteres muy distintos, radicalmente distintos, pero, al mismo tiempo, somos totalmente compatibles. Puyi también es introvertido y somos como hermanos. Las cosas en la vida son más sencillas de lo que parece, no hay que forzar las relaciones porque surgen solas y con el tiempo nos hacemos compatibles. En un vestuario debe haber diversidad, mestizaje. Un vestuario con 22 piqués sería una locura, pero con 22 iniestas tampoco creo que funcionara bien. Hay que encontrar un equilibrio y enriquecer al equipo, como ha pasado en el Barça. Tenemos un vestuario de puta madre, congeniamos y eso, quieras o no, se acaba notando en el campo. Y, en nuestro caso, entre Andrés y yo, ha habido química. No ha cambiado la relación desde que él es capitán. Siempre ha sido un jugador con mucho ascendiente sobre la plantilla. Lo lleva con la misma naturalidad de siempre, con idéntico equilibrio. No veo a un Andrés distinto que quiera mandar más o imponer su discurso por ser ahora primer capitán del Barça. Si te han elegido es porque a la gente le gusta que sigas siendo como eres. En todo caso, lo que sí es verdad es que ha mejorado mucho en sus comparecencias ante la prensa, ahora tiene mucho más salero.»

Piqué está convencido de que, si no hubiera sido jugador de fútbol, Iniesta sería ahora una persona anónima de la calle: «Igual estaría vendiendo periódicos o te atendería en una panadería. Es muy humilde, una persona de pueblo, pero no como las que hay aquí, en Cataluña, tipo Puyi, un tipo fuerte, agresivo, capaz de gritarte "¡me cago en la puta leche!". No, Andrés no es así. Es un chico de pueblo, de un pueblo de la Mancha, una persona normal y corriente que no ha cambiado nada. Cuando digo nada es nada. Ésa es la gran virtud de Andrés. Tiene a su familia al lado, a su mujer, a sus hijos. Pasaría desapercibido si no se supiera quién es. Hablamos de Andrés Iniesta, una persona respetada por todos y también admirada por todos, claro. Yo creo que con los años ha empezado a asimilar lo que es y ha dejado de ser el Andrés inocente que llegó al primer equipo. Nada más. Es el mismo, pero con los años te das cuenta del peso que tienes en un vestuario como el del Barça. Y el peso te da un cierto poder. El problema es cómo lo usas. Andrés siempre lo usa para bien».

Iniesta se ha ganado a sus compañeros por su forma de ser y por su juego singular. «Me quedo con la arrancada —dice Piqué—. No es un jugador especialmente rápido, sobre todo en distancias largas, pero tiene esos diez metros de salida que son una pasada. Cuando él arranca da la sensación de que el defensa o quien lo marque es lentísimo. Parece mentira, pero es así. Lo he visto medirse a defensas rapidísimos durante todos estos años y ninguno le ha podido responder. Su arrancada es mágica, única, no la he visto en nadie más, un *dribling* en sí mismo, se va y fiuuuuuuu... Ya no lo ves más. Es imparable. Lo ejecuta con tanta rapidez que parece sencillo y, sin embargo, no lo es. Hay otros jugadores, extremos incluso, que hacen virguerías, se marcan hasta cuatro bicicletas, pero, al final, no se mueven del sitio. Andrés, en cambio, con un toque, se te escapa y te deja retratado. Sencillo e imposible de parar.»

A Piqué le encanta la arrancada de Iniesta y, al igual que sus compañeros, su facilidad para manejarse en los espacios reducidos, su extenso repertorio de recursos técnicos: «Puede hacer tantas cosas y tan diferentes que no hay antídoto contra su juego. Una croqueta, un regate sobre la línea, una conducción... A jugadores de ese talento no los puedes neutralizar en el uno contra uno porque siempre se acaban marchando, no tienes tiempo para pensar en cómo defiendes. Andrés se va de tres o cuatro rivales con mucha facilidad. Sólo lo puedes marcar con muchas ayudas».

Si tiene una asombrosa habilidad para salir del regate, tampoco le falta para marcar goles decisivos como el de Johannesburgo, que le dio la Copa del Mundo a España. «Ver tantas veces por la tele aquel gol me ha hecho olvidar cómo lo viví en el campo. ¡Me parece que fue otra jugada! —exclama Piqué, expresando una idea similar a la del propio Iniesta—. Teníamos miedo de llegar a los penaltis, debíamos aprovechar que ellos jugaban con uno menos, son oportunidades que no se pueden dejar escapar y, al final, Andrés fue el elegido para resolver el embrollo. Andrés tiene una destreza especial, un talento innato, para marcar esos goles trascendentales. No es cuestión de suerte. Ocurrió en el Mundial, en Stamford Bridge, en el Bernabéu... Tiene una extraña aptitud para generar la ocasión y definir bien en los momentos decisivos. Los acaba enchufando por su calidad y por su estilo. Estoy seguro de que en partidos menores podría enviar el balón a la segunda gradería si intenta la misma jugada que acabó con el gol del Mundial.

»Andrés maneja todos los registros en materia de pases —comenta Piqué—. Es increíble. Te hace el cambio de dirección con la derecha, pero ahora, además, domina ese mismo cambio con la izquierda; mueve el partido a su gusto y, cuando está bien y anda fino, todo gira a su alrededor. Es un jugador muy seguro a pesar de que en su posición se suelen perder de quince a veinte balones por partido; él no, como mucho, pierde dos o tres. No sabes la tranquilidad que da eso al equipo. Son cosas que no se perciben, pero nosotros lo sabemos. Es muy fiable tanto a nivel de conducción como de pase. Tiene la virtud y el talento de ver cosas que los demás no vemos y, al igual que Xavi, tiene ojos en la nuca. No para de girarse antes de recibir la pelota para saber siempre donde está y cómo debe moverse. Controla todo lo que sucede a su alrededor. Yo, cuando jugaba en el Zaragoza de pivote, intentaba hacerlo, pero no había manera: en cuanto me volvía ya me habían quitado el balón. A Andrés, no. A veces, en los entrenamientos, hago cualquier cosa para sorprenderlo. Intento que no me vea, ataco por detrás buscando esconderme un poco, pero el cabrón, no sé cómo, ya me ha visto y se va por el lado contrario. Siempre me ve. Nunca lo pillo.»

JORDI ALBA

«Andriu te simplifica las cosas y te tranquiliza.»

Jordi Alba lo llama Andriu, un apodo que refleja el cariño que siente por su compañero de Fuentealbilla. «Recuerdo que en mi debut me dieron el seis, el número de Andrés en la selección, porque aquel día él estaba lesionado. Naturalmente, cuando regresó, me lo quitaron», cuenta Alba, que había visto a Iniesta jugar en el Camp Nou cuando actuaba de extremo derecho y era el sustituto natural de Giuly en el Barça de Rijkaard.

«Andrés siempre ha sido la misma persona, antes y después del gol del Mundial. Me alegré de que lo marcara él porque sus valores no han cambiado, no se ha transformado, es igual en el campo y en la calle: calmado, muy tranquilo... Jugar al lado de Andrés es una pasada, es muy fácil entenderse con él, te da mucha confianza. A mí me acogió muy bien cuando llegué a la selección y no se sabía aún si ficharía por el Barça. Así que le tengo un cariño especial y me llevo maravillosamente con él en el vestuario del Camp Nou. Disfruto a su lado, es un privilegio tenerlo como amigo y compañero. Hablamos mucho, nos conocemos, sabemos cómo juega cada uno, es fácil entenderse con él. Andrés siempre te hace la vida fácil.»

El lateral azulgrana advierte que no hay mejor pronosticador que Iniesta. «Te simplifica las cosas y te tranquiliza. Antes de la final de la Eurocopa de 2012, le dije: "Andrés, ¿cómo vamos a quedar?". Lo veía muy sereno y yo, en cambio, estaba como un flan porque era mi estreno en un partido de semejante trascendencia. "Vamos a ganarla porque no sé si estaré en otra", les decía a mis compañeros. En el entrenamiento, el día antes de la final, le pregunto y me responde: "4-0, Jordi. No te preocupes: 3-0 o 4-0". Entonces, le replico: "¡Estás loco, Andrés! A mí me basta con ganar". Pero va él, todo convencido, no sé si lo dijo para calmarme de lo nervioso que me veía, y suelta: "Si estamos bien mañana, ganamos 3 o 4-0". Y ganamos a Italia por 4-0. Me dio una confianza enorme. Andrés llevaba tantas finales jugadas que me relajó mucho, hasta el punto de que pude dormir la víspera de la final. Me quedé flipando. Sólo falló en una cosa: no me dijo que yo iba a marcar un gol.

»Andrés está desde hace muchísimos años entre los tres o cuatro mejores del mundo. Se merecía un Balón de Oro. Él o Xavi. Es tal cual, como lo ve todo el mundo, una persona generosa, amable, buen compañero, bondadoso. Increíble. Yo sólo puedo tener buenas palabras porque me ha ayudado mucho, siempre ha estado a mi lado, sobre todo en los momentos delicados. Ni grita ni echa broncas, es un líder diferente. Nunca se mete en follones ni tiene malas palabras para sus compañeros o rivales. Me van muy bien sus consejos porque yo soy un jugador de temperamento volátil y él me transmite paz. Hace dos años pasé por muchas lesiones, cosa sorprendente, pues nunca había tenido tantas, nunca es literalmente nunca, y Andrés fue de los pocos que me ayudó. Él y Xavi. Todos los días estaban pendientes de mí. Iba a hacerme una prueba médica y, al instante, recibía un mensaje animándome. Imagínate lo que significaba para mí, recién llegado al Barcelona, que jugadores de su nivel estuvieran pendientes de mí, se interesaran por mi situación. Eso sólo lo hace gente generosa, los buenos compañeros. Ellos sabían que después de tanta lesión el estado de ánimo lo es todo.

»Y, en el campo, fueron los dos igualmente amables. En la Eurocopa estaban muy pendientes de mí. Me entendía muy bien con Andrés en la banda izquierda (Xavi jugaba de media punta). Andrés confiaba en mí, me pasaba el balón, entendía mi carácter. No nos parecemos en nada, somos muy distintos. Quizá Busquets tiene una mezcla de mis cosas y las de Andrés. Eso sí, los tres hemos llegado a la élite, pero seguimos comportándonos como antes. Sigo estando con los amigos de toda la vida. Cuando salí de la cantera del Barça y me fui al Cornellà, la tentación de dejarlo todo era enorme, pero siempre tuve claro que quería seguir jugando», explica Alba. Como se ve, no escatima palabras para elogiar la modestia y la bondad de Iniesta.

MARC BARTRA

> «Ya le puedes tirar un melón que él
> lo baja, lo controla y lo juega.»

«Lo conocí con diecisiete años, siendo juvenil. Lo recuerdo en el vestuario con Puyol. Me parecía divisarlos en una burbujita inalcanzable y ahora tengo la alegría de decir que es amigo mío —afirma Marc Bartra—. A veces hay que sacarle las palabras, sólo se suelta con la gente si se encuentra bien, pero cuando eso sucede ocurren cosas sorprendentes. Aparece una persona divertida, con un gran sentido del humor, capaz de jugar con la percepción que tienen los demás de su figura. A veces no sabes si te está vacilando o es humor negro, cuesta pillarle el rollo.»

Hay un par de anécdotas muy ilustrativas sobre la personalidad de Iniesta, también Andriu para Bartra: «Un día, en Vallecas, durante la primera parte, en tiempos de Tata Martino, estábamos los dos sentados en el banquillo, detrás del juez de línea, y no parábamos de darle la vara. Llegado el descanso, Andrés se fue para el linier y le dijo: "No le hagas mucho caso. Es que nos jugamos mucho en este partido y el chico se pone un poco nervioso". Yo me quedé pasmado porque si había alguien que estaba quejándose del arbitraje era él. Así que se lo dije. ¿Sabes qué me respondió? "Tranquilo. ¿No has visto cómo me lo he camelado? Seguro que en la segunda parte lo hace mejor." Andrés es inteligente, sabe aprovechar el respeto que le tiene la gente, utiliza su manera de ser en beneficio de los demás. Recuerdo también que cuando subí del filial —Bartra cuenta ahora la segunda anécdota— él me vigilaba, pero no mucho, no muy encima, estaba como expectante. Íbamos cimentando la confianza mutua. Yo lo estaba pasando bastante mal. Jugaba muy poco. Era la época de Tito. Y un día, de repente, recibí un mensaje: "Soy Andrés, mucho ánimo, esto saldrá adelante, estás entrenando muy bien. No te preocupes, mucho ánimo". Yo no tenía su móvil registrado, creía que era una broma, pero respondí: "No sé si eres tú, igual es alguien que se cachondea de mí, pero, si es así, muchas gracias por acordarte de mí en estos momentos". Al día siguiente, cuando nos vimos en el entrenamiento, le dije: "Andrés, ¿eras tú el del WhatsApp?". Y el tío no me contestó, no me dijo ni que sí ni que no. "¿Qué WhatsApp? ¿Qué WhatsApp?" Yo no me lo creía, no sabía entonces si había sido verdad o se trataba de una broma de alguien. El cabronazo no me decía nada. Sólo al cabo de un par de días pude adivinar que había sido él, pero nunca llegó a decírmelo. Se lo agradeceré siempre porque se puso en mi piel. Grabé aquel número con el nombre de Iniesta y puse un paréntesis con un punto de interrogación porque aún no estaba totalmente seguro de que fuera él. Más tarde pude confirmarlo. Son detalles que muestran cómo es. A mí me tiene ganado. Es un diez.»

No es siempre fácil descifrar a Iniesta, «porque está bien sin necesidad de hablar por mucho que tú quieras decir algo para romper el silencio. A mí su silencio me ayuda. Y sus rarezas me gustan. A veces, por las mañanas, nos ponen fruta y batidos y él come coco. Es el único que come coco. Y si un día ves un bocata extraño, sorprendente, sabes que será para él. Andrés tiene

La Masía, primera casa de Andrés en Barcelona.

Guardiola entregándole el trofeo Nike (mayo de 1999).

Con Serra Ferrer (2001).

Con Van Gaal (2002).

Abrazado a Luis Enrique
(Valladolid, 2004).

Luis Enrique le da instrucciones (Barcelona, 2016).

Días de juventud.

Charla con Luis,
el Sabio de Hortaleza.

Debut de Iniesta con la selección en Albacete (2006).

La España del 2008, que ganó la Eurocopa.

Stamford Bridge, minuto 93 (6 de mayo de 2009).

Final de la Champions (Roma, 2009).

La España del 2010, que ganó el Mundial.

Instantes después del gol del Mundial.

Besando el trofeo
más soñado.

Ovación en el Sardinero (Santander, agosto de 2010).

Andrés, Leo y Xavi (enero de 2011).

La sardana del éxito.

El balón es de los «pequeños».

Iniesta en la final de la Eurocopa 2012.

Iniesta y Reina celebrando la Eurocopa 2012.

0-4 en el Bernabéu (noviembre de 2015).

El capitán Xavi comparte la Copa del Rey con Andrés (2015).

El capitán Iniesta levanta la Copa del Rey (2016).

La camiseta de homenaje a Dani Jarque en Cornellá, la casa del Espanyol.

El tridente con Andrés.

un punto de personaje brillante, dentro y fuera del campo. Es tímido, introvertido, pero siempre tienes la sensación de que algo anda tramando. Es un tío muy especial.

»No debemos olvidar que su vida no ha sido precisamente un camino de rosas —añade el central del Barça—. A mí siempre me ha servido de ejemplo. La de veces que me han dicho: "Mira lo que le costó asentarse a Iniesta". Un día hablé con él: "Mira, Andrés, todo el mundo me recuerda lo difícil que lo tuviste para llegar al primer equipo". Yo tengo veinticuatro años y pienso que si a él, que es de los mejores del mundo, le ha costado tanto, pues a mí me costará el doble. "¿Cuándo empezaste a ser titular fijo?", le pregunté. Él me respondió que a los veintitrés o veinticuatro años. Yo le recordé que con veintiuno ya había jugado muchos partidos. Y replicó: "¡Hombre, Marc!, yo llevaba algunos partidos con tu edad. ¡Que no te vendan más motos!". Me picó y pensé: "Al próximo que me hable de lo difícil que fue para Andrés ganarse la titularidad le diré que jugaba con veintiún años".»

Amigo en el vestuario y en la vida, Bartra también es cómplice de Iniesta en el juego. «Cuando no está en el campo se nota mucho. Ya le puedes tirar un melón que él lo baja, lo controla y lo juega. Te da seguridad, sobre todo cuando subes del equipo filial y necesitas consejos. Un día, en Riazor, recuerdo que le insistía en que aguantara mucho el balón porque necesitábamos controlar el juego y, por tanto, el partido. Y él me contestaba: "Sí, lo aguanto cuando toque, pero si veo que hay posibilidad de un cambio de orientación lo haré". Yo me decía que cuanto más rato tuviera Andrés la bola mucho mejor para todos. Juega bien y, sobre todo, hace lo que necesita el equipo en cada momento, lo que pide el partido. Ha madurado mucho: tiene calidad técnica, cambio de ritmo, desparpajo, pausa, regate y desequilibrio. Maneja las transiciones estupendamente. Cuando es feliz, su fútbol se desborda, todo es más sencillo.

Pasa con él y con Leo y pasaba antes con Xavi. Son jugadores especiales, tienen una varita mágica.

»Me siento un privilegiado por haber coincidido con él, con ese futbolista mundial. Es mi modelo y el de mucha gente, pero yo he tenido la suerte de tenerlo a mi lado cuando lo he necesitado. Me ha ayudado como jugador, como persona, casi como padre, en el Barça y en la selección. Si las cosas me van bien, es en parte gracias a él», acaba Bartra. Luego reflexiona sobre las diferencias entre sus respectivas infancias: «Es extremadamente sensible. Debe de ser muy duro venirse con doce años desde Fuentealbilla. Yo, en cambio, iba y venía en taxi en una hora, hora y media, y me quejaba. Hay gente que lo ha pasado mal y quiere que tú lo pases peor. Otros, sin embargo, precisamente por lo que han vivido, piden para ti lo mejor porque piensan: "A mí me habría gustado que alguien me hubiese ayudado más entonces, por eso los ayudo ahora". Ésos son tipos como Andrés Iniesta».

PEDRO RODRÍGUEZ

«Siempre suma, siempre da ese punto más...
Por eso lo queremos tanto.»

Llegó el tridente al Barça y menguaron drásticamente los minutos de juego para Pedro, el delantero de los goles decisivos con Pep Guardiola. El canario que firmó tantos memorables frente al Shakhtar o el Estudiantes de la Plata, logró un 2009 único con la conquista de lo imposible: seis títulos de seis. Reservado, siempre discreto, no hallaba la manera de salir del Camp Nou hasta que uno de sus mejores amigos descolgó el teléfono y llamó a Josep Maria Bartomeu, presidente del club.

«Andrés es muchas cosas. Todos sabemos lo que representa para el Barça y España, es un ejemplo para los niños por su comportamiento. Para mí, sin embargo, es algo más. Todos sabían lo que estaba sucediendo conmigo porque quería salir del Barça. Pasaban los días, aumentaba el nerviosismo, pero nada avanzaba. Él conocía mi situación y habló con el presidente por si se podía agilizar algo la compleja salida. Me ayudó mucho.» Pocos días después, Pedro ya era jugador del Chelsea: «Ningún otro jugador habría hecho lo que hizo Andrés por mí. Se prestó a ayudarme y ése es un gesto que siempre voy a valorar porque consiguió acabar con tantos días de inquietud y tensiones. Andrés me daba calma y me aseguraba que todo se resolvería». Tenía razón: una llamada y casi todo resuelto.

«Es una persona muy tranquila y la gente lo respeta mucho. Te transmite su bondad, su conocimiento y, durante los años que estuve en el Barcelona, supo arroparme en los momentos difíciles que viví. Al final, acabas teniendo mucho *feeling* con él porque, además, te da siempre un punto de alegría.» No olvida el delantero canario (a quien Guardiola rescató de la Tercera División en 2008 para obtener todos los títulos posibles) la capacidad de su amigo para vaticinar acontecimientos. «Se anticipa siempre. Es una persona muy sabia, parece saber lo que va a pasar. Recuerdo cierto día, por ejemplo, antes de un partido con el Inter. Era un partido de Champions, pero de la liguilla. Yo iba entrando y saliendo del equipo, no tenía la titularidad asegurada. Llegó al vestuario y me dijo: "Ahora no tienes que sustituir a nadie, ¿vale? Ahora debes jugar como Pedro Rodríguez. Ya tienes tu nombre, debes jugar como tú eres". A mí, joven como era entonces, me llenaron de confianza esas palabras viniendo de quien venían: de Andrés Iniesta.»

Pedro jugó de titular, el Barça ganó 2-0 al Inter de Mourinho, que luego lo eliminaría en las semifinales de la Champions, y

Pedro marcó un gol. «Tampoco puedo olvidar cómo me ayudó en la semifinal del Mundial 2010 contra Alemania. Da Vicente el equipo titular y ahí estoy yo. Oí mi nombre con ansiedad, fue algo inesperado para todos, incluso para mí. "Tranquilo, Pedro, lo vas a hacer muy bien. Juega como siempre", me dijo Andrés. No sabes por qué, pero tiene esa capacidad para calmarte. Hace comentarios que no dejan de sorprenderte. Siempre suma, siempre da ese punto más. Por eso lo queremos tanto. Como jugador, lo que más me sorprende es su giro en seco. Está el balón parado y él, de pronto, arranca con dos pasos tan rápidos que es imposible detenerlo. Parecen pasos lentos, eso crees, pero no lo pillas de lo rápido que va. Luego tiene ese *timing* justo, esa paciencia, esa sangre fría, esa calma para aguantar el pase hasta el momento justo. Es un jugador único en el centro del campo.»

ÉRIC ABIDAL

«¡Va, por favor, ya basta! Dejad de tocarla. Estamos muertos, ya habéis ganado.»

Todavía no ha acabado la final de Champions en Wembley. Paul Scholes, una de las leyendas del United, aún no se ha acercado a Andrés para pedirle un deseo. El balón se mueve plácidamente, sin sobresaltos, por el césped londinense, que a esas alturas podría ser el prado de un partidillo infantil. Andrés se la pasa a Xavi, Xavi se la lanza a Messi, Busquets acude a recibir: el cuero, Santo Grial del Barça, se somete a la voluntad de un mecanismo prodigioso. Alex Ferguson, un sabio del fútbol, no ha logrado descifrar el código azulgrana. Tras perder la final de Roma en 2009, el Manchester United va camino de caer también en 2011.

«De aquella final recuerdo, sobre todo, la última media hora. Los jugadores ingleses estaban muy enfadados, cabreados de verdad por aquel rondo gigante que les hicimos. No paraban de decir barbaridades, estaban descompuestos. Muchos compañeros míos no lo entendían, pero yo, sí. "¡Va, por favor, ya basta! Dejad de tocarla. Estamos muertos, ya habéis ganado y aún quedan veinticinco minutos." Xavi, Iniesta, Messi, Busquets y Alves, que se asomaba como un centrocampista más, seguían a lo suyo: ¡pim-pam! ¡pim-pam!» Éric Abidal habla como si estuviera retransmitiendo el partido.

Tiene grabado el encuentro en su memoria, seguramente porque fue uno de los mejor jugados por el Barça: «Fue casi el partido perfecto. Y no lo digo sólo por el ambiente que vivimos en el nuevo Wembley, ni tampoco por aquel increíble gesto que tuvieron Puyol y Xavi cuando me cedieron el honor de levantar la copa... Son imágenes que uno no puede olvidar, es lógico, pero... yo recuerdo sobre todo la exhibición de fútbol».

El 1-0: Andrés pasa la pelota a Xavi, Xavi mira a la grada y, con el exterior del pie, descubre el desmarque de Pedro, letal, inapelable ante van der Sar. El portero se ladea antes de tiempo por el costado erróneo: cae a la derecha y el balón entra por su izquierda. La misma receta en el 2-1: los tres pequeños, Leo, Andrés y Xavi, se juntan de nuevo para poner en ventaja a su equipo después del empate de Rooney. «Del gol de Leo no recuerdo demasiado —dice Abidal—, pero de la patada que le dio a aquel micrófono sí.»

«La verdad es que recuerdo mejor el gol de Iniesta en Stamford Bridge que el de Messi en Wembley —continúa Abidal—. Andrés no dispara a puerta en la vida, jamás. No sé qué se le pasó por la cabeza para poner la pelota en la escuadra.» Luego se pregunta: «¿Suerte? ¿Habilidad? ¿Un don especial? De todo un poco. Ese chico es un genio. Nada es casual. Lo hizo con nosotros y lo hizo después con la selección en la final de Johannesburgo. Para mí, ese gol de Stamford Bridge es una de las imágenes más impactantes en la historia del Barça».

Abidal siente un especial cariño por Andrés: «Lo tenía justo delante de mí en la cancha y siempre me sacaba de los peores apuros. Le tirabas un pase inglés, por no decir un pase de mierda, y sabías que iba a controlar la pelota. No te explicabas cómo, pero agarraba primero el balón y después se iba de un rival, de dos, de tres, de cuatro y hasta de cinco como si nada. Siempre me asombró su facilidad para manejar el cuero y su capacidad para ver todo lo que pasa en el campo. Mira de frente, hacia delante, nunca hacia atrás, no le hace falta. Parece tener unos espejos escondidos que le permiten ver todo lo que sucede en la cancha. No preguntes cómo, pero Andrés siempre sabe salir del peor de los problemas».

Andrés estuvo pletórico en Wembley porque fue la primera de las finales que jugó sin dolor, sin preocupaciones ni agobios, de manera que disfrutó como si se hallara en el patio de Fuentealbilla. Rijkaard lo había dejado en el banquillo durante la final de París (2006) y en la de Roma (2009) jugó con una sola pierna por culpa de una lesión en el muslo derecho. Nada que ver con Londres. «Andrés nunca dice nada en el campo —explica Abidal—. Sólo juega al fútbol. Su calidad habla por él. No se queja, y tiene más motivos que nadie. Cuantas más faltas le hacen, cuanto más le pican, mejor para el equipo y para él.»

Los jugadores del United no conseguían frenar ni a Iniesta ni a Xavi ni a Messi. La velocidad de la pelota desbordaba a los ingleses. El juego del Barça se mide en segundos y milímetros cuando el equipo está fino; nadie domina la relación espacio-tiempo como los azulgranas y, entre ellos, nadie lo hace como Iniesta. Los del United sólo pudieron cometer dieciséis faltas en noventa minutos, estaban definitivamente rendidos tras el gol de Villa en el minuto 69, un tiro desde el balcón del área que describió una parábola imposible para van der Sar. Los muchachos de Ferguson cazaban fantasmas, llegaban a destiempo a cada jugada, estaban abrumados por sus rivales, que sólo cometieron cinco faltas, tiraron dieciséis veces a puerta (doce entre los palos) y metieron tres goles.

Era el mejor homenaje a Johan Cruyff. La frase «si yo tengo el balón, no lo tiene el contrario» (una obviedad aparente) cristalizó de forma espectacular en Wembley. Los ingleses, inventores del fútbol, sólo remataron tres veces a puerta, dos fuera y una a la red. «Pim-pam, pim-pam, sin parar, dale que dale», reitera Abidal, sorprendente titular en aquel partido. Hacía menos de dos meses que le habían detectado un tumor en el hígado, según informó el Barça en un comunicado que heló todos los corazones. Ocurrió el 15 de marzo de 2011. Al día siguiente, el defensa francés bajó al vestuario y tuvo el coraje de contar la historia a sus desanimados compañeros. «Soy un tipo con suerte, me lo han diagnosticado a tiempo. ¡Eh, chaval, déjame tu hígado que lo necesito!», le dijo a uno de ellos. Entró en el quirófano dos días más tarde, el 17 de marzo, y el 28 de mayo llegaba a Wembley como si nada hubiera pasado.

«¿Jugar la final? Ni de broma lo pensaba. Lo único que le dije al míster fue esto: "Puedes contar conmigo". Ni siquiera soñaba con estar en el banquillo. Me bastaba con ir a la grada para animar a mis compañeros.» Ésos eran los planes de Abidal, pero Guardiola los rompió durante la última charla que dio al equipo en el vestuario de Wembley. «Una hora antes del partido me dijo que iba a jugar. Me lo comunicó igual que a todos. No me lo creía. ¡Qué sorpresa! Hubiese preferido que me avisara antes, pero esas sorpresas son estupendas. Quizá me vino bien saberlo entonces si tengo en cuenta la hora que viví antes de saltar al campo.»

Nadie imaginaba que Abidal iba a ser titular y Puyol, el capitán, suplente. «Me dije a mí mismo: "¡Joder, no puedes ser el gato negro porque si no todos estos te matarán! ¡Imagínate, diez a tope y tú flojo! ¡No, no puede ser!".» Pero eso no ocurrió. «Mi suerte era que teníamos un equipazo, una suerte enorme...» Abidal se tranquilizó en cuanto empezó a sonar el «pim-pam» en Wembley.

La fiesta azulgrana no se detuvo ni cuando los ingleses, a falta de veinticinco minutos, pedían clemencia con la quejumbrosa exclamación «¡va, por favor, ya basta!». «Así fue —confirma Xavi—. A mí se me acercó Rooney poco antes de acabar el partido, debía de ser el minuto 80 o algo así, y me dijo: "Ya está bien, ya habéis ganado, dejad de tocar el balón".» Puyol apareció en el césped ya muy al final, en principio para recoger la copa como había hecho José Ramón Alexanco en el viejo Wembley de 1992. Un gesto de Guardiola. Pero el gran gesto llegaría en el nuevo Wembley de 2011: Puyol cedió el brazalete de capitán a Abidal, recién recuperado de su cáncer, para que éste levantara el trofeo, la cuarta Champions en la historia del Barça, ante los rendidos jugadores del United.

Los muchachos de Ferguson miraban con indisimulada envidia la escena, todos vestidos de blanco. Todos salvo uno, Paul Scholes, cuyo cuerpo estaba cubierto por una camiseta azulgrana que llevaba el número 8 a la espalda: la de Andrés Iniesta. El futbolista más admirado por la mayoría de jugadores azulgrana, el afamado Paul Scholes, quedó tan prendado de aquel futbolista que flotaba que le pidió su camiseta antes de que acabara la final de Wembley.

«¡Cómo no le iba a pedir Scholes la camiseta a Andrés! —exclama Abidal—. No fue ninguna sorpresa, me parece normal, yo también tengo una camiseta de Andrés. Imagina dentro de treinta años cuando abra mi armario y diga "yo jugué con él". Hay otras prendas que no puedes enseñar a nadie. Andrés siempre juega bien. Jamás en la vida habría dicho que estaba lesionado en la final de Roma. Las estrellas saben jugar con una sola pierna.»

Abidal no jugó en Roma. Vio el partido desde la grada con Dani Alves, ambos sancionados porque el francés había sido expulsado en Stamford Bridge: «El míster puso a Touré de central y a Sylvinho de lateral izquierdo. Quería meter a Seydou [Keita], pero éste le dijo: "No, míster. Si hay un fuera de juego me puedo quedar ahí colgado..." —explica Abidal, que siempre mezcla las finales de Roma y de Wembley—. Estoy convencido de que si les preguntas a los jugadores del United si sabían que Iniesta estaba lesionado en 2009, todos responderán que no tenían ni idea. Con la experiencia que tiene Andrés, con esa visión del juego, con esa técnica... Es mejor que esté al cien por cien, pero el sesenta o el setenta es más que suficiente para figuras como él».

«A veces es mejor jugar con dolor porque sabes dónde está tu límite —una observación ciertamente insólita—. El pammmm te suele venir cuando estás demasiado bien —de esa forma tan expresiva alude a las roturas musculares—, vete a saber por qué, pero te viene cuando menos lo esperas.»

Andrés jugó con dolor en Estadio Olímpico de Roma, nada que ver con lo sucedido en la nueva catedral del fútbol inglés diseñada por Norman Foster, escenario donde se ganó la admiración de Paul Scholes. Hoy, en su bodega de Fuentealbilla, destaca la camiseta cuidadosamente enmarcada del mítico futbolista del United. La camiseta inglesa que recibió aquel día.

VÍCTOR VALDÉS

«Con Andrés tengo una relación
de hermano. Ni más ni menos.»

«Mi primer contacto con Andrés acabó en un encontronazo. No nos conocíamos de nada. Él había llegado con doce años a la Masía y parecía un chico muy pequeño, muy reservado, uno se daba cuenta de que era necesario ganarse su confianza. Tenía un carácter especial. Yo también, claro. Quizá por eso nos enfadamos la primera vez que nos vimos. Estuvimos un par de días sin hablarnos. Guardo un mal recuerdo de aquello.» Una chiquillada que ya no viene a cuento, una tontería ahora olvidada por el propio Iniesta. Cosas de críos. No consta ningún incidente conflictivo en el historial de Andrés, tampoco una gamberrada o una salida de tono. Ni con los compañeros ni con los empleados del club: con nadie. A excepción de aquel lejano desencuentro.

Valdés es dos años mayor que Iniesta. Conocía todos los rincones de la Masía cuando apareció aquel niño de Fuentealbilla con el curso recién iniciado.

«Nunca me comentó nada sobre el incidente de aquel primer día, pero estaba muy afectado. Me dije que la discusión fue culpa mía (yo también tengo mi corazoncito) y, a partir de ese punto, lo acogí como si fuera un hermano pequeño. Y lo era. Lo tenía que proteger porque me había equivocado con él al inicio, tenía esa espina clavada, supe que había sufrido por mi culpa. Son cosas que pasan cuando llega alguien nuevo y tú, que ya llevas un año en el sitio y tienes un carácter parecido (sí, aunque parezca increíble somos bastante parecidos), chocas al primer contacto. Rectifiqué porque me sentía culpable.» Víctor y Andrés, Andrés y Víctor, trazaron desde entonces una ruta común por la vida y el fútbol, siempre unidos, siempre cerca.

«Con Andrés tengo una relación de hermano. Ni más ni menos. Es mi hermano. Insisto. Podemos pasarnos meses sin hablar, pero eso no cambia nuestro vínculo. Quienes me conocen bien, y él es uno de ellos, saben que no necesito un contacto continuo con mi gente, con mis amigos. Andrés también es un poco así. También necesita su espacio. Los dos hemos respetado esos espacios», cuenta Víctor. Al principio, todo ocurría en la Masía, luego sobre el campo y, ahora, separados por los vaivenes del balón, siguen igual de juntos. A veces pasan meses y meses sin cruzar palabra, como desaparecidos, pero de repente retorna la conexión.

«Yo iba a verlo jugar. Estaba en el cadete y él jugaba en el infantil. "Venid a vernos, Víctor, por favor", me decía Troiteiro. Como él y Andrés eran los más chicos en la Masía, allí que íbamos a verlos jugar. Jorge Troiteiro era mucho más extrovertido que Andrés —recuerda el portero—. Íbamos a verlos al campo de césped artificial que hay al lado del Miniestadi. Nos sentábamos en un muro de piedra. Andrés ya destacaba por su inteligencia, por lo que hacía con la pelota, por la personalidad que irradiaba. Siempre lo ha rodeado una aureola especial. Era un chico muy respetado, un chico muy querido. Se hace querer con y sin balón. Con el balón porque hace mejores a quienes lo rodean y sin él porque no causa ningún problema.»

Víctor y Andrés se hicieron muy amigos mientras iban escalando categorías en la durísima selección natural de la Masía (el extrovertido Troiteiro, por ejemplo, se quedó a medio camino), una academia de futbolistas que sólo permite la excelencia. Víctor debutó en el primer equipo con Louis van Gaal el 14 de agosto de 2002 y Andrés lo hizo con el mismo técnico el 29 de octubre. Años duros para el Barça. Tiempos en que un obstinado y atrevido técnico agarrado a una libreta aventuraba su cargo apostando por los jóvenes valores. Van Gaal no pudo disfrutar de su herencia: Puyol, Xavi, Valdés, Iniesta... El artífice de aquella generación fue Frank Rijkaard, un técnico sensible, capaz de fusionar el talento emergente con la calidad y la experiencia de los más curtidos.

El Barça ganó la Liga con Ronaldinho y los niños de Van Gaal, entre ellos, naturalmente, Víctor y Andrés. Ambos empezaban a preguntarse qué querían ser de mayores.

—¿Qué palmarés queremos conseguir tú y yo en el mundo del fútbol? —le preguntó el portero al centrocampista en el año 2005.

«Veníamos del campo del Levante después de proclamarnos campeones. El Madrid de los galácticos estaba entonces en la cumbre, lo ganaban casi todo. Por eso nos hicimos esa pregunta. Y empezamos a hablar», cuenta Víctor.

«—¿Cuántas Ligas quieres Andrés?

»—Seis, Víctor.

»Me dijo ese número porque nos fijábamos en Guardiola, que había ganado seis. Andrés siempre era muy de Pep. En todos los sentidos.

»—Vale, hay que llegar a las seis de Pep. ¿Y cuántas Champions quieres Andrés?

»—¿Cuántas Champions tienen los galácticos?

»—Tres —le dije yo.

»—Pues tres, Víctor.

»Pusimos tres cuando en esa época no habíamos jugado ni una sola final de la Champions, pero bueno...

»—¿Alguna Copa del Rey, Andrés?

»—Bueno, sí, alguna. Una o dos, ¿vale?

»No podré olvidar nunca que dijo seis ligas y tres copas de Europa, lo tengo grabado en mi memoria. "Tío, lo hemos hecho, prácticamente lo hemos hecho. No te puedes ir ahora del Barça porque nos falta una Liga. No te puedes ir, Víctor. Por favor, quédate", me decía cuando tomé la decisión de marcharme. Además aquella Liga, la sexta para ambos, la teníamos bien encarrilada, pero me lesioné en marzo y Andrés, en cambio, ha ido mucho más allá de aquel objetivo. Cuando nos lo planteamos era impensable, una locura, lo recuerdo ahora y se me pone la piel de gallina. En aquellos momentos parecía desmesurado. Era un "por pedir que no falte". Soñamos con lo máximo y se ha cumplido.»

La aventura europea de Víctor y Andrés comienza en París (2006), pasa por Roma (2009) y termina en Londres (2011).

«Estaba escrito que en París íbamos a ganar. Frank acertó

con los cambios. Le dimos la vuelta al partido cuando salió Andrés en la segunda parte. Se echó el equipo a la espalda y ganamos.» Frank Rijkaard sentó a Iniesta en el banquillo y confió, como toda la temporada, en las manos de Valdés, un portero criticado por muchos, pero defendido a capa y espada por sus compañeros. Y por el propio Rijkaard. «Con todo lo que pasó no podíamos perder esa final. Jamás olvidaré el momento. Era la primera vez que Andrés y yo tocábamos la orejona. No podíamos ni creerlo.»

Víctor recuerda la actuación de Andrés y Andrés la de Víctor, decisivo en sus intervenciones, excelso en el mano a mano con Henry, la figura del Arsenal, que se quedó con diez por la expulsión de Lehmann, su guardameta alemán.

«Ellos no podían con su alma porque Andrés acabó desquiciándolos. Para mí no hay otro día, otra noche, otro partido igual. Dos amigos ganando una Copa de Europa. Acabé la final, me tiré al suelo y di gracias a Dios. Luego me puse a correr como un loco para abrazar a Frank. Sólo él y yo sabíamos lo que habíamos sufrido ese año. Me trató como un padre. "Tranquilo, Víctor, te voy a poner hasta el final pase lo que pase, digan lo que digan", me había dicho. Y me puso. Después fui a buscar a mi amigo, quería compartir ese instante con él. Juntos desde siempre. La Masía, los malos momentos, el Barça B, el fútbol, confidencias, amistad, confianza, tantas y tantas vivencias... Andrés.»

En París sufrieron todos. Tres años más tarde, camino de Roma, también. Perseguían la segunda orejona de las tres soñadas. La noche de Stamford Bridge puso a prueba millones de corazones.

«Ni sabía que quien había marcado en Londres era Andrés. Me di cuenta de que era él cuando llegué corriendo para celebrarlo. Lo teníamos todo perdido con el Chelsea. Cuando chutó

Essien me tiré pensando: "¡Esa pelota la saco!". Y no. Entró por la escuadra. Luego expulsaron a Abidal. Los jugadores del Chelsea llegaban como aviones a nuestro campo. Todo era oscuro, pero, durante el partido, recuerdo que me decía a mí mismo: "¡Una tendremos! ¡Una, sí! ¡Al menos, una!". Miré el marcador electrónico: minuto 88. Pero aún seguía pensando que una tendríamos. Ya estaba más que acabado cuando llegó el gol de Andrés. Me volví loco. No me preguntéis por qué, pero tenía la convicción de que algo iba a pasar. Y pasó. Además fue mi amigo del alma. Era algo impensable.» Para lograr aquella segunda Champions se sufrió más en Londres que en Roma, aunque el «hermano pequeño» padeció allí un verdadero tormento.

«Estábamos lanzando centros y remates durante un entrenamiento cuando, de pronto, vi que Andrés se sentaba en un rincón del campo con Emili [Ricart]. Se había vuelto a lesionar. Ni el presidente del club habría podido consolarlo. Estaba completamente abstraído, ensimismado. Era como si fueras a visitar a una piedra, a una roca. La mirada perdida, ese gesto de no entender qué demonios le está pasando.» Víctor no dejó de estar a su lado. «Veníamos del Barça B, de estar mucho tiempo juntos en la Masía, de recorrer trayectorias paralelas, de compartir todo en aquellas habitaciones. Juegas en el Barça, te lo pagan todo, te dan alojamiento, te proporcionan una formación, estás en uno de los mejores clubs del mundo, por no decir el mejor, pero en el fondo estás solo. Sin tu familia. Te debes adaptar a una jerarquía y lo debes hacer todo tú solo», cuenta Víctor emocionado por el recuerdo de esa infancia compartida con su «hermano pequeño».

«La Masía es el secreto de todo. La clave. Todos vimos llorar a Andrés. Llorar en silencio porque uno llora cuando no lo ve nadie. Llora para que no lo descubran. El éxito de Andrés se ha forjado ahí dentro. Era una persona muy vulnerable porque no tenía a su familia. Eso lo ha convertido en una roca. No mide dos metros, pero es una roca y, a nivel deportivo, es un ganador nato, de los que van para arriba o no hay retorno. Es muy inteligente. Albert Benaiges, que era profesor, lo ayudó mucho porque siempre estuvo rodeado de niños.»

Víctor estuvo junto a su amigo en todas las circunstancias, compartiendo los éxitos y peleando contra las adversidades. «Recuerdo los días anteriores a que saliera la lista para el Mundial 2010. Él me iba enviando mensajes positivos, como si supiera que yo podría estar. Hasta que Del Bosque dio los nombres y me envió un mensaje: "Víctor, vas al Mundial". Me alegré por mí, claro, pero me alegré mucho más porque estaría junto a Andrés. Sabía que no tenía opciones de jugar, que mi rol en Sudáfrica era hacer grupo, pero, sobre todo, tenía otra misión: "Tengo a mi mejor amigo en un año jodidísimo y aquí estoy yo para ayudarlo". Me lo tomé como un "Andrés aquí me tienes, pase lo que pase, para lo que quieras o necesites. Vamos a acabar con esa tristeza". El fútbol es lo que es. Si sigues trabajando, al final encuentras la recompensa. Pero la luz que tiene Andrés no la tienen otros. Es una luz distinta, por eso es tan especial.»

XAVI HERNÁNDEZ

«Andrés es el talento más grande
que ha dado el fútbol español.»

«No podíamos perder esa final. No, por favor. No podía despedirme del Barça perdiendo la final de una Copa de Europa. Además pensé: "Se están juntando todos los astros". Campeón de Liga en el Camp Nou, final de Copa en el Camp Nou, no, no podía ser.»

A Xavi, el jugador con más partidos en la historia del Barça, se le acababa su vida de azulgrana en Berlín. Con un nuevo papel, pero tan decisivo desde fuera del campo como desde dentro, donde su mente ha guiado a la mejor España y al mejor Barça. Pero andaba con la mosca detrás de la oreja. Estaba preocupado con el nuevo traje de suplente que le había asignado Luis Enrique, primero amigo, luego compañero y, finalmente, entrenador suyo.

«Andrés llegaba jodido a la final de 2015. No era como en Roma, donde había jugado con una lesión: ahora tenía unas molestias que no lo dejaban vivir en paz, que lo mortificaban.» Fue entonces cuando intervino Xavi, el capitán que legó su brazalete a Iniesta: «Tú, tranquilo, Andrés. Tranquilo porque vas a jugar la final, ¡seguro!».

Eran palabras de verdadero aliento, no había cordialidad fingida: «Recordemos —cuenta Xavi— que, si él no entraba de titular, me tocaba jugar a mí porque Luis Enrique, en aquel último año, me tenía como recambio de Andrés. En el puesto de interior derecho quería a Rakitic para cubrir tanto a Leo como a Dani Alves». Medio centro en su época de la Masía, Xavi encontró su sitio como interior derecho avanzado (por decisión de Rijkaard) y también como centrocampista total por encargo de Luis Aragonés, el seleccionador español en la Eurocopa de 2008, donde fue elegido el mejor del continente.

«Quedaban dos días para la final de Berlín y pillé a Andrés justo cuando se acercó Luis Enrique. "¿Qué, cómo estás Andrés?", le preguntó el míster. Esos días Andrés estaba entrenando a dos por hora; normal, tenía miedo de que le pasara algo. Fue cuando yo le dije a Luis. "Este tío no tiene ni que entrenar. Este tío tiene que estar para la final y punto". Entonces miré a Andrés y le dije: "No entrenes, ¿vale? Tú, a dos por hora, y ya está. Tranquilo, vas a llegar bien. No te preocupes. Llegarás bien. Llegarás de puta madre. Su cabeza iba a doscientos por hora, a cualquier jugador le pasa eso la semana previa a una final de Champions, pero a Andrés aún más. Esa cabecita, esa cabecita. "No te preocupes, Andrés. Vas a jugar, no hace falta ni que entrenes. Luis, déjalo. Va a llegar bien a la final".»

A dos por hora iba Andrés por la ciudad deportiva del Barça el día en que Xavi habló con Luis Enrique. A mil por hora voló en Berlín. «¡Mira lo que pasó en la primera jugada!» Xavi se echa aún hoy las manos a la cabeza cuando recuerda cómo Iniesta, casi en la primera acción del partido, rasgó a la Juventus, un equipo lleno de tipos expertos en el arte de la defensa, y asistió a Rakitic, precisamente a Rakitic, el croata que heredó el trono de Xavi, y marcó entonces un gol que abrió el camino de la victoria. Era el 1-0. Cuatro minutos de partido y Andrés ya había hecho de las suyas. Quirúrgico pase interior de Neymar a Iniesta, control y pase de éste a Rakitic. Sólo dos toques. Como le pedía Ursicinio, su primer entrenador en la Masía. Control para irse en velocidad y pase para descerrajar a la Juve. ¿Cuánto duró aquello? Un segundo y tres milésimas. También Xavi se preguntó por qué no chutó Iniesta a portería cuando se adentraba en el área de Buffon. En realidad, todos se lo preguntaron. Incluso los jugadores de la Juve, pero, en el último instante, con un sutil giro de tobillo, asistió a Rakitic con otro de sus legendarios engaños.

«Luego, con el empate, los italianos se vinieron arriba. Teníamos que haber acabado la primera parte con más diferencia en el marcador. Tras su gol hubo momentos en los que pensábamos: "¡Ay, ay, ay!". Tenían al Apache Tévez, a Pirlo, a Vidal, a Marchisio, a Morata, que se movía bien arriba, pero yo estaba seguro de que íbamos a ganar. Si me lo preguntas en noviembre te contesto "no vamos a ganar una mierda", pero si me haces la misma pregunta en febrero o marzo, con la dinámica que tomó el equipo, piensas: "¡Uf, esto es un cohete! ¡Vamos como un tiro!". Para mí fue increíble despedirme así —cuenta Xavi, recordando unos días que no habría podido imaginar ni el mejor guionista—. Me despedí del Camp Nou siendo campeón de

Liga. Luego ganamos la Copa, también en el Camp Nou, y quise compartirla con Andrés:

»—Te mereces subir conmigo, ¡ven, Andriu!
»—¿Adónde?
»—A por la copa, quiero que la levantes conmigo.
»—¡Pero qué dices, máquina!
»—Sí, vente conmigo. Quiero que la levantemos los dos. Me salió así, él también se lo merecía.»

Hubo un tiempo en que muchos analistas y aficionados sostenían que Xavi e Iniesta no podían jugar juntos, como si el talento de uno anulara el del otro, como si fueran incompatibles.

«No podíamos jugar juntos, eso afirmaban... Si ahora pienso en ese debate, sólo se me ocurre exclamar: "¡Dios mío!". Supongo que Andrés también ha sufrido con todo esto, como me pasó en su día con Pep.» Pep es, por supuesto, Guardiola: el barcelonismo los comparaba. «Y luego le pasó a Andrés conmigo. Decían que sólo podía jugar uno: él o yo. Que si no defendíamos, que si no llenábamos el campo, que si patatín y patatán, pero todas estas cosas nos hicieron madurar más deprisa, ser más fuertes de lo que muchos creen porque las cosas en Can Barça no son sencillas. A mí me costó lo mío —recuerda Xavi—. Demostramos que esas teorías eran erróneas. Al fin y al cabo, se trataba de juntar en el campo todo el talento posible. Y luego llegó otro a quien también le reprochaban sus dificultades para defender: Busquets. ¡A él también lo querían quitar del Mundial!», exclama Xavi. Luego añade con solemnidad: «Puedo asegurar sin la más mínima duda que Andrés, Leo y Busquets son los mejores futbolistas con los que he jugado en toda mi vida. Con ellos he disfrutado como nunca.»

La memoria de Xavi no elude que hubo una época en que estuvo a punto de abandonar el Barça. No una, sino varias veces, todas abortadas por la resistencia de Maria Mercè Creus, su madre. También pudo irse Andrés y, al final, también se quedó en el equipo. «Con Andrés no hacía falta ni hablar. No lo necesitábamos. En ocasiones le indicaba: "Andriu, vente un poco más...". Sólo eso. Andrés, por otra parte, tampoco es un tipo al que le guste hablar mucho y nos hemos entendido siempre a la perfección. Diría que con la mirada. Lo miraba y ya sabía lo que quería. Siempre te daba una salida, siempre se ofrecía. Nunca se ocultaba. Siempre quería el balón. Andrés tiene una personalidad muy fuerte, aunque no lo parezca. Parece débil, frágil, pero no, no... En el campo es un líder, un líder natural, un líder silencioso, pero un líder porque se transforma sin necesidad de hablar. Nunca se esconde, siempre busca el balón, marca las diferencias, entiende el juego. Sabe lo que toca hacer en cada momento. Cuándo conviene acelerar, cuándo toca frenar, cuándo se impone encarar, cuándo hay que pasar. Esa conducción, ese cambio de ritmo que te parte en dos... Todo lo hace de maravilla. Y después ocupa el espacio de tal manera que te es imposible quitarle la pelota. Ocupa un espacio donde el contrario no puede entrar. El cabrón se te va así: viene hacia ti en línea recta y en el segundo justo te hace ¡pammm! Sale por la derecha o por la izquierda, le da igual el lado. Te rompe y te deja, se ha ido. Andrés no te dribla, Andrés te torea. Ese cambio de ritmo elimina líneas, revienta a contrarios, desespera a todo el mundo. Y luego ve el último pase como nadie, sabe elegir la asistencia interior o exterior. Los del Barça hemos aprendido el juego de una manera muy determinada y así lo entendemos, pero en el caso de Andrés es algo natural, lo suyo es intuición. Luego lo ha perfeccionado en Can Barça. Ahora mismo, él y Busquets son el ADN del Barça. Luego está Messi, que come aparte. Pero Andrés y Busi llevan el peso del Barça y de la selección.»

El relato de Xavi no se detiene: defiende con pasión un fútbol tachado de romántico cuando es, en realidad, el más resultadista entre todos los posibles. Ni el Barça ni la selección española han llegado nunca tan lejos, y lo han hecho cultivando la misma idea de juego.

«Esa idea no resulta nada fácil de defender. Hay que ganarse a los entrenadores, a los aficionados, a la prensa, a todo el mundo. No hemos tenido un camino fácil. Nos ha costado mucho a los dos, pero para mí Andrés es el talento más grande que ha dado el fútbol español. Sin ninguna duda.» Xavi eleva el tono de voz para enfatizar su reflexión: «Es una fuerza de la naturaleza. No hay otro Iniesta. Ni lo hay ni lo habrá. ¿Qué jugador se ve ahora mismo con un estilo parecido, ya no digo igual, al de Andrés? Ninguno, ni siquiera lo puedes comprar. ¿Por qué no? Porque no existe. Tanto a él como a mí nos vino de perlas la filosofía del Barça. Andrés encajó como un guante. Esa filosofía parece un molde hecho a su medida. Y, como persona, es un tío ejemplar en todo: noble, altruista, generoso. Dentro del campo es un líder absoluto.»

Xavi se marchó (esa hora siempre llega) y quedó Iniesta. Iniesta se irá algún día y quedará Busquets. Es algo más que un relevo generacional. Es la transmisión de una idea de juego que ha cambiado la mentalidad de un club y de una selección.

«Andrés todavía compite, va a ganar más títulos, seguirá ganando trofeos en el Barça. Va a superar todos los récords habidos y por haber. Cuando sales del Camp Nou adviertes la magnitud de lo que has hecho, comprendes la trascendencia de todo lo que ha conseguido este equipo. Y, sobre todo, la admiración que despierta. Todo el mundo te habla de Andrés, vayas adonde vayas exclaman: "¡Uy, Iniesta!". A mí me dicen: "Con Iniesta y contigo, ¡qué centro del campo, Dios mío, qué centro del campo!". Yo estoy orgulloso de que me asocien siempre con Andrés. Aquí cada uno tiene su personalidad, pero, fuera del Barça, nos ven de otra manera. Entonces, siempre me dicen: "Xavi-Iniesta, Xavi-Iniesta, Xavi-Iniesta". Es como aquel reportaje que nos hizo Michael Robinson para *Informe Robinson*. Es como si fuéramos ya una marca. Pues, sí, lo somos. Y estoy orgulloso de que me asocien con Andrés. Hemos pasado de aquella historia de que no podíamos jugar juntos a ser una marca. Incluso a veces me confunden por ahí y me dicen "¡eh, Iniesta!", me llaman Iniesta. Y yo les contesto: "No, Iniesta es el otro. El que driblaba más, el que hacía el cambio de ritmo". Nos ven como una pareja.

»A veces tengo la sensación de que Andrés no es consciente de su grandeza. Ya se dará cuenta, ya lo verá cuando termine. Si se va a vivir fuera, se percatará de su importancia. Recuerdo la final de Copa contra el Sevilla. Le envié un mensaje por su partidazo: "¿Pero qué te está pasando, máquina, qué te está pasando? ¡Y en el Bernabéu, santo Dios!". Hasta me dio envidia, ¡qué manera de disfrutar con aquel 0-4! Si yo hubiera estado aún allí tocando la pelota... es uno de los mejores partidos que le he visto a Andrés y al Barça. No puedo juzgar el Barça de Guardiola porque entonces estaba abajo, en el campo, pero es el mejor partido del Barcelona que he visto en mi vida. Fue 0-4, pero podría haber sido 0-7. Con Andrés al mando. Con Busi disfrutando como un loco. Yo estaba con un babero, feliz, en la gloria.

»Andrés lo hace todo bien, entiende el juego, no pierde un balón cuando se pone a tocar, quizá alguno cuando encara. Tiene los dos rasgos mejores de un centrocampista: puede organizar el juego y puede encarar y desequilibrar. Además ayuda a los jóvenes, hace vestuario. Aunque es ahora cuando lleva el brazalete, es capitán desde hace muchos años. Es muy detallista. Lo hemos aprendido también de Guardiola, de Luis Enrique, de Puyol. No consiste en llegar, entrenarse e irse a casa. Somos una familia y él lo ha entendido desde hace mucho tiempo, aunque fuera el sexto o el décimo capitán. Es muy buena gente, buena persona, amable. Todo el mundo lo adora. Se lo gana día a día. Se preocupa por ti, lo lleva dentro, nunca lo hizo de manera forzada, y eso se ve porque si fuera así te dirían: "¡Mira a ése, menudo plasta!".»

Juntos han vivido muchas cosas, entre otras el gol que valió una Copa del Mundo: «A veces estoy en casa, yo solo, y de pronto recuerdo el gol del Mundial. Toda la vida habrá que darle las gracias a Andrés por ese tanto. Si hubiéramos llegado a los penaltis, no sé lo que habría pasado... ¿Sabes lo que es perder una final de la Copa del Mundo por penaltis? Hablo en serio. Durante aquellos minutos ya estaba pensando en ello. Me daba tiempo durante la prórroga. Te da tiempo a pensar en esas cosas y en muchas más: "¿Por dónde lo tiro? ¿Cómo me las apaño con Stekelenburg? ¿Qué hago? ¡Es un gigante, mide casi dos metros! ¿Tiro a la derecha? ¿A la izquierda? ¿Qué hago?". Y mientras tanto tienes que seguir jugando el partido, padecer la prórroga, sin poder quitarte de la cabeza la imagen de los penaltis. Y me repetía: "Pero si nosotros en el Barça no hemos tenido una final con penaltis porque las hemos ganado bien, excepto alguna copa perdida. ¡Hemos ganado todas las finales, todas!". Y en eso llegó el gol del Andrés. ¡No puedo apartarlo de mi mente!

»Se me puso la piel de gallina —cuenta Xavi—. Se me saltaban las lágrimas. Estuve a punto de caerme al foso del Soccer City. Si ves la celebración... Nos vamos todos al córner y justo al lado había un foso. La marabunta casi me tira allí. Iba llorando a lágrima viva, la piel de gallina. Y esa sensación de felicidad indescriptible. Yo estaba en el medio campo; o sea, detrás de toda la jugada. Vi el gol en primera fila. Sé que Andrés lo ha contado muchas veces y también tengo esa sensación de que cuando la pelota está en el aire el tiempo se detiene. Todo se congela. El balón hace así; sube... baja... Ese balón era imposible y Andrés lo controla a pesar de que hace un extraño cuando está bajando. Quiero decir que el control de Andriu es bueno, pero la pe-

219

lota casi lo convierte en malo. Entonces, cuando baja, tengo una sensación: "Sí, sí, sí, Andriu... Sí, sí, sí ¡Es ahora!". Y sí, es el puto gol. El puto gol. Andrés ha sido determinante en Stamford Bridge, en finales de Champions, en la final de un Mundial. Ha hecho goles increíbles.» Ninguno, sin embargo, tan eterno «como ese puto gol».

«Andrés tiene esa virtud. Andrés tiene ángel —concluye Xavi—. Aparece en los momentos clave. Hay gente que tiene ese ángel. Casillas, por ejemplo, es uno de ellos. Andrés también. Cuando lo necesitamos, ahí está siempre. Ya lo verá cuando se retire, bueno cuando algún día deje el Barça, si es que lo deja. Entonces se dará cuenta. Pero yo estoy muy orgulloso de que nos unan, nos agrupen. Lo dice todo el mundo. Busquets-Xavi-Iniesta. Ese medio campo quedará para siempre en la memoria. Por cómo se ha jugado a fútbol y por todo lo que se ha ganado.»

CARLES PUYOL

«Parece que le vas a quitar el balón y te desarma.»

Cuando Andrés llegó a la Masía, Carles Puyol ya andaba a sus anchas por aquellos lares. Cuando apareció en el Camp Nou, aquel leal y curtido compañero de armas también le brindó un cálido recibimiento. El incombustible Puyi, alma y bastión de la zaga azulgrana con una intachable hoja de servicios, finalmente colgó las botas en mayo de 2014 castigado por las lesiones, con las rodillas quebradas después de mil saltos dados para apoyar a los suyos con cualquier balón que se cruzase en su camino. Se marchó el joven amigo que cuidó de Andrés en la academia, el que le regaló la más confortable de sus pertenencias cuando obtuvo la licenciatura: «Toma, aquí tienes mi colchón». Cuando el defensa cruzó el umbral del coliseo azulgrana llamado por Van Gaal (que haría lo mismo con Iniesta), Andrés reposaba sobre aquel gastado jergón. El fútbol los reuniría de nuevo: ambos se convirtieron en pilares del primer equipo y, con el tiempo, en símbolos de una época gloriosa. Pero no fue sencillo: a Puyol le tocó vivir junto a Xavi una «travesía del desierto» que duró cinco años interminables.

En la Masía, pues, empezó a forjarse una gran amistad. Carles venía de la Cataluña profunda; Andrés de la meseta manchega: La Pobla de Segur y Fuentealbilla. Como ya hemos dicho, se reencontraron en el Camp Nou gracias a Louis van Gaal. «Tiene una gran capacidad para anticiparse a la jugada, sabe adónde debe ir el balón, sabe colarlo por los espacios menos visibles», sostenía el técnico que le hizo vestir la primera camiseta profesional. La cuadratura del círculo virtuoso avanzó con Frank. «Andrés reparte caramelos a sus compañeros», llegó a decir Rijkaard. Con Pep Guardiola descubrieron finalmente que el paraíso no es una quimera. «Si está bien Andrés y yo lo dejo en el banquillo, tú me arreas un buen estacazo y lo pones de titular mientras me recupero, aunque sea de lateral izquierdo», le espetó un día Guardiola a su ayudante Tito Vilanova. Pero no fueron necesarias medidas tan drásticas.

Como todos sus compañeros, Puyol fue hechizado por el aura mágica que envolvía al novato. En los entrenamientos, el central veía pasmado los «caramelos» que repartía su amigo. Algo similar les ocurría a los periodistas, que elogiaban la elegancia del jugador, la finura de su toque, la levedad de su porte sereno, sus gestos mesurados, su capacidad para reaccionar velozmente cuando el tiempo parecía detenerse. Una rareza exquisita. A veces era elástico y a veces de algodón, dulce y suave, como si no necesitara esforzarse y tuviera siempre una jugada prevista, una que nadie adivinaba. Era la mejor réplica a quienes abogan por los volantes físicos, intensos e imponentes.

«Siempre me frenaba con Andrés, no sé por qué. Si tenía alguna duda no metía el pie. Te regateaba siempre con el cuerpo», admite el impetuoso Puyol, el defensa enérgico e inapelable. Con Andrés, sin embargo, el instinto protector que había cristalizado en el colchón de la Masía se trasladaba incluso al césped. Fuerte como siempre ha sido el central, contemplaba con asombro los prodigios físicos de su amigo. «Parece débil y no lo es: parece que lo vas a tirar y no puedes; parece que le vas a quitar el balón y te desarma. Andrés engaña. Para los defensas es una suerte tenerlo delante —Puyol alude a los zagueros del Barça y la selección— porque cuando te ves en apuros le sueltas la bola sabiendo que es un seguro de vida, que siempre te hace quedar bien. Aunque es serio, también tiene su guasa —añade—. A veces te deja un mensaje del que te olvidas con el tiempo y luego te sorprende preguntando: "¿Qué hay de aquello?".»

Acostumbrados a encontrar sus espacios, Carles y Andrés fueron construyendo una sólida relación. «No es de hablar mucho, eso lo sabe todo el mundo, pero cuando habla lo escuchamos», afirma Puyol, que recuerda «cuatro o cinco conversaciones profundas con Andrés», charlas sobre cuestiones extradeportivas, charlas sobre la vida... Con todo, Andrés sólo vive para el fútbol. Y juega como vive: siempre atento a la pelota. De vez en cuando se evapora, se hace invisible, se va al sótano para desconectar y reaparece con más determinación después de haber afrontado el problema, después de hallar una solución. Si tiene algo que anunciar, convoca a los implicados y éstos, como recuerda Puyol, se preguntan: «¿Qué querrá de nosotros?».

Necesita sentirse querido sin aspavientos, sin concesión alguna a la autocomplacencia: simplemente agradece los apoyos tácitos y sinceros. Obstinado como su padre y enigmático como su madre, a Andrés Iniesta, en el fondo, le gustaría dejar huella.

14.

PRECURSORES Y DISCÍPULOS

Andrés Iniesta es un jugador muy singular, hecho que se hace aún más evidente cuando se lo compara con diferentes futbolistas, sobre todo porque a lo largo de su trayectoria ha ocupado distintas posiciones en el campo.

MICHAEL LAUDRUP

«Somos como las serpientes.»

¿En quién se inspiró Iniesta? Uno de los futbolistas en los que más se ha fijado es seguramente Michael Laudrup: «Muchas veces me han preguntado: "Michael, ¿te molesta que a Andrés lo llamen el nuevo Laudrup?". Y yo respondo: "Todo lo contrario". Cuando se habla así de alguien nuevo es porque hubo un precedente que no dejó mal recuerdo, pero no me corresponde a mí decir quién va a ser como yo. Cada uno es como es. Lo que sí digo es que a veces ves a individuos en los que ves algo de ti reflejado. Iniesta, por ejemplo. La verdad es que cuando lo veo jugar es como si yo estuviera en la cancha todavía. Lo digo por cómo se mueve, por cómo regatea, por la "croqueta". Son detalles que recuerdan mi fútbol. Al principio no sabía nada de él. Luego sí, me dijeron que era un chico que se fijaba en mí cuando yo estaba en el Barça. Incluso he leído que intentaba hacer algunas cosas mías, pero lo supe después, al verlo jugar.»

Laudrup destaca la croqueta, un regate que practican muy pocos futbolistas. De ahí su curiosidad cuando la vio ejecutada

267

por Iniesta: «Me acuerdo de Onésimo, que jugó poco tiempo con nosotros en el Barcelona, pero era distinto. Como ha dicho Andrés, la croqueta no es un recurso técnico que sirve para hacer algo bonito: sirve para preparar una jugada que tiene continuidad en la acción posterior. Mueves el balón de una pierna a otra, conduces la pelota con la derecha y usas tu bota izquierda como si fuera una pared para preparar el siguiente pase. Te basta un toque para seguir adelante en busca de otra finta, un pase o lo que quieras. No es difícil, la verdad, al menos en apariencia. Lo difícil es hacerlo con velocidad y rodeado de contrarios: uno te aprieta por delante, otro por detrás, un tercero por un costado. A pie parado, quieto, cualquiera puede hacer una croqueta, pero con rapidez, en cambio, ya es otra historia. Y si, además, miras al frente, sin fijarte en la pelota, aún es más difícil. Me sorprende, de todas maneras, que no haya más jugadores que la utilicen porque resulta muy efectiva. Andrés piensa lo mismo que yo: "Lo hago porque es eficaz, porque da resultado"».

La cualidad que más admira Laudrup de Iniesta es «su inteligencia futbolística». Y lo explica de forma muy visual: «¿Cómo ven los jugadores un pase? Está el jugador que ve el pase obvio, ése que todo el mundo advierte, incluso los aficionados desde la grada; otra cosa es que salga o no, pero el jugador lo ve. Después está el futbolista que manda el pase adonde menos se espera: todo el mundo cree que el balón va a ir hacia un lado y luego resulta que va hacia otro. Y, finalmente, está el tercer pase, el más complejo: el del jugador que busca un hueco casi inexistente y que nadie ha visto. Andrés domina los tres pases. Muchos dominan el primero; algunos, el primero y el segundo, pero muy pocos dominan los tres. Eso es lo difícil. Depende no sólo de ti, sino también del receptor, naturalmente. Entramos entonces en un escenario donde no sólo interviene quien da el pase, sino también quien lo recibe. Todo es más fácil si el otro jugador intuye esa opción. A mí me sucedía en mi época con Txiki Begiristain. Yo bajaba a recibir un poco lejos del área, metía el balón al hueco para Txiki, que era el más listo, el que se movía en el instante justo para centrar y poner la pelota facilitando la llegada desde la segunda línea de José Mari Bakero. Hicimos un montón de goles así, tantos que entre nosotros nos decíamos: "Llevamos más de cuarenta goles iguales y no nos pillan nunca". Eso sucede ahora también con Andrés y sus compañeros, ya sea Messi, Neymar, Suárez o, en su momento, Villa y Eto'o. ¿Por qué? Porque llevan mucho tiempo jugando juntos y la conexión funciona. Para las genialidades siempre son necesarios, como mínimo, dos jugadores: el emisor y el receptor, el que piensa y pasa y el que recibe y sigue la jugada, los dos deben hablar el mismo lenguaje. Un jugador inteligente no puede hacer la jugada solo, necesita a otro. Si luego preguntas cómo lo han hecho no saben qué contestarte: "No sé". No lo pueden explicar: se han juntado y han hecho algo difícil de describir. Hay muchas jugadas que se pueden ensayar, casi todas, pero esto... o lo tienes o no lo tienes. Y otra cuestión: hay jugadores brillantes en la vida, pero no en el fútbol, y al revés, una cosa no tiene nada que ver con la otra».

Iniesta y Laudrup han conversado muchas veces sobre el talento y la intuición. Así lo recuerda el danés: «Andrés dice: "Cuanto más pienso, más me equivoco". Lo entiendo porque a mí también me ha ocurrido lo mismo. Una vez, durante un partido en Albacete, cogí el balón y filtré un pase entre tres defensas para Romário, que falló el tiro. Entonces se me acercó un jugador del Albacete y me preguntó: "¿De verdad lo querías meter ahí? Dime la verdad". Me quedé mirándolo sin saber qué responder. Y lo curioso es que el partido siguió y él no dejó de preguntar hasta que contesté: "Pues claro que quería ponerlo ahí. ¿Qué quieres que te diga? Si tengo que explicar el motivo, no puedo". Lo mismo sirve para Andrés y para la gente que tiene un don especial. Quien también lo tenía es Iván de la Peña.

»Hablamos de Iniesta cuando lo ha ganado todo, pero ya jugaba así hace diez años —señala Laudrup—. Ahora actúa de centrocampista, juega diferente. Conserva su repertorio, pero no ha dejado de enriquecerlo. Para mí es un orgullo que un futbolista como él haya llegado a lo más alto después de empezar como empezó. Y, cuando lo veo pasarse el balón de una pierna a la otra, me recuerda a mí. Eso se ve muy poco. Hay otra jugada que ahora ya es más común: la de mirar a un lado y pasar la pelota al otro. Antes no se veía tanto. Recuerdo que, al principio, cuando la hacía me preguntaban: "¿Pero qué haces?". Y yo respondía: "Pues nada, engañar". Es un truco que sirve en el fútbol y en la vida. Improvisas. No hay manual ni receta para aprender a mirar en una dirección y pasar al otro lado. Como decía Johan Cruyff, "las cosas sencillas son las más complicadas". El pase al primer toque es lo básico, pero hay que darle velocidad y, entonces, lo más sencillo se convierte en lo más complicado.

»No es fácil tomar la decisión correcta —añade Laudrup—. Andrés no pierde el balón. No es rápido, pero siempre sabe encontrar el movimiento adecuado porque es veloz para interpretar la jugada, se mueve medio segundo antes que el contrario. Vuelvo a pensar en Cruyff cuando decía: "Al fútbol se juega con la cabeza, con el cerebro". Necesitamos jugadores con coraje y piernas para ganar, pero los que llegan más lejos son los que piensan. El cuerpo es valioso, pero no tanto como el toque. Hace cuarenta años, seguramente, Iniesta, Messi, Guardiola, Amor o Milla habrían tenido problemas para jugar por su físico, pero hoy ya es distinto. Ahora hay entrenadores que se preguntan: "¿De qué me sirve un volante que recupera 40 balones si pierde 41?"».

A Michael Laudrup le encantó la manera como Iniesta armó el remate que dio lugar al gol en la final de Sudáfrica: «Recuerdo que el día de la final íbamos camino del *stage* en Suecia con el Mallorca. El autocar no pasaba de noventa por hora y los jugadores seguían el partido por ordenador o por el iPad. Le pedí al conductor que acelerase y se negó en redondo. Llegamos al hotel cuando el encuentro había llegado al descanso. Y, afortunadamente, pudimos ver bien la segunda parte, la prórroga y, naturalmente, el gol. Andrés dio un paso atrás antes de recibir la pelota. A cualquier otro jugador tal vez le habría dado por atacar el balón para que no se le escapara o se lo quitara un rival: al fin y al cabo lo tenía delante. Él, en cambio, se va hacia atrás.

»Parece que el balón no va a llegar nunca, que antes lo harán los contrarios —continúa Laudrup— y, además, el portero está saliendo del marco. Lo normal es que tengas ganas de chutar, de atacarla ya, que no puedas esperar más. Andrés, sin embargo, espera, aguarda a que la pelota describa su trayectoria hasta el punto de que hay un momento en que se detiene en el aire. Y la ejecución depende entonces de la decisión que tomes. El fallo es tener demasiado tiempo para pensar cuando lo mejor es improvisar. Robben, por ejemplo, tuvo tiempo para pensar cuando corría hacia Casillas. Llegan dos y hasta tres órdenes a tu cabeza: "Tiro por la derecha o por la izquierda o por el centro". Cuando te pasa eso, estás muerto. Iniesta, en cambio, tomó la decisión correcta. Casi todos habrían atacado el balón porque era la final de un Mundial, porque nunca se presenta una ocasión como ésa, porque ahí estaba el triunfo. Nueve de cada diez pelotas rematadas en esas condiciones salen fuera, pero el remate de Andrés entró.

»Hay que entender lo que sucede a tu alrededor, a veces sin necesidad de mirar, hay que ganar medio segundo y eso depende mucho de si estás cerca del área o estás en el medio campo. Los medios ven el fútbol de cara, mientras que en el último tercio dispones de menos panorámica. Quizá a su edad yo tenía más velocidad, pero Andrés posee la visión del centrocampista y ahí lo hace de maravilla. Yo no habría podido moverme allí porque mi sitio era el último tercio y ahí estábamos para acabar la jugada, otro o yo —subraya Laudrup—. De todas maneras, tenemos más cosas en común que diferencias, especialmente el doble regate: si estás en la línea, esperas al defensa y, cuando te entra, le haces ese doble regate y no te pillan. Hay que saber esperar. Es un atajo».

Y concluye: «Somos como las serpientes».

JUAN ROMÁN RIQUELME

«Te enseña a jugar la pelota.»

Una de las figuras mundiales con las que se lo ha comparado a menudo es Riquelme, el interior que lo precedió en el Camp Nou. En marzo de 2013 dijo esto durante una entrevista concedida al diario *Olé* de Buenos Aires:

Si pudiera sacarle un jugador a este Barcelona, ¿a cuál elegiría?

[Piensa.] Es difícil sacarle uno... Si me dan a elegir uno solo, voy con Messi, pero si puedo más, le saco a Messi y a Iniesta.

¿Iniesta es el más riquelmista de los españoles o vos sos iniestista?

No, Iniesta es una persona a la que yo quiero mucho. Con él hablo seguido. Se me enojó porque no pude ir al casamiento, pero esa noche jugaba la final de la Libertadores con el Corinthians.

Gracias a Dios, él hace que Messi juegue más tranquilo cerca del arco rival los noventa minutos porque se encarga de llevarle la pelota hasta allá. Para Messi es el compañero ideal porque puede pasar diez o quince minutos sin tocar la pelota que no pasa nada. Él es el encargado de jugar y de que vos digás: «¡Cómo juega Iniesta, madre mía, no se la pueden sacar!». Y, después de un rato, Lionel agarra la pelota y el rival saca del medio. Si Messi pasa diez minutos sin tocar la pelota en la selección argentina, dicen que no tiene ganas de jugar. Porque no tenemos a un Iniesta. Allá Messi sí puede no tocar durante diez minutos la pelota porque Iniesta le entretiene a la gente.

Riquelme, cuyo paso por el Barcelona fue muy fugaz, dejó detalles de futbolista exquisito con un gusto muy especial por la jugada bien concebida. Ahora está prendado de Iniesta. «Sigue siendo el mejor —afirmaba en otra entrevista, ésta concedida a DeporTV, también argentina—. Te enseña a jugar la pelota. Ronaldo y Messi hacen diferentes al resto porque son más rápidos, pero Iniesta hace todo lo que uno ve desde arriba en la tribuna. Lo hace todo bien. Cada vez que juega, tengo la obligación de verlo. Cuando él no juega, el Barcelona no puede jugar.»

Hay una reflexión aún más gráfica en el canal de televisión ESPN: «Es como ir manejando en una autopista. Si hay un choque, ¿qué haces? ¿Seguís por ahí o vas para otro lado? Doblamos, ¿no? No vamos por donde está el choque. Iniesta hace lo mismo. Si hay mucha gente por acá, él va por allá y está solo. El único que se mete en el choque es Messi. Messi se mete ahí porque no sabe cómo carajo lo hace. Él sale, mete el gol y no se da cuenta. Se va a casa y lo mira por la tele». Y concluye el antiguo diez del Boca: «Yo no puedo errar un pase, yo juego en la primera, veo muy simple, si paro mal la pelota me enojo. El fútbol es pase y control, para mí es jugar la pelota, eso es fútbol. Iniesta es el único que nos enseña a jugar la pelota. Vemos en televisión que el cuatro está solo y él le pasa la pelota».

DAVID SILVA

«Nunca pierde los nervios, eso es
lo que más me asombra.»

También se lo ha comparado a veces con su compañero de selección David Silva, jugador del Manchester City: «Somos parecidos, introvertidos los dos, nos gusta hablar poco. Quizá por eso coincidimos tanto, me llevo muy bien con él». La atracción de Silva por Iniesta es parecida a la de Riquelme, a los dos les encanta contemplar el juego de Andrés: «Cuando lo veía entrenar, me decía: "Esto es otra cosa, esto es otro nivel. Es un espectáculo verlo en el campo, no puede ser, no puede ser lo que está haciendo". Nunca pierde los nervios, eso es lo que más me asombra. ¡Uno lo ve tan tranquilo! Da igual que sea un entrenamiento o un partido. No es casual que marcara el gol de la final del Mundial —subraya Silva—. Aquel gol refleja a la perfección el fútbol español. No tuve la suerte de jugar esa final, pero viví aquello como un alivio, pues siendo suplente lo pasas siempre peor que en el césped. Nunca pensamos que podríamos ganar un Mundial y, sin embargo, se ganó, y dos eurocopas».

Continúa con su exposición: «La tranquilidad que tiene Andrés no se la he visto a nadie. Es innata. Sólo suya. Nunca lo he visto ponerse nervioso. Acaso sólo una vez, en la final del Mundial, cuando recibió dos o tres patadas por detrás, con mala intención, de Van Bommel, pero tuvimos la suerte de que siguiera en el campo».

A Silva, otro futbolista que también destaca por su serenidad, le encanta hablar con Iniesta: «Cuando acabamos de entrenar nos quedamos mucho tiempo para charlar de la vida, del fútbol, siempre aprendes... Sigue siendo un tipo muy humilde. Nunca te mira por encima del hombro». En el campo se entienden de maravilla: «Esté el partido como esté, aunque sea el momento más difícil, a él le puedes dar el balón y dejar de preocuparte. Está en buenas manos. Por eso me identifico tanto con Andrés, con Xavi, con Santi Cazorla, todos somos bajitos a los que nos gusta tener la pelota».

Y hay un detalle que le gusta especialmente de Andrés: «Su forma de girar. Eso lo hace realmente único. Es algo impresionante porque se vuelve y, en apenas dos o tres metros, ya se ha ido. El defensa lo quiere pillar, pero no llega. Es una locura lo que hace con ese giro. No es rápido en carreras largas, pero en corto y con el balón en los pies lo hace todo de forma increíble. Es una de las cosas más difíciles que hay en el fútbol y, sin embargo, a él le resulta fácil. Sabe leer el partido en cada momento, interpreta cada situación con inteligencia. Lo hace a la perfección. El giro, la lectura del juego. Es muy difícil, insisto, pero lo ves a él y no le cuesta nada, lo lleva como si fuera de fábrica en su fútbol. Y me alegro de que las cosas le salgan bien porque se lo ha ganado después de mucho esfuerzo, de mucha dedicación y de no pocos contratiempos. Ha sabido superar muchas dificultades y es bueno que lo sepa la gente, sobre todo los niños que quieren ser futbolistas. Me identifico mucho con Andrés y su manera de ser».

SANTIAGO CAZORLA

«Me quedo con el Andrés amigo.»

Admiración y respeto es lo que también siente Santi Cazorla por Iniesta:

«Es el espejo en que me he mirado siempre desde que coincidimos en Brunete, él con el Albacete y yo en el Oviedo, y luego en la sub-21. Nos conocimos mejor en la Eurocopa de 2008. Yo voy directamente a la lista de los 23 sin haber jugado antes ni un partido con la absoluta. Luis Aragonés convocó a jugadores como De la Red, Sergio García, Fernando Navarro y yo. Andrés siempre me ayudó. A Andrés lo tienes ahí, aunque no lo veas. Y, cuando estás lesionado, cada poco te pregunta: "¿Cómo estás? ¿Qué tal te va?". En él convergen la persona y el jugador. Yo lo considero, junto a Xavi, el mejor futbolista español de la historia. Siento verdadera devoción por él como jugador y más todavía como persona, por su sencillez y su humildad. Hasta Guardiola lo decía: "No lleva tatuajes, no se pinta nada. Es el jugador perfecto." No se tiene por icono futbolístico ni tampoco por una celebridad, pero lo es. No es consciente de la grandeza de su fútbol ni de lo que representa para España y para todos los jóvenes.

»Aunque no lo parezca, es bastante perfeccionista —advierte Cazorla—. No para de darles vueltas a las cosas, está pendiente de todos y, por más reservado y sencillo que sea, siempre se interesa por ti. Transmite tranquilidad en los momentos de mayor tensión. A veces lo ves en el vestuario antes de un partido complicado, muy importante, y da la sensación de que se va a jugar con los amigos. Si estás en el banquillo y lo ves jugar, piensas: "Este chico no pierde nunca la serenidad. Va andando, va como si no hiciera esfuerzo alguno. Nunca le puede la presión". "¡Qué presión!", nos dice él. Es muy tranquilo, nada lo altera. A todos nos gustaría tener esa calma. Así que en el campo, cuando estás apretado, a veces dices: "Toma, te doy el balón y arréglatelas como puedas". Hace cosas que no vemos los demás. Cuando no hay sitio para salir de una jugada, él lo acaba encontrando. Hay que valorarlo por su juego, por sus goles y también por lo que transmite al Barcelona y a la selección. Hay que saborearlo en cada segundo. Incluso Messi sabe que es el mejor del mundo porque tiene a Andrés cerca.

»Yo, de todas maneras, me quedo con el Andrés amigo, con esa persona que, a pesar de ser quien es, sigue siendo tan sencillo —concluye Cazorla—. Es el ejemplo perfecto para los niños. A mi hijo le diría: "Fíjate en Andrés, mira cómo es, mira cómo lleva la fama, mira su humildad". Es un placer compartir con él cada minuto y quiero agradecerle que haya estado a mi lado, sobre todo, en los malos momentos. Es un amigo de verdad.»

15.

LA MIRADA DE LOS RIVALES

«Es imposible darle una patada. A menudo no lo pillas, pero hay ocasiones en que puedes elegir entre arrearle un buen palo, una buena hostia, o dejarlo ir y, al final, no le das. No le das porque es Andrés.»

«Se nos apareció Dios cuando Robben se plantó mano a mano con Iker. Y cuando digo Dios me refiero a esa puntita de la bota que evita el gol de Holanda. Aun así, la pelota pasó cerca del poste. Si nos la meten, seguramente no habríamos ganado. Y, después, cuando marcó Andrés, yo estaba de lateral, en la derecha, y me fui al banderín del córner izquierdo, corrí los cien metros en nueve segundos, récord olímpico. Me fui al córner como un loco. El esfuerzo de toda la vida se concentra en ese remate.»

Así de gráfico se muestra Sergio Ramos, por aquel entonces lateral derecho de la selección, para retratar las dos jugadas decisivas de la final en Sudáfrica. Al jugador del Madrid se le escapa la risa cuando le contamos que Iniesta no perdió los nervios durante aquella memorable intervención divina («vi al portero y pensé que no podía ocurrir nada malo»). «Sí, claro, no podía ocurrir nada malo... La jugada duró dos o tres segundos, pero a mí se me hizo eterna», dice Ramos.

Casillas la tiene perfectamente grabada: «Fue raro que cometiéramos un error de ese calibre en la final de un Mundial. Nuestra defensa era muy sólida, pero ocurrió. Sneijder lo hizo muy bien y dejó solo a Robben. Ya sabíamos que eran los dos jugadores más peligrosos de Holanda. El problema fue que el balón pasó entre Puyi y Geri, entre Puyol y Piqué, y reaccionamos tarde. Sólo podíamos confiar en un milagro.»

Había una pequeña ventaja: Ramos y Casillas conocían bien a Robben de sus tiempos en el Madrid, y la experiencia resultó decisiva cuando el delantero avanzó hacia la portería. «Intenté adelantarme a la jugada que yo sospechaba —recuerda Casillas—. Intuí que me iba a regatear echando el balón a su lado derecho, a mi izquierda. Estaba solo para el regate. Por eso caigo hacia ese lado. Después, cuando le pega, yo ya sé que dará en mi pie y no será gol. Esas cosas se adivinan. Sé perfectamente que el balón no va a la portería. Y así fue: cuando toca en mi pie y veo cómo sale, estoy seguro de que se irá fuera.»

Iniesta estaba tranquilo con Casillas. El portero, en cambio, no lo estaba tanto con su centrocampista porque veía cómo se consumía la prórroga y las fuerzas eran escasas. Casillas y Ramos compartían la misma inquietud. «¿Qué coño hacía Andrés allí arriba? ¡En el área holandesa! —se pregunta todavía el defensa—. En la prórroga de una final del Mundial, estás más pendiente de no cometer errores que de ir al ataque. Por eso todos nos preguntábamos: "¿Andrés allí? ¿Y en el límite del fuera de juego?". Pues sí, estaba allí, y supo eludir el fuera de juego, dio un último pase hacia atrás y metió el gol. Si hay alguien en el mundo que se merecía meter ese gol, ése es Andrés. Me alegré mucho por él. Es la sencillez y la humildad personificadas. Y eso que yo tuve hasta tres ocasiones, sobre todo aquélla de cabeza en que la pelota se me fue un poco arriba. Jugábamos con el Jabulani, y ese maldito balón me hizo un extraño antes de llegarme», cuenta Ramos.

Casillas tampoco acaba de entender por qué Iniesta se colocó frente al área de Holanda: «Muy pocos se imaginaban que Andrés pudiera estar ahí. Todavía hoy me pregunto: "¿Qué hacía en el área pequeña?". Y recuerdo que después, cuando vi el balón caer, pensé: "¡Joder, le ha quedado a huevo!". El problema es que luego, cuando lo toca Stekelenburg, pensé que podía sacarla, es más, creí que la había sacado. No me quedé tranquilo hasta que vi la pelota en la red. Tengo también una última reacción instintiva en este tipo de jugadas: miro primero al linier para ver si corre hacia el centro del campo. Luego, por la televisión, vi que Andrés, en la otra punta, hacía el mismo gesto. Y, al ver que el linier avanzaba hacia el centro de la cancha, me quedé sin fuerzas. No tenía ni energía para celebrar el gol. Ni corrí al córner de la otra punta del campo para festejarlo con mis compañeros. Y eso que soy expresivo en los goles. Y más en uno de tal magnitud, estamos hablando de un gol que te puede dar un Mundial a cuatro minutos del final de una prórroga. Pero no podía, no podía. Me abracé a Busquets, el que tenía más cerca, y ya está. ¡Estaba tan nervioso! La gente no sabe lo que supone jugar una final como ésa. Habíamos tenido algunas oportunidades, pero, a medida que pasaban los minutos te ponías a pensar en los penaltis. Tienes tiempo para todo. Por la cabeza te pasan un montón de cosas. Por eso, cuando marca Andrés, piensas: "Es que podemos ser campeones del mundo. ¡Es tan bestia! ¡Tan bestia!"».

Casillas se quedó petrificado. Sergio Ramos no paraba de correr. «¡Mira cómo dejó el balón Andrés! Templado, atrapado en el tiempo y en el espacio. Cada vez que veo ese momento me emociono —vuelve a hablar Sergio Ramos—. Tengo en mi casa la Copa del Mundo junto a La Champions y las eurocopas, no hay día en que no la acaricie. Es un título que tienen los grandes equipos y el fútbol nos debía algo así. Teníamos grandes trofeos en todos los deportes: baloncesto, tenis, motos, coches... ¡Nos faltaba el Mundial de fútbol y ahora lo tenemos!», exclama el defensa.

No menos feliz se sintió Fernando Torres, el viejo amigo de Iniesta, siempre unidos en la selección española: «No podía creerme que el balón había entrado, tenía la sensación de que no lograríamos evitar los penaltis». El delantero del Atlético recuerda la jugada: «Yo recibí el balón escorado a la izquierda y vi que Andrés se desmarcaba hacia el segundo palo. Intenté pasarle el balón por arriba, buscando la espalda del central. El resto ya lo sabemos todos de memoria. Era increíble». Fernando Torres tuvo que salir del campo lesionado: «Fue muy cruel para mí, con todo lo que me había costado llegar hasta allí. Un mes y medio antes andaba con muletas. Merecía estar con mis compañeros hasta el pitido final». Desolado por esa nueva lesión, el delantero abandonó el campo, mientras Andrés, una vez descubierto su gran secreto, la dedicatoria a Jarque, continuaba con el balón entre los pies.

«Recuerdo muchas tardes de confesiones y secretos compartidos en Sudáfrica. Andrés me contó cosas muy personales que le ocurrieron ese año. Yo no las conocía. Después de eso, mi admiración hacia él es todavía mayor. Y, sobre todo, el orgullo de que mi amigo marcara ese gol fue aún más grande. No se podía encontrar a nadie mejor para firmarlo. Nadie podía haber llevado con más naturalidad ser el elegido.» Torres es uno de los futbolistas que ha compartido más ratos con Iniesta. Han sido charlas íntimas, conversaciones sobre penas y alegrías, confidencias de amigos.

«Los dos habíamos pasado un mal año por las lesiones y otros problemas. Quizá mentalmente no llegamos bien a Sudáfrica. Durante el campeonato, Andrés fue a más: logró despegar en la fase de grupos para acabar con un gol para la historia. Yo, en cambio, me vi forzado a jugar antes de lo previsto por la primera derrota, cuando España perdió frente a Suiza por 0-1. Fui de más a menos hasta que la rodilla dijo "basta".»

De vuelta a casa, con la estrella de campeones del mundo cosida en el pecho, Andrés se acercó a Fernando.

—¿Te acuerdas de la camiseta que me firmaste después del Mundial de Trinidad y Tobago? —le preguntó.

—Claro, Andrés. Claro que me acuerdo —respondió Torres recordando un episodio sucedido en el año 2001.

Hasta este momento, Andrés había guardado silencio sobre esa camiseta, como si no hubiera existido. Siempre fue así de prudente, también así de transparente y respetuoso, pero, al mismo tiempo, valiente desde que partió con doce años de Fuentealbilla. Iniesta ha sido siempre el mismo chico que conoció a Fernando a los catorce años.

«Andrés y yo nos conocimos en la selección sub-15, debutamos el mismo día en un partido que se jugaba en Villafranca de los Barros —rememora el jugador rojiblanco—. Desde ese día, recorrimos juntos todas las categorías inferiores de España. Nuestro primer gran torneo fue el Europeo sub-16 en Inglaterra. Perdemos por lesión a Andrés en la fase de grupos y en la final ganamos a Francia, con un gol mío que dediqué a mi amigo, lo echábamos de menos, lo necesitábamos. Luego, en el Europeo sub-19, ganamos en la final a Alemania, metí el gol y Andrés, ahora sí, estaba a mi lado.

»En 2001 fuimos a Trinidad y Tobago a jugar el Mundial sub-17. Fue un desastre absoluto. Teníamos una gran ilusión por ser campeones del mundo juveniles y nos eliminaron en la primera fase. Tanto a Andrés como a mí, aquel torneo nos hizo madurar muy deprisa porque nos enseñó la cara mala del fútbol, la de la derrota. Éramos los referentes de esa selección y, como tales, fuimos también los señalados por el fracaso. Así nos lo hizo saber el cuerpo técnico de la selección. Nos lo dijeron directamente a la cara y delante de todo el equipo. Nos dijeron que los habíamos decepcionado. No sólo eso. También dijeron que habíamos cambiado y que éramos, por tanto, los culpables.» Esa derrota quedó marcada a fuego para Fernando y Andrés. Una de las grandes favoritas de aquel Mundial sub-17 fue eliminada en la primera fase en un grupo que lideró la Argentina de Mascherano, Tévez y Zabaleta, donde quedó segunda Burkina Faso, mientras España (tercera) y Omán (cuarta) se iban para casa. «Fue tremendo vernos acusados, pero nos sirvió para entender de qué iba esto del fútbol. Si pasaba a ese nivel, debíamos estar preparados para lo que se nos vendría encima cuando llegáramos a la élite.

»De vuelta de Trinidad y Tobago —sigue Fernando Torres—, escribimos una carta contando las "penurias" vividas. Los nefastos campos de entrenamiento, los terribles hoteles, la comida de dudosa calidad, los viajes... La verdad es que si un chico a esa edad se da cuenta de todo esto es porque es algo realmente malo.» Ahí andaban en el avión dos adolescentes escribiendo su frustración en una misiva que nunca llegó a verse. «Esa carta se la quedó Andrés. No sé si la habrá guardado o la tiró. Nos reímos mucho escribiéndola, todo era en plan irónico. Después, intercambiamos nuestras camisetas y cada uno se la firmó al otro.»

Y aquí aparece, al fin, la profética camiseta de Trinidad y Tobago, que contenía una dedicatoria alocadamente singular: «Algún día, tú y yo ganaremos un Mundial, Fernando Torres». Firmada de puño y letra por un joven con un sueño casi utópico. «¡Quién me iba a decir a mí que se iba a hacer realidad! —exclama el delantero, todavía asombrado por la dimensión que adquirió aquel mensaje—. En el fondo, sentía que juntos éramos invencibles. Creía que el destino tenía algo grande preparado para nosotros. Así se lo puse, así se lo firmé. Nuestra historia en los mundiales no podía quedar reducida a ese fracaso con la sub-17», sentencia Fernando Torres.

El camino no fue, sin embargo, nada fácil para ellos. Ni para España. «Todo empezó en la Eurocopa de 2008», cuenta el delantero del Atlético.

«Los que estábamos de 2006 a 2008 en la selección sólo recibimos críticas, "hostias como panes", que diría Luis, y maduramos de golpe», afirma Casillas.

«Luis nos dio una lección de confianza y de respeto hacia los demás, construyó un equipo y, al mismo tiempo, desarrolló una idea que no mucha gente sabía que estaba germinando ahí», recalca el Niño Torres.

Y vuelve Casillas: «Sufríamos muchas adversidades, muchas críticas. Éramos muy jóvenes y espabilamos de golpe. Luis fue quien cambió a la selección, luego Vicente del Bosque supo mantener ese legado. No es fácil ganar la Eurocopa, el Mundial y de nuevo la Eurocopa. Eso no lo ha hecho nadie. Y España lo consiguió. Luis siempre decía aquello de ganar, ganar, ganar y volver a ganar. Habíamos visto antes a la selección de siempre, la que caía en cuartos, la que buscaba excusas. Cuando no era por el árbitro, era por otra cosa, pero siempre había excusas».

Luis Aragonés, conocido popularmente como el «sabio de Hortaleza», fue el revolucionario, la persona que cambió la furia por el toque, el *passing-game* o, si se quiere el tiqui-taca, como frivolizan los escépticos, consciente de que la fuerza del juego no estaba en la defensa ni en la delantera, más que nada porque siempre habría un inglés o un alemán más alto que un español en las áreas, sino en los centrocampistas, la esencia del juego de la Roja. Javier Clemente, Luis Aragonés, Del Bosque y el mismo Guardiola fueron excelentes jugadores de campo, volantes o interiores, centrocampistas, futbolistas a los que les gusta el balón como a Iniesta. «Luis se quedó con la gente en quien creía de verdad y le dio toda la responsabilidad a los "bajitos", Andrés, Xavi, Silva. La selección jugaba a lo que ellos proponían. Fue un espectáculo y, además, una lección para los que dudaron de que esos jugadores pudieran liderar el fútbol de un equipo campeón —precisa Fernando Torres—. Las críticas, las dudas, los insultos, los menosprecios... Todo lo que vivimos hasta ese momento fue tremendamente duro e injusto, pero Luis creyó siempre en nosotros, veía a un equipo capaz de lograrlo. Todo lo que sucedió nos hizo unirnos aún más por un sueño —revela el delantero—. Fue increíble, es un recuerdo imborrable. Cambiamos la inercia de la selección.

Estoy seguro de que sin ese 2008 no habrían llegado los éxitos de 2010 y 2012.»

Ya unidos desde jóvenes, Fernando Torres y Andrés Iniesta se sintieron comprendidos a partir de la Eurocopa 2008 que coronó como mejor jugador de Europa al azulgrana Xavi. Aquella camiseta de Trinidad y Tobago que llevaba la firma del Niño empezó a tener más sentido que nunca cuando llegaron los títulos, porque hacía que ambos, el delantero y el centrocampista, se sintieran invencibles.

«Andrés es un genio, es alguien que sabe lo que va a pasar un segundo antes de que ocurra. Va por delante del resto», apunta Fernando, el joven que firmó una dedicatoria que funcionó como motor y testimonio de una complicidad que la mayoría desconocía, como es el caso de Ramos y Casillas. «Apenas coincidí con Andrés en dos partidos en la sub-21, luego nos subieron a la absoluta», dice el defensa. «Hay varios jugadores que, cuando empezamos, no nos parecíamos a lo que hemos sido luego —añade el portero—. A Andrés lo veía menudito, pequeño, un canterano más del Barcelona, pensé al verle llegar. Luego, cuando tuvo que despuntar, lo hizo», añade Casillas.

«Andrés es mágico, es distinto, es diferente. Ha marcado una época, no sólo en el Barça sino también con nosotros en la selección. Aquí llevamos diez años juntos, nos tenemos un cariño mutuo y muchísima confianza. Todos lo conocemos, es una persona muy tímida, muy reservada, lo contrario de lo que soy yo. No nos parecemos, pero desde el primer día yo tuve muy buen *feeling* con él —cuenta Sergio Ramos—. Yo soy de los que prefieren y aceptan la sencillez antes que la amistad forzada. No me gusta la gente que fuerza las situaciones para demostrar su personalidad y buscar complicidades interesadas o no. Andrés es de aquellas personas que no habla, a las que tienes que ayudar al inicio, mejor tenderle la mano para que se integre un poquillo, pero luego suma, es uno más, hasta que se convierte en una pieza clave. Las cosas se dan así, de manera natural, incluso entre dos futbolistas que pertenecen a clubs rivales como es nuestro caso. Sintonizamos desde el primer día sin que yo sepa decir muy bien por qué. Ya son diez años juntos.»

El zaguero del Real Madrid comparte la tesis (muy extendida, por cierto) de que Andrés es el yerno perfecto, «el chico que cualquier madre quiere para su hija porque lo hace prácticamente todo bien y no da problemas. Es poco expresivo, bastante reservado, pero transmite buena energía y, aunque es difícil sacarle una sonrisa, también proyecta alegría, por eso yo ando pegado a él, fuera y dentro del campo, porque si hablamos de fútbol, intento aprender de él. Es un fenómeno. Su personalidad, en el fondo, se refleja en su manera de jugar».

«Si lo ves en el campo parece inexpresivo, rara vez lo sacas de quicio —coincide Casillas—. Tiene que ser algo muy fuerte para que salte. Es curioso, pero pocas veces habrás visto una imagen de Andrés en la que proteste mucho. Es un tío al que se respeta por cómo es.»

«¡También ha sufrido mucho, eh! —interviene de nuevo Ramos, elevando la voz—. El fútbol tiene las dos caras. No somos máquinas. Llevamos muchos años jugando al máximo nivel y hay momentos en que el cuerpo no te da más, no te aguanta. Después, la mente sufre un desgaste y, al final, todo eso se nota en el campo. Hay gente que lo entiende, otros no. Cuando brillas a un nivel tan alto como el de Andrés durante tantos y tantos años, la gente te exige. Lo que no saben es que nuestros cuerpos no son máquinas, pero como ellos te han visto a ese nivel siempre piden lo mismo.» Al igual que Alves, Ramos es un defensa que agradece entrenar con Iniesta, «porque te exige al máximo. Te da un plus, te hace estar más concentrado. Siempre está bien. Es raro que se le escape un balón, todos los controles que hace son buenos. Y resulta extraño que falle un pase, su porcentaje de aciertos es también muy alto. Le das una pelota más fuerte de lo normal y, con un solo control, la pone en su sitio. Le das, como decimos nosotros, una fresa o una sepia y, con el exterior, ya ha domado el cuero. No hay muchos jugadores en el mundo con el nivel de calidad de Andrés», revela Ramos.

«Cuando lo tienes enfrente, te toca sufrir —continúa Ramos—. Es muy desequilibrante y vertical, te encara mucho, te crea muchos espacios. Y luego tiene una cosa de la que adolecen los que están ahí arriba, en punta: Andrés es cien por cien generoso. Él es de los que dice "toma, empújala tú", antes que marcar el gol. Eso no se da en los demás. Siempre te genera dudas cuando lo enfrentas porque si vas contra él sabes que estás dejando solos a los demás. Tiene un *timing* con el balón que es mortal. Igual te lo pone en la escuadra que da un suave pase entre líneas o en profundidad. Te hace dudar en todo momento y te tiene al cien por cien tenso. Cuando lo tienes de compañero es una bendición y, si es como rival, se convierte en un suplicio.»

«Lo que más me sorprende de Andrés es la naturalidad con la que juega —observa Casillas—. No es fácil hacer las cosas que hace. Tiene una cierta edad, son ya treinta y dos años, pero es increíble la soltura y la tranquilidad con las que juega. Cada año ves que mejora. Puede no estar tan bien alguna temporada, quizá como la que vivió con Tata Martino, pero luego al año siguiente parece reinventarse. Basta con analizar su trayectoria con Luis Enrique. Hace un año hizo una campaña buenísima, fabulosa, lo ganaron todo. Es un tipo capaz de estar dos años muy bien y luego tener uno tranquilo. Y así a lo largo de toda su carrera.»

El portero retrata la evolución del juego de Iniesta después de la llegada precisamente de Luis Enrique al Camp Nou. «Es un centrocampista más completo. Con más llegada, con más velocidad, con más remate. Cosas que igual antes no le veías o, quizá, como las hace con tanta sencillez, no les dabas tanto valor. Parece hasta que es rápido. A mí me lo parece. No digo en una carrera larga, pero como regatea con tanta facilidad, es capaz siempre de sacarte ventaja. Me acuerdo de una jugada de la pasada temporada. Era un partido de Champions, en el Camp Nou, ante el París Saint-Germain. Aquello sí que es ser rápido, pero rápido de movimientos. Cuando se lo cree, tiene energía y fuerza, sabes que te va a responder.»

Casillas y Ramos se han medido muchas veces en la cancha con Iniesta, y no siempre de manera amable, sobre todo cuando el contexto ha estado envenenado por las difíciles relaciones entre el Barça y el Madrid y también cuando han intervenido entrenadores con mucha personalidad, como Guardiola y José Mourinho.

«Cada uno defiende lo suyo. Hemos atravesado momentos muy malos entre los dos equipos y, al final, hubo algunas trifulcas. En tres semanas, jugamos una Copa del Rey, la Champions y la Liga. Tres semanas, cinco partidos. Hubo sus rifirrafes. Yo fui el primero que metió la pata, el primero en equivocarse —confiesa Ramos—. Eres joven, impulsivo, vas a mil pulsaciones. Pero después de un clásico en el que doy un manotazo a Puyol y tengo también un lío con Xavi, lo primero que hice al día siguiente fue hablar con los dos. Habría sido muy poco razonable ir a la selección y que hubiera mal ambiente y más con el equipazo que teníamos. Yo, la verdad, con Andrés siempre me he llevado bien, siempre, incluso cuando saltaron muchas chispas con Xavi, con Piqué e incluso con Puyol, con quien me llevaba bastante mal. Con Andrés, no. Con Busi [Busquets], tampoco. Entre Andrés y yo hemos cuidado mucho todas estas cosas. Además, estoy convencido de que cuando se acabe el fútbol seguirá nuestra amistad.»

«Con Andrés es imposible cabrearse o discutir —concluye el central del Madrid—. A Andrés no le das una patada. A menudo no lo pillas, pero hay ocasiones en que debes elegir entre arrearle un buen palo, una buena hostia, o dejarlo ir y, al final, no le das. No le das porque es Andrés. Luego viene otro y a ése sí, a ése lo pones allí, ¡en Cuenca! Hay muy pocos como Andrés, muy pocos que tengan esa manera de ser. Por eso yo le tengo un cariño tremendo. Lo quiero mucho como compañero, mi única pena es que no juegue en el Madrid. Me habría encantado tener a un Iniesta en el Madrid.»

16.
LOS DIRECTORES DE ORQUESTA

PEP, VICENTE Y LUIS ENRIQUE

«Es un maestro en la relación espacio-tiempo.»

«Diría que parece un bailarín; lo hace
todo sin esfuerzo, ésa es su gracia.»

«Lo llamamos Harry Potter
porque hace magia en el campo.»

Verano de 2008: el Barça pierde en Soria frente al Numancia (1-0) en pleno arranque liguero. Escenario y rival dan para mucha literatura deportiva, un episodio de héroes y villanos, dos semanas infernales para el debutante Pep Guardiola, que entonces tiene 37 años. El panorama no mejora con la segunda jornada (tras la interrupción forzada por los compromisos de las selecciones nacionales) porque los azulgrana no pasan del empate con el Racing de Santander en el Camp Nou: 1-1. Guardiola, sin embargo, mantiene su desafío y alinea a Busquets y a Pedro, jugadores de Tercera División conocidos sólo por los asiduos a la ciudad deportiva y al Miniestadi.

El entrenador del Barcelona sólo halla consuelo en la columna semanal que Johan Cruyff publica en *El Periódico*, suficiente para mantener la apuesta a flote y relativizar la inquina que destilan ciertos artículos: algunos cuestionan su nombramiento por su condición de novato en un club que necesita expertos bien curtidos. «Este Barça pinta muy, muy bien —sostenía el holandés, en abierta oposición a los comentarios de los analistas censores—. Yo no sé qué partido vieron ustedes.» El conspicuo valedor del técnico le dio la bendición y la alternativa después de observar cómo entrenaba al filial del Barça: «Un encuentro como el que yo vi hacía tiempo que no se veía en el Camp Nou —insistía—. El peor arranque de Liga en muchos años. Un gol a favor en dos partidos y de penalti. Numéricamente, verdades absolutas. Futbolísticamente, la lectura debe ser otra. Y el primero que está por la labor es Guardiola. Ni inexperto ni suicida. Ve, analiza y toma decisiones».

Guardiola se encerraba en las catacumbas de su despacho, el cuarto sin luz natural que le habían asignado en el Camp Nou: daba una y mil vueltas al modo de corregir la situación, revisaba los apuntes y los vídeos convencido de que debía perseverar en una idea que contaba con el aval de Cruyff. No era fácil defender una propuesta que arrojaba un saldo de tan sólo un punto sobre seis ante equipos como el Numancia y el Racing.

Las cábalas de Guardiola se sucedían sin fin cuando, de pronto, oyó que llamaban a la puerta de su «camerino».

—Sí, adelante —dijo sin saber quién estaba detrás de esa puerta.

—¡Hola, míster!

Una figura pequeña, normalmente silenciosa, asomó tímidamente. No cruzó el umbral, pero habló de forma rotunda, sin concesiones al susurro:

—¡Tranquilo, míster! ¡Lo ganaremos todo! ¡Estamos en el buen camino! Sigamos así, ¿vale? Jugamos que te cagas, nos lo pasamos de fábula en los entrenamientos. No cambiemos nada, por favor —Andrés Iniesta le dijo esto al asombrado Guardiola.

La petición, breve, sincera, honda, descolocó por completo al entrenador. No sabía qué responder, estaba atónito por un respaldo procedente de alguien que no solía expresar sus ideas con semejante vehemencia, por el enorme cariño que de aquellas palabras se desprendía. Mayor fue el pasmo del técnico cuando tan improbable emisario añadió:

—¡Esto va de puta madre! ¡Este año vamos a arrasar! Y cerró la puerta. Andrés actúa así. Habla poco e interviene lo necesario, sólo cuando es imprescindible, como ocurre con sus goles. Guardiola jamás olvidará ni aquel providencial artículo de Cruyff ni la insólita aparición de Iniesta. El Barça, como pronosticó Andrés, hizo la temporada perfecta: cuando acabó 2009 había ganado los seis títulos.

«La mayoría de la gente piensa que es el entrenador quien debe levantar el ánimo del jugador, quien debe convencerlo de sus aptitudes, quien debe llevar la iniciativa en materia de motivación. Y no siempre ocurre así; de hecho, durante mi primer año en el Bayern de Múnich también me pasó algo parecido. No es fácil lidiar con esas situaciones y cuando se producen crisis como ésas no se tiene, por lo general, noticia de las mismas. Casi todos piensan que el entrenador es el más fuerte, el jefe, pero, en realidad, es la parte débil del sistema. Estamos ahí para ser criticados, cuando no directamente vilipendiados, por quienes no juegan, por los medios de comunicación, por los aficionados. Todos tienen el mismo objetivo: cuestionar al técnico», afirma Guardiola.

«Empiezas, pierdes en Soria, empatas con el Racing, aquello no va, te sientes observado en la soledad y, de pronto, se presenta Andrés: "¡Tranquilo, míster, esto va de puta madre!". No es algo que uno espera en semejante circunstancia porque no se suele dar y, además, porque el portador del mensaje no es otro que Iniesta, una persona que no tiene por costumbre expresar sus sentimientos —prosigue el técnico—. Pensando ahora en lo que entonces vi y oí, me pregunto: "¿Cómo pueden decir que los entrenadores deben ser fríos en la toma de decisiones? "¡Una mierda!", respondo. Después de lo que hizo Andrés y, sobre todo, considerando el momento en que lo hizo, ¡¿cómo pretendían que fuese frío con él?! Lo siento, pero no puedo aceptarlo. El 86 por ciento de la gente no creía en mí, muchos pedían mi cabeza y a Mourinho como entrenador, el equipo no lograba nada en el marcador. ¡Y entonces viene Andrés a decirme eso! ¿Cómo puedo permanecer impasible ante esa muestra de apoyo? ¡Es imposible! ¡Una mierda! ¡Una puta mierda! ¡Es una cuestión de piel! ¡No puede ser de otra manera! No cabe la más mínima duda. Andrés jugará conmigo porque es el mejor y porque hay cosas que no se olvidan: "¡Míster, vamos de puta madre!". ¿Por qué acudió a mi despacho? —se pregunta todavía Guardiola—. Pues, no lo sé. Digo yo que lo sentía, eso es todo.»

Tercia entonces el preparador físico Lorenzo Buenaventura, que ha acompañado al técnico catalán en el Barça, en su etapa bávara y a continuación en su aventura inglesa: «Andrés no hace nada que no sienta. Es auténtico en todo».

«Quizá actuó así porque supo entrever que había un propósito común, un sistema con el que se identificaba; tal vez porque compartíamos una visión o porque todos entrenaban muy bien, de puta madre, pero sobre todo porque había mamado ese fútbol desde que era un niño», recalca Guardiola.

«Había otros jugadores que nos enviaban pequeños mensajes», apunta el preparador físico. «Es verdad, Loren —dice Guardiola—, pero el de Andrés fue contundente. ¡Cómo olvidar aquello! Todavía no nos habíamos mudado a la ciudad deportiva. Aún lo veo, allí, en la puerta, de pie, mirándome: "¡Va de puta madre, míster! ¡Irá bien! ¡Vamos a arrasar!". Y se fue. Entonces, pensé: "Si lo dice Andrés...".»

Andrés tenía tanta razón como Cruyff: Guardiola iba por el buen camino cuando perseveraba en su idea de juego. A partir de la tercera jornada, el equipo empezó a funcionar de maravilla, tanto que en pocos meses acabó convirtiéndose en un modelo futbolístico, no sólo por los títulos (nadie había ganado antes seis de seis), sino también por el cuidado del esférico, por el modo de tratar al rival y de seducir a la afición: un manual de estilo destilado por futbolistas de seda como Iniesta.

«A Andrés nunca lo valoramos como lo que es, y es la hostia como jugador —señala Guardiola—. Nunca va a decir lo que piensa de sí mismo, si es el mejor o no, pero se equivocan quienes creen que se conforma con jugar bien. Si ve que puede ganar el Balón de Oro, querrá ganarlo. ¿Por qué? Porque se dirá a sí mismo: "Soy el mejor". A Andrés lo vas conociendo con el paso del tiempo.»

Vicente del Bosque, el seleccionador con quien conquistó el cielo en el Mundial de 2010 y la Eurocopa de 2012, también lo pone por las nubes: «Es un futbolista genial, dotado de un talento físico extraordinario, es un superdotado. Andrés sabe domar su cuerpo —dice el ahora extécnico de la Roja—. ¡Es tan elegante! ¡Tanto...! Eso es algo que no se aprende en ningún lado, esa coordinación, esa técnica... Lo puedes cultivar, pero se nace con ello. Diría que parece un bailarín; lo hace todo sin esfuerzo, ésa es su gracia. Ejecuta el fútbol con naturalidad y armonía. Lo hace relajado, golpea con habilidad y se lo ve siempre cómodo, como si caminara con la pelota en los pies, sin perderla en ningún momento. A Andrés no lo ves nunca forzado, lo hace todo suavemente, con suma delicadeza».

«Creo que Paco lo definió perfectamente —Guardiola se refiere a Paco Seirulo, expreparador físico del Barça y maestro, entre otros, de Loren Buenaventura—. "Andrés es uno de los más grandes. ¿Por qué? Porque es un maestro en la relación espacio-tiempo." Sabe dónde está en cada momento, incluso rodeado por un montón de jugadores, y escoge siempre la salida más adecuada. Y después tiene una arrancada muy particular —prosigue Guardiola—. Arranca y frena. Frena y arranca. Hay muy pocos como él. En todo deporte colectivo, la cuestión del espacio y el tiempo es fundamental. Andrés es único ahí. Es un maestro. Siempre sabe dónde está y qué ocurre a su alrededor. No necesita ni llevar la pelota. Sabe si está solo o marcado, si le entran por la derecha o le vienen por la izquierda. En función de eso decide lo más conveniente. Arranca, frena. Va, viene. Eso es increíble. »Hay futbolistas que son muy buenos por fuera, pero por dentro no valen nada. También hay futbolistas muy buenos por dentro, aunque después no tienen piernas para irse por fuera — explica Guardiola—. Andrés, sin embargo, tiene la rara capacidad de moverse por dentro igual de bien que por fuera. Cuando estás junto a la línea, como si fueras un extremo, es más fácil jugar. Lo ves todo. El lío está en jugar por dentro. Ahí no ves nada porque pasan muchas cosas en muy poco espacio. No sabes por dónde te van a atacar. Ni cuánta gente. El gran jugador es el que sabe jugar con esas dos variantes. Andrés tiene la capacidad para verlo y el desequilibrio para ejecutarlo. Él lo ve y lo hace.»

Del Bosque coincide con Guardiola, pero introduce nuevos elementos para describir el juego de Iniesta: «Aunque no se perciba a simple vista, Andrés ha ido modificando su manera de jugar. Ahora es otro futbolista. Antes, por ejemplo, tanto Pep como yo mismo visualizábamos a Iniesta en la banda, recibiendo el balón y encarando. Muchas veces se lo decía: "Te observo y, la verdad, no querría ser lateral teniéndote delante". Ahora, sin embargo, ha incorporado registros nuevos a su juego. Poco a poco ha ido huyendo de la banda para sentirse más protagonista en el centro del campo. También se ha ganado ese derecho, ¡sólo faltaría! —exclama Del Bosque—. Ni antes estábamos equivocados poniéndolo en la banda ni lo estamos ahora cuando juega más de centrocampista —subraya—. Lo que más me gusta ahora de Andrés es que se ha convertido en un centrocampista total. "Total" es el que defiende, construye, llega al área rival, regresa a la suya y, además, da el último pase. Es un chico fuerte y, a la vez, ligero. Esos jugadores que no parecen rápidos, pero siempre llegan antes que tú al balón.

»Siempre valoro el papel de los centrocampistas —señala Del Bosque, en clara sintonía con Guardiola; ambos procesan el juego de la misma manera a partir de los interiores y los volantes (al fin y al cabo, los dos fueron medios en sus equipos)—. Ojalá todos fueran centrocampistas, pero no sólo para tocar la pelota y asociarse, sino también para alejarse del balón —prosigue el antiguo seleccionador español—. En el fútbol no se trata de tocar y juntarse; también hay que alejarse y buscar un balón en profundidad».

«Llevo ya unos años de entrenador y he llegado a la conclusión de que el bueno siempre es bueno —dice Guardiola—. Enseñar al malo es complicado, muy complicado. Driblar no se enseña. El tiempo para ejecutar esa acción, ese instante de engaño, el momento en que eliminas a un rival y abres un escenario nuevo. Driblar es, en realidad, engañar al adversario. Driblar no es velocidad. Tampoco poder físico. Driblar es un arte.» Guardiola está claramente enamorado del *dribling* de Iniesta.

«Lo que ocurre es que Andrés frena —interviene Lorenzo Buenaventura—. Frena, ésa es la clave. Lo decisivo. La gente se dice: "¡Mira ése qué rápido es!". No, no, no te equivoques. Lo importante no es la rapidez. Lo verdaderamente clave es cómo se frena y dónde se frena. Y luego cómo arranca.

«Tito [Vilanova], que en paz descanse, lo definió muy bien —añade Guardiola—. Andrés no corre, Andrés se desliza. Parece un jugador de jóquey sobre hielo. Se desliza, pero sin patines. Va pssss, pssss, pssss. Es una definición muy gráfica, muy buena. Él va hacia un lado del campo, resbalando, mirando siempre lo que sucede a su alrededor. Entonces, de repente, gira hacia otro sitio con esa suavidad que tiene. Andrés no corre, Andrés se desliza.»

«Tiene una inteligencia fuera de lo normal —afirma un maravillado Del Bosque—. A veces, piensas que está en la grada viendo el partido, no en el campo. ¿Por qué? Porque tú, desde ahí arriba, dices "ahora debería pasar el balón allí", y Andrés lo pasa. "¡Yo haría esto!", entonces aparece Andrés y lo hace.»

Guardiola abunda en la misma idea: «A veces en la vida te quedas con la primera impresión, la que suele valer, y la que yo tengo de Andrés es la de un día en que mi hermano Pere, que trabajaba en Nike, me habló de él. Yo era aún jugador del Barça. "¡Pep, tienes que ir a ver a Iniesta!", me dijo poco antes de que se jugara la final de la Copa Nike. Aún recuerdo que me duché muy rápido, nada más acabar el entrenamiento, y me presenté en el estadio. Y sí, vi lo bueno, lo muy bueno que era. "Éste jugará en el Barça, seguro. Pero seguro, ¿eh?", me dije. Luego se lo comenté a Pere.

»Al salir del estadio, después de aquella final donde Andrés fue el mejor, me encontré con Segurola" [el periodista Santiago Segurola] y le dije: "Acabo de ver algo increíble". Tenía la sensación de haber asistido a algo único. Ése es mi primer recuerdo de Andrés. Luego siempre tuve clara la necesidad de atacar a los centrales. Nadie lo hace. Fijaos en el detalle. Si el central tiene que salir, todo se desordena y se forman espacios que antes no existían. La cuestión es abrir líneas para hallar espacios por detrás. Es así. Abrir para encontrar.

»Nosotros, por ejemplo, montamos la estructura ofensiva para que Leo atacara a los centrales —explica Guardiola—. Había que atacar a fin de que la pelota llegara en las mejores condiciones a Leo y a Andrés. Cuando lo conseguíamos, ganábamos seguro el partido porque Leo tiene el gol y Andrés te generaba todo lo demás: *dribling*, último pase por fuera o por dentro, desequilibrio, superioridad... Él ve todo lo que pasa y, además, tiene el don del regate, ese don tan suyo. El regate lo es todo hoy en día. Andrés me ayudó a advertir la importancia de que el interior también regatee. Si él driblaba, todo fluía. Te das cuenta con el tiempo.»

«Tenemos la costumbre de idolatrar a gente muy joven que ha hecho pocas cosas —Loren se une a la charla—, y Andrés es el único jugador que a partir de los 27 o 28 años ha empezado a disfrutar del reconocimiento que realmente merecía entre los futbolistas e incluso los entrenadores. Hay compañeros suyos que ahora te dicen: "Leo es único, Suárez es buenísimo, pero Andrés es el mejor con el que he jugado". Ha sido un proceso lento, muy lento.

»Mira, por ejemplo, lo que ha ocurrido con Neymar —continúa Lorenzo Buenaventura—. No tenía ni 20 años y en Brasil ya lo consideraban el mejor. Cuando Pirlo empezó a jugar en Italia, más de lo mismo. Andrés, en cambio, ha tenido que esperar hasta los 27 o 28 años para que la gente importante del fútbol diga: "Éste es el señor futbolista, éste". Y es extraño porque de un tío con el talento de Andrés ya deberían decir eso a los 20 años. No hay discusión. ¿Por qué? Es curioso: no lo sé.» Loren tampoco olvida que durante mucho tiempo se sostenía que Xavi e Iniesta eran incompatibles. «La gente dudaba, "¿Xavi o Iniesta?", y Pep respondía: "Xavi e Iniesta, los dos". No uno u otro. Juntos siempre. No es que no puedan jugar juntos. Lo que no pueden es jugar separados», recuerda Guardiola.

Guardiola y Del Bosque han compartido el honor de presenciar desde sus respectivos banquillos los dos goles históricos de Iniesta.

Guardiola se volvió loco con el tanto de Andrés en Stamford Bridge: «El mal control de Samuel [Eto'o], el despeje fallido de Essien, a Leo le cae en la derecha, el pasecito atrás de Andrés para ganar el espacio —Pep rebobina—. ¿Cómo lo vi? Ni Usain Bolt corre como lo hice yo por la banda de Stamford Bridge. Habíamos llegado al final del partido sin tirar una sola vez a portería, pero sigues sin perder la fe en que algo pueda suceder. Todo nos iba rodado después de aquel mal inicio en la Liga. Tres días antes habíamos ganado 2-6 al Madrid. Y estábamos allí, en el último minuto de un partido de la Copa de Europa, aguardando, creyendo, pensando: "¡a ver qué pasa, seguro que algo va a pasar!". No sabes por qué, pero algo nos decía que íbamos a tener una oportunidad. Que podíamos meter un gol. Pero nunca imaginé que iba a ser Andrés. Piensas en Leo, en Eto'o... en cualquiera. Incluso en Piqué, que en situaciones de emergencia acaba jugando como delantero centro. ¿Pero en Andrés? No. Había ocho jugadores del Barça en el área y quien mete el gol por toda la escuadra es uno que llega desde fuera y se llama Andrés Iniesta.

»Nadie pensaba que él marcaría en Stamford Bridge. ¡Y el gol del Mundial! Tú haces una encuesta con la pregunta "¿quién meterá el gol?" y a Andrés ni lo pones en la lista. ¡Imagínate! Pero si él prepara la camiseta de Jarque antes de la final es porque sabe que puede marcar un gol. No me preguntes por qué, pero los grandes tienen algo distinto. Andrés lo tiene. Llámalo intuición, llámalo como quieras, pero lo tiene. No es casual que le pasen cosas así».

En efecto: la hazaña se repitió un año después en el Soccer City de Johannesburgo con Vicente del Bosque en el banquillo de la selección española.

«No he vuelto a ver la final entera —dice Del Bosque—, sólo algunos tramos, especialmente de la prórroga. Recuerdo, eso sí, que pudieron expulsar a Andrés. Aunque, en realidad, él no hace nada en la jugada; es Van Bommel quien exagera su caída. No me gusta hablar mal de nadie, pero Holanda, que siempre ha sido una escuela de grandes futbolistas, no era Holanda en aquella Copa del Mundo. Le tenía mucho respeto a España, como se vio en su manera de jugar, en sus entradas —la palabra *patada* no sale de su boca—. Ésa no es la imagen de la Holanda que conocíamos.

»El gol lo vi, sí, pero no lo celebré mucho. Intenté ser discreto. ¿Por qué? Porque me acordé de Bilić, el seleccionador croata, y lo que pasó en los cuartos de final de la Eurocopa 2008. Marcó Croacia en el minuto 119, quedaba uno para el final de la prórroga, y Bilić salió corriendo para festejarlo con todo el mundo. Entonces sacó Turquía de centro y, de repente, marcó un golazo por la escuadra. A Bilić le he oído más de una vez decir que perdió demasiada energía celebrando ese gol. Al final ganaron los turcos en la tanda de penaltis —recuerda Del Bosque—. Cuando marcó Andrés tenía la escena de Bilić clavada en la cabeza. Además, a nosotros nos quedaban aún cuatro minutos para acabar el partido.»

El partido terminó con la victoria de España y el seleccionador pudo festejar el gol con los jugadores. «Andrés siempre se ha sentido importante en el equipo —dice Del Bosque—. Se ha ganado muchas simpatías y, sobre todo, la admiración que merece quien es muy bueno en el campo y es respetado por sus propios compañeros. Cada semana, por ejemplo, habrá 100.000 espectadores en el Camp Nou, pero seguramente no llegan a tres los descontentos con Iniesta, y tal vez sólo porque va sin tatuajes o cosas extrañas. Igual si apuramos nos salen diez, no más. Todos lo aprecian como persona, siempre ha sido un tío muy equilibrado.»

Del Bosque se explaya: «Están, por ejemplo, esos políticos que en los mítines hablan por los codos, pero luego, a la hora de la verdad, nada de nada. Lo que dicen no tiene sustancia. Luego está el otro, el que no habla apenas, pero es honesto y creíble. Andrés es creíble como futbolista. No habla, pero no tiene un pelo de tonto. Cala enseguida a la gente, sabe dónde está cada uno. En la selección teníamos un vídeo muy corto, de veinte o treinta segundos, tomado en un partido que se jugó en Cornellá —revela el seleccionador—. El Barça va ganando 1-4 o 1-5, no recuerdo bien, y Andrés sale entonces del campo. Lo sustituyen. Y los aficionados del Espanyol se ponen en pie para ovacionarlo. Es fabuloso, refleja lo que significa Andrés. No sólo como deportista, sino también como persona. La rivalidad es extrema y gana el Barça, pero la gente del Espanyol lo aplaude. En el lado opuesto está lo del Athletic, lo que pasa en un sector de San Mamés; no entiendo cómo pueden tenerle rencor a una persona ejemplar. Lo de Cornellá es una imagen increíble. Genial, diría yo. Genial. Eso no ocurre con nadie más».

«El público es soberano, como suele decirse —afirma el propio Andrés—, pero no voy a negar que para mí no es agradable lo que sucede en San Mamés. Esos pitos se dan por una situación a la que no encuentro sentido. Quiero decir, como futbolista profesional acepto que me silben o me dediquen algunas palabras fuertes (sin cruzar la frontera de la educación) porque a todos nos ha tocado alguna vez aguantarlo. Eso entra en la lógica deportiva. He oído todo tipo de opiniones sobre el origen de lo que me pasa en Bilbao. Aquí sólo quiero decir que nunca he intentado engañar a nadie para perjudicar a un rival, tampoco en aquella ocasión —una entrada que provocó la expulsión de Amorebieta en un partido Athletic-Barça—. Siempre he sentido mucho respeto por el Athletic, por sus jugadores y su historia porque mi abuelo paterno, que en paz descanse, era del Athletic, porque mi padre fue hincha del Athletic en su juventud (cuando era futbolista lo llamaban Dani porque jugaba como el Dani del Athletic). San Mamés siempre ha sido especial para mí. Quiero decirlo y quiero que se sepa al margen de la opinión que cada cual tenga al respecto, pero faltaba la mía.» Expuesta queda para siempre.

Cada entrenador conserva una estampa de Andrés. Guardiola recuerda (y recordará siempre) aquella inopinada irrupción en su despacho cuando Pep aún no era nadie y media Barcelona pedía su cabeza. Del Bosque, aparte del gol que apenas celebró en Sudáfrica, aún siente la emoción del abrazo que recibió en Brasil cuatro años más tarde cuando España perdió su corona tras ganar a Australia por 3-0 (una victoria desoladoramente inútil). La selección se despedía de la cima. «Acaba el partido y viene Andrés. Me da un abrazo sentido. Un abrazo de amigo. Me quedé...

—el técnico salmantino no halla palabras para describir ese momento—. No, no me lo esperaba. Además, no soy muy besucón. Cuando yo estaba en la cantera del Madrid, por ejemplo, se prohibía a los chavales abrazar a los entrenadores. Era una norma. Y en Brasil, de repente, llega Andrés y me abraza. El gesto tuvo mucha repercusión por la circunstancia que vivíamos. Era difícil para todos, volvíamos a casa a las primeras de cambio.»

«Le di ese abrazo por respeto —explica Andrés, a quien sorprendió tanta sorpresa—. Tampoco fue nada del otro mundo. Quise abrazarlo para agradecerle lo bien que se portó conmigo tanto en la victoria como en la derrota.»

El despacho del Camp Nou en 2008, el abrazo de Curitiba en 2014 y el encuentro con Luis Enrique en 2001: tres estampas.

«La verdad es que no lo recuerdo. Un par de años después me lo contó él mismo, pero había olvidado que recogí a Andrés en la barrera del Camp Nou cuando tenía 16 años. A algunos chicos de la Masía no los dejaban pasar. Fue Antonio Calderón, el vigilante de la garita, quien me pidió que lo llevara en mi coche, pero el afortunado no fue Andrés: el afortunado fui yo por tener la suerte de bajarlo al vestuario —cuenta Luis Enrique, entonces jugador del Barça y chófer improvisado; antes compañero y ahora técnico de Andrés—. Cuando llegaban los del filial, sólo queríamos hacerles la vida más fácil. Si ves a un chico como Andrés Iniesta, pues sólo piensas en ayudarlo. Te pones en su piel y no hace falta ni que los mires para saber que están todos acojonaditos. Es normal, impone mucho llegar a un vestuario así. Los ves y dices: "No pasa nada, os vamos a cuidar". Hacíamos lo que nos habría gustado que nos hubiesen hecho a nosotros en su día.» Luis Enrique piensa en esos veteranos «demasiado simpáticos» que atizan amenas bienvenidas a los novatos en muchos clubs.

A Andrés no lo conocía de nada: «Algunos de mis compañeros sí lo conocían. Me dijeron que era uno de los mejores de la cantera, una de las perlas, pero yo no sabía nada. Al principio venían todos juntos a los entrenamientos: Xavi, Puyi, Gabri, Andrés... Nos llamaba la atención lo pequeñitos que eran, como los pequeños del *dream team*, Chapi, Sergi o Juan Carlos, todos laterales».

De repente empiezan a asomarse al templo del Barça unos jugadores diminutos convertidos años después en faros del equipo: «Eran muy delgaditos, muy chicos, pero eran grandísimos jugadores. Aun así les costó lo suyo hacerse con la titularidad. Yo me fui del Barça con 34 años, en el 2004. Xavi era entonces muy criticado. Se lo querían cargar. Quienes entonces lo atacaban se llenan ahora la boca hablando maravillas de Xavi, diciendo que ha sido el alma del Barça, pero lo querían fulminar... hasta el 2008.» Ese año despegó el «centrocampismo» gracias a Luis Aragonés y a la conquista de la Eurocopa que cambió el fútbol español. «No veían a Xavi como lo que ha sido siempre: un jugador extraordinario. ¡De la hostia! Ésos han rectificado y ahora son xavistas de toda la vida. Algo similar le pasó a Andrés Iniesta.» Los «pequeños» pasaron las de Caín en aquel Camp Nou. No eran bien vistos, ni juntos ni por separado.

«Al igual que Xavi, Andrés tiene la capacidad de mantener el balón, pero además posee regate, desborde y cambio de ritmo. Xavi era el caracoleo, hacía jugar a los demás y tenía una gran visión en la medular. Además tenía llegada: ha sido un jugador espectacular. Andrés incorpora desborde a todo ese repertorio. ¡Desborde! Le falta un poco de gol, chutar más, ¡pero mira los tantos decisivos que ha marcado! Son increíbles. Andrés Iniesta es magia, pura magia. Lo llamamos Harry Potter porque hace magia en el campo. Yo no he visto a nadie hacer esas cosas.» Luis Enrique matiza de pronto su contundente afirmación: «Bueno, sí, a uno: a Leo Messi, por supuesto. Leo y Andrés, pero los controles de Andrés son de una plasticidad y una belleza inigualables. Me asombra en los entrenamientos, incluso ahora: hace cosas que nunca había visto ni creo que vuelva a ver. Unos controles prodigiosos, a veces sin mirar al balón. Hace esto y ¡paff!, la pelota cae ahí. Entrenando, ¿eh? Está en otra galaxia, no hay duda. Es un jugador único, no hay jugadores así. Ni los habrá, es prácticamente imposible. Andrés está a años luz de astros que parecen más vistosos, pero ya no ves jugadores de ese nivel. No los hay. Observa el fútbol mundial y dime uno, ¡venga!, sólo uno, da igual su edad: 34 o 20 años. ¡Venga, dime uno! Busca a alguien que haga lo que hace Andrés y, sobre todo, con la facilidad con que lo hace. En él es algo natural, no necesita mirar atrás para saber lo que debe hacer con la pelota. Ya sabe quién viene, nunca gira con un control orientado hacia el sitio donde está el rival ni se perfila en la dirección equivocada. Sabe dónde está. ¿Cómo? Con su visión periférica calibra antes y logra cosas que yo jamás en mi vida me hubiera planteado, y eso que he sido jugador de alto nivel. Ahora que soy entrenador y lo veo casi cada día, me digo: "¡Increíble! ¡Qué barbaridad!". Es un verdadero privilegio poder vivir esto.

»Si luego unes la parte profesional de Andrés, que es única, a su calidad humana, pues ya está... Siendo quien es podría tener más tonterías que nadie, exigir más que cualquiera, pero el tío es un cielo, una persona con valores muy firmes. Tiene una gran familia detrás, seguro, y una gran mujer, eso se nota. Me alegro mucho de que triunfe porque se lo merece de verdad.»

Algunos sostenían que el elegante fútbol de Andrés no casaba con el dinamismo y la agresividad que caracterizan a los equipos de Luis Enrique. «Eso lo decían los malintencionados, los que no me conocen —precisa el asturiano, técnico más cercano a la manera de entender el fútbol defendida por Guardiola o Del Bosque de lo que podría parecer—. A todos los entrenadores nos gustan los jugadores con calidad. Para mí es una gozada entrenar a Andrés Iniesta. Además, él siempre quiere avalar su importancia dentro del equipo ofreciendo un gran rendimiento, ganando títulos. Y es importante en muchos aspectos. Tras un partido de la pasada Eurocopa le envíe un mensaje: "Andrés, te están elogiando por algo que haces cada día en el Barça, en los partidos y en los entrenamientos. Es acojonante. Parece que no te ven en el Barça, ¡es increíble! Has hecho todo eso durante las dos últimas temporadas". También es verdad que ha sido muy inteligente, algo que le quiero agradecer porque he insistido mucho en este asunto. Sé que quiere jugarlo todo, más y más, pero Andrés Iniesta es un producto que debemos cuidar y pulir para los partidos clave. Es normal que un futbolista quiera jugar siempre, pero hay ocasiones... A veces me acerco a él y le digo: "Tengo una mala noticia...". Entonces él me mira y exclama: "Míster, ¿otra vez?". Y yo le contesto: "Sí, otra vez...". Pero con los datos que manejamos tras cada entrenamiento gracias a los GPS, yo cuento con una información muy completa: "Sólo debes jugar los partidos fundamentales y cuando te necesite claramente. No arriesgaré a Andrés Iniesta". Como afirma Del Bosque (tal vez considerando las circunstancias que menciona Luis Enrique), el capitán del Barça ha sido capaz de «reinventarse» con el paso de los años. «Es verdad que, como entrenador, lo más fácil es ponerlo y ya está, "¡que juegue!", pero luego piensas: "Voy a cuidarlo, incluso aunque me arriesgue a perder este partido". Un riesgo entre comillas, claro, porque tengo una plantilla de grandísimos futbolistas. No, no quiero jugar con fuego. Él lo ha entendido, lo ha aceptado, no me ha hecho la vida imposible, y al final hemos hallado su mejor versión de los últimos años, sin duda alguna. Es muy valioso, facilita y mete goles, es un jugador esencial que además recupera balones. Es un ejemplo, un futbolista único, indiscutible: solidario con sus compañeros, los ayuda en cualquier problema que surja, sea en el campo o en el vestuario.

Cuando está en la grada no para de animar, cuando juega demuestra lo que es.»

Luis Enrique es, en cierto modo, coautor del «nuevo Iniesta» consolidado a lo largo de estas últimas temporadas. Por eso lo protege como un diamante: «Habrá un día en que su cabeza diga "se acabó", pero mientras tanto hay que alargar su carrera al máximo. Jugadores así no abundan, con su calidad no los hay. Fíjate: si hiciéramos un símil, te diría que Roger Federer jugará con 60 años igual que ahora. ¿Por qué? Domina el *drive*, domina muchos golpes, no le cuesta correr. Es que ni suda, ¡coño! Lo de Iniesta es parecido, la esencia pura del fútbol. Lo que pasa es que nuestra cancha es bastante más grande, hay que correr más. Pero los números de Andrés son espectaculares, los tenemos registrados con el GPS. Nos ha dado mucho defensivamente, algo que pocos valoran. Para mí, el gol que define a Iniesta, que ni siquiera es gol en el sentido estricto, se produjo frente al París Saint-Germain, aquí, en el Camp Nou, en una eliminatoria de la Copa de Europa. Eso que ni imaginas lo hace como si nada, como si yo ahora mismo cojo el mando a distancia y pongo la tele en marcha. Con esa naturalidad, ése es Iniesta. En el Bernabéu, recuerdo también, íbamos ganando 0-3 y sin el mejor, sin Messi. Andrés se va a la banda, allí al lado nuestro, cerca de los banquillos, le llega el balón y da un taconazo de espaldas. Entonces me digo: "¡Ya está, ya lo he visto todo!". Lo más raro es la naturalidad. Lo repito: es la esencia del fútbol, fútbol en estado puro, sin esfuerzo, sin ninguna dificultad para ver las variaciones del juego. Eso sólo lo poseen unos pocos escogidos y lo disfrutamos todos. ¡Cuánto me alegro de que este tío haya llegado a lo más alto y sea un ejemplo para los niños! Tiene una humildad y un saber estar increíbles. Hay que cuidarlo para que podamos seguir admirando su juego mucho tiempo. Pero todavía le queda. Y ahora es capitán, ¡no te digo nada!».

JUAN CARLOS UNZUÉ

«Andrés domina los 360 grados.»

Cuando Andrés empezaba a brillar en el Camp Nou, Juan Carlos Unzué, exportero del Barcelona, ya estaba sentado en el banquillo ejerciendo de ayudante de Frank Rijkaard. Aún sigue ahí. Ahora como segundo entrenador de Luis Enrique. Ha seguido, como él mismo recuerda, «la trayectoria vital» del actual capitán azulgrana. «Andrés es capaz de desarmar a un rival sin tocar el balón. El 95% de los futbolistas lo primero que hace es controlar la pelota sí, ésa es la mejor opción. Andrés, no. Sin tocarla ya ha regateado. Es único, uno de los elegidos. ¡Desarmarlo sin tocar el balón! ¡Esto es increíble!», sostiene Unzué, enamorado como Guardiola de esa capacidad para gobernar el espacio y el tiempo que tiene Iniesta. «No domina 180 grados, no, no. Andrés domina los 360 grados. Es acojonante, es acojonante. A veces, tienes la sensación de que Andrés levita en el campo y que no pierde energía con las pisadas. Sigo viendo al mismo chaval, con la misma ambición y con la misma humildad de entonces. Andrés siempre ha sabido estar y ha actuado en relación con el rol que tenía en el equipo. Cuando lo conocí, tenía 18 años. Ya era así, respetando siempre las jerarquías. Y con tantos acontecimientos y éxitos que ha vivido, no se ha movido ni un centímetro de ahí. Ni a la derecha ni a la izquierda. ¿Sabes lo difícil que es eso? Es el mismo tío, con los mismos valores de siempre, sin equivocarse. Además, solemos confundirnos con la palabra *líder*. La relacionamos con gritos, aspavientos, con tener carácter o cojones. A veces se exagera mucho todo. Pero tú ves a Andrés Iniesta y ves a un líder. Él lidera desde la tranquilidad, la pausa, la observación. Y eso es muy importante para el cuerpo técnico y el equipo. Al final, se contagia. Lo único exagerado de Andrés es que juega exageradamente bien».

17.
LOS GESTORES DE LA GESTA

Hay tres personas que cuidan de las cuestiones profesionales de Andrés: Ramon Sostres, Pere Guardiola y Joel Borràs. No es una relación estrictamente profesional porque el vínculo es muy próximo, casi familiar. Lo fundamental es la confianza que poco a poco se han ganado, a veces incluso con la mediación de José Antonio Iniesta, pero son muy distintos y cada uno lo ha hecho a su manera.

RAMON SOSTRES

«Tranquilo, Ramon, no te preocupes: 3-0.»

«Un día vino a verme el padre, aún lo veo asomando la cabeza, y me empezó a preguntar por una cuestión de impuestos que le preocupaba, un problema originado por un prestigioso despacho que se equivocó en una declaración de la renta de Andrés, problema que pudimos resolver de forma relativamente sencilla. Desde el momento en que nos conocimos, ya congeniamos —explica Ramon Sostres—. A José Antonio lo agobian los papeles; de hecho, tiene muchas cosas en la cabeza, pero lo cierto es que la tiene muy bien organizada, tiene idea de todo y es de un trato muy noble y cercano. Recuerdo que una vez solucionado su problema, me preguntó: "¿Qué se debe?". Yo le respondí: "Sólo han sido un par de llamadas y un escrito a Hacienda, así que no se preocupe, no se debe nada". A partir de ahí, empezó a tenerme más confianza, a explicarme más cosas, ya no sólo sobre asuntos fiscales, sino también para que los ayudase con los contratos en el ámbito deportivo. Primero, los publicitarios o de imagen, sobre todo con el de la marca de botas, Nike, y con posterioridad, en la relación con el club. Ser también su agente es todo un reto y una gran responsabilidad. Consistía, en suma, en ofrecer todo el abanico de relaciones que pueda abarcar un asesor, llámese "representante" o abogado de un jugador de fútbol: deportivo, fiscal y financiero, no sólo en la esfera patrimonial, sino también en la personal. El padre es el eje sobre el que giran los asuntos económicos de la familia, una especie de patriarca, y no sólo por la Bodega Iniesta de Fuentealbilla, si bien es cierto que eso es su joya, la empresa en la que se ha volcado la familia y, con ella, los que estamos a su lado, claro... A Andrés siempre se le informa de todo, pero el tempo lo marca él. Normalmente, se procura que no tenga que ocuparse de estos asuntos para que pueda jugar al fútbol y estar concentrado en lo suyo, que no es poco precisamente. Su padre preguntó a varios conocidos en el entorno del fútbol qué personas podían ayudarlo para esos menesteres, pero al estar conmigo, de forma más cercana, vio a alguien en quien confiar de verdad y creo que lo compartió con Andrés antes de dar ningún paso. Y seguro que Andrés se informaría también, claro. Andrés pregunta poco, pero suele formular las preguntas con un propósito muy claro. Se queda con las cuatro ideas claves del asunto y vuelve a su rutina. Si le cambias las cosas, se altera. No cambia porque sí de casa o de coche (diría que conserva el primero que tuvo, como muchos otros jugadores, ese coche es el recuerdo de un esfuerzo importante). Andrés no es caprichoso, al contrario. Es muy estable. Y también es hombre de hábitos: restaurantes en los que ha comido bien (bueno, ahora también aquéllos en que sirven sus vinos), donde haya pasado un rato distendido con familia y amigos, o lugares de vacaciones que le gustan. Dejando de lado, obviamente, los días de descanso en Fuentealbilla, que son muchos menos de los que la gente cree, también repite en otros que han satisfecho sus expectativas. Con Andrés, la organización del año no presenta especial complejidad y, en nuestra relación, tratamos de resolver los problemas (que los hay, esto no es un camino de rosas), pero su sentido pragmático impacta; de hecho, "la ve venir" y "la clava" como "al driblar", es como cuando juega...»

Sostres sostiene que Andrés no cambia su comportamiento aunque, por ejemplo, se trate de una renovación de un contrato importante en lo económico o de especial complejidad por la razón que fuere. «En realidad, se trata de actuar con discreción y naturalidad. Sólo quiere estar informado de manera puntual y normalmente no al momento. "Ya me dirás, Ramon. ¿Va todo bien?", pregunta. Al final, quiere un resumen claro y conciso, esquematizado, de lo que se le ofrece. Enseguida procesa mentalmente los pros y los contras. Los pasa por el filtro paterno. Es normal. José Antonio ya no acude a muchas reuniones, pero depende, a veces es imprescindible. Andrés no es un jugador que se obsesione con ofertas, con renovaciones. No es de los que pretenden hacer valer *ipso facto* buenas actuaciones deportivas para pedir una mejora salarial. Y, al contrario, le molesta que se ponga en duda su rendimiento. Sabe valorar lo que tiene. Pero en todos los sentidos. No es sólo cuestión de los contratos. Es en todo lo que le rodea. Diría que es como más pasivo o, mejor, paciente, dentro de lo que cabe, porque sabe que al final todo llega y se impone el sentido común. Es como si tuviera un cierto dominio del tiempo, como si lo que se ve en su juego en el campo de fútbol se reprodujera también fuera de él. No recuerdo en estos años una situación de bloqueo que le haya producido gran desasosiego o incomodidad. Problemas sí, claro. Nunca faltan. Pero siempre hay soluciones. Y rápidas.»

La continuidad de Andrés en el Barça no ha peligrado, pero no siempre ha estado asegurada, por mucho que sus amigos y asesores saben que costaría moverlo a cualquier otra ciudad o país.

«Alguna vez se ha cabreado, como todo el mundo —advierte Sostres—. A él le gusta escribir, prefiere comunicarse a través de los textos, raramente llama. Nos vemos, claro, en el estadio después de los partidos, en su casa, en las instalaciones del club, pero si llama la cosa es grave. Cuando su nombre aparece en la pantalla de mi móvil, pienso: "¿Qué ha pasado? Tiene que ser algo que le preocupe de verdad". Y mejor atender la llamada, se pone nervioso en algunas situaciones. "Es que te he llamado." Me llamó el día de la final de la Champions de París. Yo estaba en el autobús con la familia, camino del estadio. Andrés estaba muy enfadado, mucho, quizá una de las veces que más porque no estaba en la alineación inicial. No me dijo que se quería ir del Barça, pero sí me repitió: "Ramon, creo que merezco jugar". Yo pasé un mal rato: su familia estaba en unos asientos bastante cercanos, yo estaba sentado con el padre de Carles [Puyol], que decidió, menos mal, ir a ver el partido, de los pocos, muy pocos, en que vio jugar a su hijo, bueno, fue a condición de ir y volver el mismo día. No estuve en la fiesta de celebración del título y no hablé con Andrés. En el estadio estaba muy cerca del césped. Lo tuve al lado cuando empezó a calentar en el descanso. Su entrada al campo estaba cantada. Me quedé tranquilo. El equipo perdía 0-1, el Arsenal jugaba con uno menos y su cambio se atisbaba decisivo, como los otros dos. No estuvo en la foto inicial, pero sí en la foto final. Con nota. Una foto imborrable.»

No siempre ha sido fácil negociar los contratos de Andrés, sobre todo a la hora de plantear la estrategia, como cuando quedó encallado el contrato que Sostres negociaba con Txiki Begiristain, director deportivo del Barcelona, en 2006. «Yo le informé de cómo iban las cosas y lo que creía que iba a pasar. Y él me respondió: "Tú, Ramon, haz lo que quieras, pero yo no me voy de aquí, ¿vale?". Pues vale. Pero sólo le pedí una cosa: "No digas que no te quieres ir. Si tú dices que no te vas, el trabajo de Txiki se habrá acabado".»

LOS GESTORES DE LA GESTA

Sostres tiene un Excel en el que controla cada partido de Andrés, con los minutos de juego: el tiempo disputado es clave en los extras e incluso puede afectar la propia duración del contrato. «Y aquel año de la negociación con Txiki fue el jugador que más jugó en número de partidos, pero no en número de minutos. En cada partido sustituía a Giuly en el minuto 60. El último partido se disputaba en Sevilla y después ya sólo quedaba París. Y estaba en el límite. Si no jugaba la final, no llegaba al cómputo necesario para un extra clave y dejaba de ganar mucho dinero. Yo llamé a Txiki para advertirle de la situación antes del partido del Sánchez Pizjuán. Decidir "reservarlo" no debía perjudicarlo. Así lo entendió el club y tranquilizó a Andrés.

»Es muy buena gente, tanto él como su familia, son personas agradecidas. Si alguien se porta bien con él, lo recordará siempre. Da igual quién sea. Aficionados, compañeros, fisioterapeutas, periodistas, asesores... Cuando vas a Fuentealbilla te nombra a todos los entrenadores que ha tenido. Está bien en Fuentealbilla y en Barcelona. Cuando está bien se le nota enseguida, en el campo y en casa. Anna es una chica muy positiva y una gran madre, como demostró cuando perdieron a su hijo. Allí demostró muchísimas cosas.

»Siempre ha sido una persona sincera, amigo de sus amigos, agradecido con los suyos», añade Sostres, quien se siente especialmente contento de la buena relación de Andrés con otros jugadores que ha representado, como Carles Puyol o Bojan Krkic. El vínculo con el primero ha sido intenso. Ambos se han cruzado en la Masía, muchas temporadas en el primer equipo del F. C. Barcelona y ambos han sido también capitanes: «Creo que Andrés ha tenido siempre al lado un buen amigo, un amigo en quien confiar, y siendo unos años mayor, seguro que le ha enseñado muchas cosas». Andrés siempre ha sabido valorar lo que tiene. Le ha costado mucho. A todos los que llegan. Nada es porque sí. Cala muy bien a la gente y elige a quien quiere, sabiendo el porqué. Hace las cosas porque las siente. No necesita gritar. Yo lo veo a veces delante de dos osos que van a por él y, entonces, se gira y, con un simple movimiento, sin apenas tocar el balón, los deja pasmados, descolocados. Tiene intuición, una capacidad especial para adivinar lo que va a pasar, incluso en los partidos. Ahora recuerdo la final de la Champions de 2011 cuando le pregunté: "¿Cómo lo ves, Andrés? Tengo una boda importante en la familia, vaya día ha elegido el figura, pero iré a la final. Valdrá la pena ir, ¿verdad?". Y va él y me responde entre risas: "Tranquilo, Ramon, no te preocupes: 3-0". No se equivocó. El Barça ganó al United 3-1. Qué seguridad en sí mismo.»

PERE GUARDIOLA

> «A Andrés nadie le ha regalado nada.
> Se ha ganado los galones solito.»

Pere Guardiola, el responsable de márquetin, trabajaba para Nike en la captación de nuevos valores cuando descubrió a Andrés. «La primera vez que lo vi, Andrés estaba jugando en el cadete B del Barça. Yo tenía muy buena relación con Albert Benaiges, uno de los coordinadores del fútbol base de la Masía, y le pregunté: "¿Quién es el bueno?". Había tres o cuatro jugadores que destacaban, pero el mejor era Andrés. "No te equivoques, Pere, al que hay que mirar es a Andrés", me respondió Albert. Y, aunque éramos conscientes de que siendo tan joven, catorce o quince años, no se pueden forzar determinadas situaciones, hay que dar espacio al niño, tampoco queríamos perderlo porque sabíamos que también tenía una oferta de Adidas. Andrés se comprometió con nuestra firma justo antes de la Nike Premier Cup que se celebraba en el Camp Nou.»

A Pere Guardiola le pasó entonces lo mismo que a tantos otros que trataban a Andrés. Introvertido por naturaleza, no era fácil intimar con la joven promesa del Barça. «Algunos días me acercaba a la Masía y pedía permiso para llevármelo a comer a un restaurante cerca del Miniestadi. Siempre pedía espaguetis a la carbonara. Yo empezaba a hablar en el minuto uno y él, en cambio, apenas abría la boca. "Sí, no, bueno, vale..." Ésas eran las únicas palabras que le oía durante los tres cuartos de hora que duraba nuestra comida, pero yo creía tener muy buen *feeling* con él, con su padre y su familia, con todo su entorno. Poco a poco, nos fuimos conociendo más. Andrés era, y es, alguien muy entrañable. Era mimosín, le cogías cariño desde el primer momento. Te daban ganas de llevártelo a casa, como si fuera tu hermano pequeño, y no era sólo una sensación mía, sino de todos los que andaban por la Masía. Se hace querer mucho.»

La Nike Cup fue el primer escaparate de Andrés en Barcelona. «El torneo lo ganó el Barça y sabíamos que por quien había que apostar era por él. Jugaba de medio centro y funcionaba como un seguro para el equipo. Era el alumno perfecto, todo lo hacía bien. No salía nunca de su posición, pero, cuando el partido se ponía mal, sabía que le tocaba a él resolverlo. A pesar de lo tímido y humilde que era, asumía más responsabilidad, se iba mucho más arriba y solucionaba el problema. En la final, ante el Rosario Central, un equipo argentino mucho más fuerte físicamente que el Barcelona, marcó el gol de oro cuando el marcador era de empate a uno en un partido con dos partes de veinte minutos cada una. Sólo rebasó la línea roja cuando el momento lo exigió. Ya mostraba la misma capacidad que ahora, quizá sea porque ha hecho su carrera en solitario. No se agranda, juega con tanta naturalidad que da la sensación de que hasta tú puedes jugar a su nivel y se activa cuando los partidos se ponen feos. No se esconde nunca, siempre da la cara. No sé qué tiene en la cabeza, pero sabe tomar las decisiones correspondientes.

Quizá no meterá el gol, puede que no dé el cabezazo decisivo, pero siempre aparece en la jugada decisiva de los partidos más importantes, los grandes, ésos en los que algunos jugadores se sienten presionados o hasta angustiados. A Andrés nunca lo ves así. Pero, a su manera, sin chillar, sin levantar la voz, él te va diciendo: "Dádmela, por favor". Te va comiendo, te va comiendo. Hasta que te come. Luego, él mismo parece decirse: "Vuelvo a mi estado natural". Es como si hiciera un clic y, entonces, pone el *starter* anunciando que hasta otro momento. Con quince años ya era así. "Doy más gas a la moto, quito, bajo, subo, acelero", pero siempre pensando en el equipo, en lo que necesitan sus compañeros en cada momento.»

Pere ya había hablado a su hermano Pep Guardiola de Iniesta: «Viene un chaval que es el mejor de todos en el fútbol base. Es fácil distinguirlo incluso antes de que se ponga la pelota en juego porque es el más delgadito y el más blanco. Se llama Iniesta». Avisado, el técnico acudió precisamente a la final de la Nike Cup y le entregó el trofeo a Iniesta para después pronunciar aquella famosa frase: «Dentro de diez años, yo estaré sentado en la grada de este estadio para verte jugar». Pep Guardiola sólo se equivocó en el lugar donde estaría sentado y en el plazo de su profecía. No lo miró desde la grada del Camp Nou, sino desde el banquillo, y no pasó una década, sino que empezó a entrenar al Barça de Iniesta en 2008 y la Nike Cup se había disputado en 1999.

«Aquel primer año de Pep y el siguiente fueron muy importantes para Andrés —cuenta Pere—. Estoy seguro de que pensó: "Viene mi ídolo, mi maestro, el técnico con el que vamos a hacer las cosas bien, seguro que me dará más protagonismo y que me podré sentir importante de verdad". Y digo yo que lo pensó porque ya se sabe que Andrés apenas dice lo que piensa, pero estoy convencido de que para sí mismo se decía: "Tengo que demostrar que soy el mejor, quiero devolver todo lo que me ha dado". A Andrés se le juntaron entonces muchas cosas, no podía dormir tranquilo. Las lesiones lo martirizaban y sufrió una depresión de caballo. Todos estábamos cerca de él, su familia, su gente, su novia, sus amigos. Recuerdo que su padre me llegó a contar que habían ido a ver a una curandera en el sur de España y que, después de cortarle el pelo, les dijo que tenía un mal de ojo, que alguien lo quería mucho o le tenía mucha rabia y le estaba provocando toda esa crisis. No había manera. Decía Andrés que tenía una cosa en el estómago, que no podía ni entrenar, que no podía hacer más, que no entendía qué le pasaba cuando debería estar tan contento. Pep le dio entonces su espacio porque él necesitaba las veinticuatro horas. Fue algo muy fuerte. Y, al final, salió. Eso lo hizo mucho más fuerte, sin duda. Pero, como es lógico, le costó mucho.

»A pesar de ser siempre el mejor, a Andrés nadie le ha regalado nada. No lo ha tenido fácil. Se ha ganado los galones solito. Sí, sí: solito —recalca Pere—. Mucho decir que era el mejor, pero pocos se lo demostraban. Al inicio, siempre era el primer cambio, salía desde el banquillo y no se quejaba. Luego, tuvo que hacer muchas cosas, jugar en distintos sitios, para que un día, ya por defecto, se dijera lo que era algo real: "Tienen que jugar Andrés y diez más".

»Todavía ahora, con lo que es Andrés y con lo que ha cambiado, te das cuenta de que hay dos en uno —señala Pere Guardiola—. Sí, hay dos Andrés. El tímido que se mueve por fuera del estadio y el que aparece en el campo, el auténtico y verdadero. En el césped es él de verdad. Se deja ir, vive con plenitud. Diría que es su auténtico entorno: la pelota y el césped. Bien mirado, todo le ha ido muy rápido en la vida, siempre ha superado el proceso de selección natural de cada temporada desde que llegó con Serra Ferrer al primer equipo del Barça por ser ya el mejor. Yo diría que es un caso único. Aunque es cierto que su fútbol cuadra con la forma de jugar del Barça, es tan bueno que se habría adaptado a cualquier otro sistema táctico. Si jugara en un club inglés, Andrés ya tendría una estatua en la puerta del estadio.

»Andrés ha sido toda la vida un ganador, lo ha ganado todo, desde pequeño, pero nunca dice nada, sólo cuando se le necesita. Cuando tiene que aparecer en los momentos delicados, él es el primero en ofrecerse para lo que sea menester: "Aquí estoy yo". Vive y piensa en el fútbol las veinticuatro horas, es un ejemplo. Ocurre lo mismo en la selección: juega de maravilla, mete el gol del Mundial y él sigue comportándose con la misma humildad en el campo y en la vida, con su gente y con sus cosas de siempre. Es el mejor y no se lo cree nunca. No recuerdo un mal partido de Andrés Iniesta. No lo hay. Y lo digo muy en serio. Habrá alguno que merecerá un 9,5, otros de 8 y todos de 7 como mínimo. Es un notable alto. Si el equipo va a por el suficiente, él tendrá un bien; si los demás están de 10, marcando tres o cuatro goles, será porque él habrá tenido una tarde de 9,5. Parece que no está en el campo, pero, de repente, hace dos regates, crea un par de jugadas y se activa todo. A partir de ahí, arrancamos. Físicamente, Andrés está muy bien, muy fino. Yo le compararía a Scholes o a Xavi, futbolistas de club, regulares, que jamás se esconden, siempre quieren la pelota y, cuando la tienen, expresan una calidad única. Se maneja bien en el uno contra uno, sus controles son increíbles, igual que los cambios de orientación, incluso con la pierna izquierda. Todos los pases de su repertorio son tan precisos que parecen sencillos. Para un entrenador, Andrés es una bendición. Por eso acaba jugando siempre. Y con todos. Podría ser el jugador más fácil de cambiar porque no pone mala cara ni crea problemas cuando lo sacas del campo. Y, además, al día siguiente, entrena como un jabato; en ese sentido, es muy obediente. Pero es tan fiable que no lo quitan nunca. Si un día lo ponen de lateral derecho, jugará ahí y lo hará bien. Juega bien en cualquier lugar. Y los primeros que saben eso son los entrenadores, pero también sus compañeros.»

«Es muy leal. Nunca te dejará tirado. Quiere a la gente y necesita sentirse querido.»

Ramon Sostres y Pere Guardiola se complementan con una tercera persona que responde al nombre de Joel Borràs. Lo conoció en Mataró la noche en que vio por primera vez a Anna en la discoteca Teatre. Andrés ha compartido «millones de cosas» con Joel. Aunque no se le ve, siempre está pendiente cada minuto de los movimientos de Andrés, confundido casi con su figura. «Andrés me habrá escrito miles de mails, le encanta escribir», cuenta Joel. «Lo conocí de verdad un día que fui a la casa de sus padres. No jugaba en la Play ni pensaba en irse de fiesta, sino en leer los mensajes que la gente le enviaba a su web recién abierta. Le gusta comunicarse con la gente desde la distancia que brinda la palabra escrita. Es muy detallista. Recuerdo un día en que fuimos con Guille Pérez, compañero de Mediabase, y tres amigos más para ayudarlo a mudarse de casa y, después de acabar la faena, nos regaló unas zapatillas y unas cajas de vino a cada uno para darnos las gracias. No es una bobada, sino un gesto de su buena voluntad, generosidad y manera de ser. Así es Andrés. Cuando estuve ingresado, vino a verme todos los días al hospital. Él lo exige todo, pero también te lo da todo.

»Un día cometí el error, por decirlo de alguna manera, de comentarle que le llegaban muchos mails, una enorme cantidad de correos a través de la web, en que le pedían camisetas, fotos, vídeos, de todo, para diversos compromisos —explica Joel—. Para mi sorpresa, me pidió que lo enviara todo. Y la cosa no acabó ahí, sino que, desde entonces, después de cada partido, le tenía que llevar impresos todos los correos que habían llegado aquella semana. Daba igual que fueran cien, ochenta o doscientos. No sé ni cuándo los leía, pero, al llegar el lunes, me soltaba mil encargos: "Pasa a buscar una camiseta por la ciudad deportiva y se la envías a esta dirección. ¡No te olvides de aquellas dos fotos! Me han pedido un vídeo para una comunión y te lo hago. Luego lo envías, tú, ¿vale? Ah, y una camiseta también para una rifa de un colegio de Galicia que necesita hacer un mural". Y, desde aquel día, siempre ha sido así. No lo he visto decir no en su vida. El otro día me pidió que llevara al Raval los juguetes que ya no utilizaba Valeria, su hija. "Están muy nuevos aún, Joel. Se pueden usar todavía".

»Es muy leal. Nunca te dejará tirado. Quiere a la gente y necesita sentirse querido», remata Joel, la persona con la que, en palabras de Andrés, «más hablo del mundo», dato relevante porque ya se sabe que es hombre de pocas palabras, él prefiere actuar. «No sé si hablamos mucho o más bien hablamos poco —bromea Joel—. Lo que sí hacemos es compartir muchas cosas juntos. Cuando quiere algo de ti, puede estar encima veinticuatro horas hasta que lo consigue. Yo estoy ahí para llevar el día a día —precisa—, ya sea su agenda, un acto publicitario o si necesita alguna cosa. Me despierto con él y me voy a dormir con él; me levanto con un mensaje suyo y me acuesto con otro correo de Andrés. Por eso digo que soy la persona con la que Andrés más se escribe del mundo, eso seguro.

»Mails, mails, cientos de mails, WhatsApps largos y cortos, a cualquier hora, a veces a las más intempestivas. Nuestra relación se podía basar en mails. A Andrés le encanta estar tranquilo delante de la pantalla, centrado en lo que lee o debe escribir, ya sea de fútbol, de política, de la vida, a veces pienso que hasta le relaja. Lo curioso es que tenemos puntos de vista opuestos sobre muchas cosas y discutimos mucho. Quizá nos costaría más debatir cara a cara, seríamos menos atrevidos. A Andrés le encanta escribir y leer, comunicarse a través de expresiones o interrogantes: "¿Qué tal? ¿Todo bien?", siempre está ahí, es absorbente. Las llamadas a veces no pasan de tres o cuatro al año. —Y Joel continúa—: Andrés es un hombre de costumbres, muy metódico, exageradamente puntual, todo lo contrario que yo. Yo soy caótico y desordenado. Lo que ocurre es que nuestra relación ha evolucionado. Antes era muy profesional y ahora confluyen en ella muchas otras cosas. Las últimas vacaciones, por ejemplo, las pasamos juntos. Te involucra mucho, quiere que estés a su lado. A mí ya sólo me falta saltar al campo a su lado.

»Ha cambiado un poco con Valeria y Paolo Andrea, cosa normal, porque ejerce de padre, pero sigue siendo una persona muy generosa a la que no le gusta el ruido, disfruta con el silencio, huye del alboroto, goza de su intimidad —acaba Joel—. Para mí, Andrés sigue siendo único. Ha llegado donde ha llegado por su constancia, por su trabajo y por su sacrificio desde que era pequeño. Nunca se da por vencido. Y, por otra parte, cuenta con el respeto y la admiración de todo el mundo. Lo quieren todos por cómo es, por ser una buena persona y no sólo por haber ganado un campeonato del mundo, porque nunca cambia, no cae en la tentación en la que posiblemente caerían otros en una situación parecida. Andrés deja huella. Todo lo que hace le sale de forma natural, es lo que la gente ve, ni más ni menos.»

DANI MARÍN

«Lo que más me sorprende de Andrés es que nunca deja de sorprenderte.»

«Lo conocí un poco más tarde, en 2011, cuando llegué a Nike y empecé a trabajar con él.» Dani Marín, exfutbolista catalán dueño de una izquierda de seda, conectó con Andrés casi al instante. Pasó de verlo en la televisión a sentarse con él para examinar asuntos de trabajo. «Mi ventaja, quizá, es que al haber sido jugador profesional conozco ese mundo.» Dani jugó en la Damm sub-19, luego se marchó al Mallorca («fue mi primer equipo profesional»), donde, en otro guiño del destino, coincidió con Ángel Pedraza, que luego sería técnico de Andrés. Después pasó al Atlético B, el filial rojiblanco, y regresó al Mallorca para luego firmar por el Elche, el Gramanet, el Getafe, el Nàstic y el Terrassa. Finalmente, «con 36 años acabó mi carrera deportiva en el Lleida antes de entrar en Nike». Era Dani un interior izquierdo fino, elegante, pero en los últimos años acabó jugando de lateral zurdo. Un día conoció a Andrés, a quien se enfrenta regularmente en las partidas de pádel: Sesi y Dani contra Karlitos y Andrés. «Lo que más me sorprende de Andrés es que nunca deja de sorprenderte. Ves cómo hace ciertas cosas y piensas: "¡Hostia, qué detallista!" Está pendiente de todo. Te da las gracias por todo. Hay chicos que no agradecen nada. A veces, no sabes si han recibido las prendas o no. Siendo el jugador que es, y ganando lo que ha ganado, a Andrés le hace mucha ilusión recibir un modelo nuevo, más que a un jugador de fútbol base. Asombra la ilusión que muestra. Parece un niño con botas nuevas. Le puede pasar a un chaval jovencito, pero ¡que le pase a Andrés! Eso impacta.» No olvida nunca Andrés el esfuerzo económico que supuso para sus padres comprar aquellas botas que costaban una fortuna. «A Andrés le encanta hacer feliz a la gente que lo rodea. La quiere ver siempre contenta», cuenta Dani. A principios de temporada suele recibir un correo muy especial: camiseta nueva del Barça, correo de Andrés pidiendo camisetas para sus hijos, su hermana, sus primos, sus tíos, sus amigos... la gente a la que quiere. «Lo hace personalmente, está siempre pendiente de su familia, de sus amigos. Se entrega a los demás, se hace querer.»

18.
OTRAS VOCES

«¡Iniesta de mi vida!», gritó José Antonio Camacho desde su puesto de comentarista cuando Andrés marcó el gol que dio la Copa del Mundo a España. Igualmente célebre es el respetuoso tratamiento otorgado por Joaquim Maria Puyal, que ha cantado todos sus goles en Catalunya Ràdio: «¡Don Andrés!». La impronta que deja Iniesta entre quienes han trabajado a su lado es muy honda. Veamos cinco ejemplos.

ÁNGEL MUR

«Sigue fiel a sus raíces.»

Entre las muchas personas que han consagrado sus vidas al cuidado de los jugadores, pocos hay como el masajista Ángel Mur, hijo de una institución del barcelonismo, del que heredó nombre y rango, dice lo siguiente: «Andrés pertenece al selecto grupo de los elegidos, de los maestros en la escuela del toque y el estilo; fue educado para entender el fútbol de un modo muy particular. La educación es básica para todos, también para el jugador. Hay que aprender el arte de la paciencia, hay que entender qué se juega tu equipo, de qué va el partido, pero además hay que conocer el himno, hay que asumir los valores del club. Siempre tuve la sensación de que Andrés era un gran tipo: era el chico que se sienta en la segunda fila, que escucha, que absorbe, registra e interpreta; es la clase de hombre que al final de su carrera deja buen poso. Y no le fue fácil porque le cambiaron la vida siendo muy niño: el colegio, los amigos, la ciudad... Pese a todo, sigue fiel a sus raíces (me cuentan que nunca ha dejado de ir al pueblo) y, al mismo tiempo, defiende con convicción su nueva ciudadanía y, por supuesto, el fútbol del Barça».

«Ha sabido estar, reflexionar, aguardar, sin aprovecharse nunca del club —Mur completa la cariñosa semblanza—. Es un jugador excepcional, hay pocos así.»

CARLOS NAVAL

«Se entera de todo porque es muy observador.»

Carlos Naval, delegado del Barcelona durante las últimas décadas, reflexiona en la misma línea: «Al igual que Guillermo Amor en su día o Sergi Roberto ahora, Andrés supo ser paciente. Yo siempre recuerdo una frase que me dijo el padre de Sergi Roberto. "Nos pasamos el fin de semana deshojando la margarita: no va convocado, sí va convocado; juega, no juega..." El jugador debe aprender a ser futbolista profesional: esforzarse, estar siempre a disposición del entrenador y aceptar sus decisiones; no precipitarse ni hacer declaraciones que vayan contra el espíritu del equipo. Hay que asumir la responsabilidad que impone formar parte de un colectivo, y Andrés siempre ha sabido estar».

Naval supo de Andrés por Oriol Tort, quien le dijo que iba a ver a un crío diferente, a un joven muy singular. Desde entonces no dejó de prestarle atención. «Iniesta solo habla cuando toca, pero se entera de todo porque es muy observador; sabe leer lo que pasa e inferir lo que conviene. Siempre es consultado y no se esconde en las situaciones difíciles, como cuando le tocó salir a la sala de prensa el día en que Edmilson dijo que en el equipo había una oveja negra —cuenta Naval—. En la víspera de la entrega del Balón de Oro de 2010, el club preparaba un reportaje con las madres de los tres candidatos (Messi, Iniesta y Xavi). Hicimos lo imposible para que él no se enterara, pero cuando su madre iba a cruzar la calle sonó su teléfono. La voz de Andrés preguntaba: "¿Adónde vas, mamá?".» Para Iniesta fue una decepción no hacerse con el Balón de Oro, pero se alegró de que el ganador fuera Messi. «Andrés sabe que Leo lo tiene en un pedestal y por eso aceptó el resultado —añade Naval—. Siempre fue muy formal, muy respetuoso con las reglas. Si cada jugador, por ejemplo, tiene cuatro invitaciones para un partido, él toma las cuatro, y si necesita una quinta, la pide y, si se la dan, la paga. Es muy ordenado, muy perfeccionista en el campo, en el gimnasio y en la vida, le van bien las pautas y las rutinas.»

EMILI RICART

«Es fútbol en estado puro.»

Ahora habla Emili Ricart: «Da estabilidad al equipo, domina los tiempos del partido y desequilibra a los rivales. Cuando me sentaba en el banquillo nunca me ponía nervioso si jugaba Iniesta. Es una garantía. La única condición para verlo jugar con la elegancia de un Rolls Royce es que su cuerpo esté a punto, pero tiene una gran calidad muscular —subraya el fisioterapeuta que mejor conoce el cuerpo del jugador—. No se desgasta, se mueve con una armonía casi perfecta, es fútbol en estado puro, todo lo hace bien. Bueno, todo no, démosle un 9,95. El 10 es la perfección y sólo lo ha merecido Nadia Comaneci. Si le damos un 10, a lo mejor se lo cree», bromea Ricart.

RAÚL MARTINEZ

«Es un hombre de honor como los de antes.»

No es fácil descifrar a Iniesta: «Es un enigma, nunca sabes lo que piensa míster X. A veces piensas que podría haber sido el chico que tenías sentado detrás en el colegio: estaba ahí, cerca de ti, y ahora ha llegado a lo más alto. No era el líder, era uno más, y te preguntas: "¿Por qué, si llegó él, no he llegado yo?". Andrés elige a las personas adecuadas con la misma habilidad con que escoge la mejor jugada en el campo. Por otra parte —continúa Raúl Martínez, el fisioterapeuta que alivió los miedos de Andrés—, es una persona de costumbres, un clásico, un hombre de honor, como los de antes. También es un futbolista antiguo. Los músicos tienen una relación muy íntima con su instrumento; él la tiene con el balón. Nunca fue vanidoso o presumido, pero es un creador, un artista verdadero. La fama no se le ha subido a la cabeza. Un día vino a verme por sorpresa en un partido de baloncesto y no veas el revuelo que se armó. Nunca lo olvidaré.»

PACO SEIRULO

«Para mí, el mejor:
sólo necesita sentirse bien.»

«Es tan buena persona como buen jugador —señala Paco Seirulo, miembro del departamento de metodología del Barça y antes preparador físico del primer equipo; es una de las figuras más respetadas del equipo por su sabiduría—. Todo lo que hace tiene sentido, todas sus acciones tienen un propósito. No concede ninguna ventaja al contrario y le da fluidez al equipo.

Aunque parezca que quiere pasar desapercibido, está siempre donde lo necesita el juego.» Al igual que muchos futbolistas, Seirulo destaca de Iniesta su cambio de ritmo, su salida con el balón. Y en ningún momento disimula el cariño que le tiene: «Es como un hijo. Recuerdo que cuando estudiaba INEF su mayor preocupación era pasar desapercibido. Ha sido siempre muy humilde. No le gusta llamar la atención. Hay quien asegura que es introvertido para no molestar. Actúa con mucha naturalidad y no habla por hablar de las cosas que comentan los chicos de su edad: peinados, calzado, películas... Le interesa el juego y le sobra todo lo que rodea al fútbol. Es puro fútbol, un futbolista a la antigua. Para mí, el mejor: sólo necesita sentirse bien».

Y Seirulo regresa a las genialidades de Iniesta: «Laudrup quizá regateaba de una forma más directa; él ataca la trayectoria, cita al contrario y prepara la jugada. Yo diría que Messi es el jugador al que más admira. Siento un profundo agradecimiento por todo lo que nos ha dado, por todo lo que ha conseguido».

JAUME MUNILL

«Es una persona que te engancha.»

Pasó Andrés por las manos de Jaume Munill, actual fisioterapeuta del Barcelona, cuando tenía 18 años, al jugar para la selección catalana. «Tenía esa misma cara de niño de ahora. Era clavadito. Pero ya entonces, con su forma de comportarse, con ese respeto, con esa educación y esa discreción, parecía mayor de lo que era», cuenta Munill, quien luego lo sufrió como rival (ejerció de fisio en el Espanyol) antes de reencontrarse con Iniesta en el Barça. «Es una persona que te engancha por su forma de ser. Cuando aún estaba en el Espanyol venía siempre a saludarme, tenía gestos cariñosos conmigo. Todos sabemos lo que ha hecho Andrés en el fútbol. Es algo impresionante, brutal. Pero pocos saben todos los detalles que tiene fuera del fútbol con la gente», dice Munill, quien conoció, al igual que Iniesta, a Dani Jarque.

«Estuve cuatro años en el Espanyol, Dani era muy parecido a Andrés, desprendía en todo momento una gran calidad humana. Mira lo que hizo Andrés. Cualquier otro, tras un gol así, que daba un Mundial a España, lo habría celebrado con los suyos; Andrés, no. Es un ejemplo a seguir. Es una persona súpertransparente normal, humilde, muy entrañable. Cuando habla Andrés hay que estar atento. Todo el mundo se calla, todo el mundo escucha.»

19.

DE TAL PALO TAL ASTILLA

«Tenía la esperanza de que mi hijo llegara a ser lo que yo quise ser: un gran futbolista. Esa idea ha alimentado mi vida.»

Quizá Andrés Iniesta es hoy futbolista porque su padre José Antonio no pudo serlo. Nadie ha puesto más empeño en la carrera del capitán azulgrana que su progenitor, conocido como jugador con el sobrenombre de Dani, en recuerdo de aquel habilidoso y pícaro extremo del Athletic. José Antonio puso en juego la estabilidad familiar y condicionó su propia actividad profesional a la carrera de Andrés, una apuesta que comportaba estar pendiente cada verano del futuro del jugador del Barcelona desde que lo llevó a aquellas pruebas en Albacete para saber si la mirada ilusionante del padre se correspondía con la de los ojeadores del fútbol de España.

«Desde que llegó al Barcelona, me he acostumbrado a vivir siempre con la incertidumbre de no saber qué pasará la siguiente temporada con Andrés, incluso después de firmar su primer contrato —explica José Antonio—. ¿Y si no sigue? ¿Y si no lo quieren? ¿Y si...? Siempre surgía la misma duda, pero tenías la sensación de que Andrés mejoraba cada año. Al inicio, cuando lo llevé a probar, actúas por instinto y con la expectativa de que con el tiempo las cosas le pueden ir bien al chico. Igual que si juegas a la lotería. Convencido nunca acabas de estar, pero nunca pierdes la ilusión. Yo siempre fui muy prudente con el fútbol, quizá demasiado. Siempre he visto su cara difícil y competitiva. Nunca me sumé a la ola de quienes me repetían cuando lo veían: "Éste va a llegar, seguro". Yo jamás lo dije. Tenía, eso sí, la esperanza de que mi hijo llegara a ser lo que yo quise ser: un gran futbolista. Esa idea ha alimentado mi vida.»

No todos estaban de acuerdo en Fuentealbilla. José Antonio, sin embargo, siempre tenía la misma respuesta cuando dudaban de su apuesta por hacer de Andrés un futbolista profesional: «¿Qué queréis que sea? ¿Futbolista? ¿Torero? ¿Camarero? Nadie me respondía, simplemente me miraban de mala manera, seguramente porque creían que el chico decía que quería ser futbolista porque yo se lo había dicho y no por voluntad propia. Era mi pasión, la verdad, y me lo llevaba al campo de fútbol que hiciera falta, pero también la fue de Andrés desde muy pequeño. Primero lo seguía, después vi que jugaba bien y, más adelante, le corregía algunas cosas después de cada partido. Era un niño de notable alto».

Andrés sabía que en cuanto se montara en el coche de su padre, una vez acabado el partido, le tocaría responder durante un rato a sus preguntas, aguantar sus comentarios, «siempre por su bien», apunta José Antonio. «Tenía la ventaja de que ya llevaba el fútbol muy dentro, más que yo, y siempre fue muy inteligente: él sabía, porque yo también se lo repetía, que por más cosas que le dijera siempre tenía que acabar haciendo caso al entrenador. Le repetía: "Recuerda, Andrés: el entrenador siempre manda. Tú puedes ser muy bueno, pero si haces lo contrario de lo que él te dice, no vale, ¿entendido?". Nunca he sido el padre que chincha a su hijo cuando no comparte los criterios del técnico. He sido su padre y, a la vez, su entrenador, pero siempre con la misma consigna: "Si tu entrenador te dice blanco y tu padre dice negro, tú siempre blanco".»

José Antonio ejerció durante mucho tiempo de padre, de entrenador, de consultor y de mánager, por decirlo de alguna manera, muchos cargos difíciles de llevar y entender para la familia, como cuando el Barcelona se interesó por incorporarlo a la Masía después del torneo de Brunete. «Hablaron conmigo el domingo en el mismo escenario del torneo, el lunes me llamó el señor Oriol Tort, el coordinador del fútbol base del Barcelona, y yo se lo propuse a Andrés. Me respondió que no y yo insistí: "Andrés, las oportunidades están para aprovecharlas, quizá no vuelva a pasar". Y él se reafirmó: "No, papá. Me quedo en el pueblo con vosotros, estoy muy bien aquí. No voy". No me quedó más remedio que llamar al señor Tort y decirle: "Mire, lo siento, pero, de momento, al menos para este año, no irá". Andrés hizo la pretemporada con el Albacete y yo, mientras tanto, continuaba martirizándolo, de manera que en cada viaje teníamos la misma conversación. Decía yo: "Si tú dices que no, pues no, pero deberías pensártelo bien, Andrés. Igual no te vuelven a llamar. Si no es este año, quizá el que viene". Así durante dos meses desde que pasó Brunete. Hasta que un día, Andrés me dijo: "Papá, ¿puedes llamar al señor Tort?".

»Por haber sido elegido el mejor jugador en Brunete, lo premiaron con un viaje a Port Aventura —continúa José Antonio—. Yo ya había dicho que no a la posibilidad de fichar entonces por el Albacete y nos fuimos a Tarragona. Ya era el mes de septiembre, con el colegio empezado y la temporada también, de manera que le pregunté al señor Tort: "¿Hay todavía una plaza para Andrés". "¡Sí, claro! Para él siempre hay plaza", me respondió Tort. Así que de Port Aventura nos fuimos a Barcelona. Nos enseñaron las instalaciones y, a propuesta mía, jugó un partidillo con algunos chicos de la Masía. Yo quería saber si el niño tenía futuro, pero también quería quedarme tranquilo. Regresamos a casa y, al cabo de unos días, Andrés me dijo: "Papá, quiero ir. ¿Hay aún posibilidades de ir a Barcelona? Llámalos, por favor".»

Las tornas, entonces, cambiaron, y, convencido el hijo, el padre empezó a ponerlo a prueba con serias advertencias:

«¡Ten en cuenta que no iremos para dos meses, lo mínimo será un año!». Y él respondía: «Sí, papá, un año estoy. Me comprometo a aguantar un año». Hecho. «Hicimos un cambio de residencia, se matriculó en el colegio y, durante el tiempo que tardaron en darle la baja federativa en Albacete sólo pudo jugar amistosos con el Barcelona, pero el paso ya estaba dado y lo dio él, aunque quiso complacerme a mí, porque piensa más en los demás que en sí mismo. Lo hacía de niño y lo sigue haciendo ahora que ya es padre. Seguro que se dijo: "Si no voy, defraudaré a mi padre. Si me dice que el tren pasa sólo una vez, algo debe de saber". Fue muy valiente, mucho. No sé cuántos niños con doce años habrían hecho algo así. Yo habría dado uno de los dos brazos para que fuera a Barcelona porque lo quería con los mejores, pero la decisión final fue suya.»

No se sabe a quién le costó aguantar más la presión, si a Andrés o a José Antonio, los dos muy sufridores, pendientes el uno del otro. Diría que mayor aún era la angustia en el caso del cabeza de familia porque a veces pensaba en su hijo, otras en su hijo futbolista y, más adelante, en su hijo futbolista del Barça.

Hubo más de un día, empezando por el primero, nada más llegar a Barcelona, en que pensó en ir a por el chico y regresar para siempre a Fuentealbilla. Mari, su esposa, lo convenció entonces de que no, pero después la vio sufrir tanto que estuvo a punto de rendirse. «Hubo un momento, un par de semanas, en que le dije: "Si esto sigue así, Mari, me lo traigo de vuelta al pueblo. Vas a tener una depresión". Mari no comía en casa y Andrés tampoco comía en Barcelona. ¿Cómo iba a comer yo entonces? Aquello fue muy duro. Aunque íbamos a verlo el fin de semana, cada despedida era un calvario. La madre estaba perdiendo a su hijo, no conseguía conciliar el sueño después de pasar por la habitación que había dejado vacía Andrés. Yo, que soy de echar las cosas para afuera, le decía: "¡Le irá bien, mujer!". Mi esposa, que se queda el dolor para adentro, respondía: "Si le va mal, el tiempo que esté allí, sea un año, dos, tres o cuatro, lo habré perdido y, si le va bien, también lo habré perdido". Y, al final, le repetía: "Si le va mal, no pierdes nada. Es como quien va a la escuela para aprender y no saca nada. Si se va a estudiar a Murcia, tampoco estará aquí. Y te digo una cosa: estando aquí, en el bar, sale por la puerta y se viene a las seis de la mañana de cualquier manera y con un par de canutos. Eso es lo que hacen aquí todos. Allí sabes que está controlado, estudiando y jugando a fútbol. No sé qué es mejor, tú puedes elegir. Si él tiene suerte y le va bien, puede ser decisivo para la unión de la familia para toda la vida". El mayor valor de Andrés es que une a toda la familia: cuando hay una cuerda que se tensa mucho, él la destensa, él es el eje sobre el que giramos todos. Anda siempre pendiente de cualquier detalle para que no nos falte nada, asume los problemas de los demás como si fueran suyos. Nada más levantarme ya tengo su mensaje: "Papá, ¿cómo estás?". Yo dudo mucho ahora de que si me tocara traer a otro hijo en las mismas circunstancias volviera a hacer lo mismo que hice con Andrés. Yo nunca quise que mi Andrés sufriera ni quiero que sufra ahora.»

El padre futbolista tampoco fue fácil de llevar para Andrés. Aunque el hijo nunca lo dirá, así lo asume el propio José Antonio. Basta con un detalle: «Un día me pasé con él mucho, me pasé cien pueblos. Ocurrió en su primer año en la Masía. Estaba su entrenador Ursicinio ausente y, durante unos partidos, se encargó del equipo Roca. Andrés tenía doce años largos, pronto cumpliría trece. Y yo aparecí con Mari en Barcelona aquel fin de semana, para un día y medio, y vi jugar a Andrés. Me puse enfermo. Parecía una gallina con los pollitos sueltos a su alrededor. Al acabar el partido, recogimos a Andrés y, al llegar al hotel, le dije a mi mujer: "Mari, baja del coche por favor, sólo un momento". No podía quitarme de la cabeza lo que había visto de Andrés: no corría, estaba mustio, no era él. Y empecé mi charla: "¿Has visto el partido que has hecho, Andrés? Mira lo que te digo, si vengo otra vez y vuelves a hacer otro partido así, nos volvemos para el pueblo. Si haces los mismos metros que has hecho hoy, nos vamos todos a casa. Aquí, Andrés, muere uno con una lengua de tres palmos en el césped. Jamás quiero que digan que eres un gandul jugando al fútbol".

»Fui muy injusto con él. ¿Qué necesidad tenía de hacerle eso? Lo que pasa es que soy muy pasional. El problema es que lo ocurrido en el campo no era culpa suya. Ni mucho menos. Lo vi después de reflexionar y le pedí perdón por ser un egoísta. Pero aquel día, después de aquella charla, acabamos llorando, yo a pleno pulmón, él sin hacer ruido, con las lágrimas contenidas y pensando: "¿Qué me está diciendo mi padre?". Al verlo así, no sabía qué hacer. Me quedé frito, no sabía si retomar aquella arenga o qué. Luego, claro, también discutimos con Mari. ¡Andrés era tan pequeño: doce años, sólo doce años! Él vio, con el tiempo, que lo que le decía era por su bien. Siempre le he dicho las cosas por su nombre, para que aprenda. Él sabe que siempre insistí en lo mismo: para ser futbolista, hay que trabajar y ser honrado, el talento no habla por sí solo. Si tú no trabajas, le das más trabajo al compañero que tienes al lado. Hay once en el campo, no uno. Pero lo reconozco. Aquel día me pasé mucho, cien pueblos por lo menos.»

José Antonio Iniesta quiere que se sepa que siempre actuó creyendo hacer el bien, de manera consecuente, al fin y al cabo, con su personalidad, la personalidad de un albañil que se ha ganado la vida de sol a sol por los andamios de Fuentealbilla, Albacete, y también de Mallorca. Un hombre que se «jugó la vida por su hijo Andrés». «He tenido mucha suerte porque todo ha salido bien —reflexiona—. Si no hubiera sido así, pobrecico de mí. Pobrecico. El entorno me habría sacrificado. El riesgo era muy alto: una posibilidad sobre cien o sobre un millón de que funcionara. Se fue con doce años. Habrá quien se pregunte por qué no fuimos con él, pues me ofrecieron casa en Barcelona, también trabajo, a mí y a mi mujer, pero no quise. "Gracias, pero el día que venga aquí será para disfrutar de mi hijo. Si hay suerte, claro. Si no, yo sigo en mi pueblo trabajando", dije. ¿A qué? Y si al año de llegar, le dicen adiós a Andrés, ¿entonces, qué? Habría perdido el trabajo de allí y el de aquí. Habríamos sido el hazmerreír del mundo. Así no se hacen las cosas. Sabía que teníamos que sacrificarnos cuatro o cinco años, como si tuviéramos a un hijo en un internado. Todo lo que merece la pena requiere un sacrificio».

Asentado Andrés en la Masía, empezaron las preocupaciones de José Antonio como padre del futbolista Iniesta, jugador internacional en las categorías inferiores de España. Tuvo un agrio desencuentro con Rifé durante el Europeo sub-16, cuando Andrés se lesionó después de un buen torneo, regresó a Barcelona para ser examinado por los médicos y no le permitieron viajar para presenciar la final pese a contar con la autorización del doctor Borrell, traumatólogo del Barcelona.

Y también fueron especialmente desagradables las negociaciones con los representantes del club para la formalización del primer contrato de Andrés. «Me citaron una noche a una cena en el Hotel Rally». Sí, el mismo donde durmieron aquella primera y traumática noche en Barcelona con su hijo llorando en su nuevo hogar. Allí estaban Rexach, Lacueva y Rifé. Tenía que ser un encuentro secreto y resulta que, nada más llegar, me encuentro en la recepción con Mágico Díaz,* que me dice: "¡Te están esperando!". Y yo, que venía cansado de trabajar,

* Javier Díaz Pons, exjugador del Betis y el Espanyol.

de conducir aquel dichoso Ford Orion con el que los fines de semana íbamos y veníamos de Albacete a Barcelona, con las ventanas abiertas, no tenía aire acondicionado, el indicador de la temperatura en rojo, siempre temiendo quedarme tirado a mitad de camino, me dije: "¡Empezamos bien!". La reunión se alargaba porque no había nada en concreto hasta que propuse que no le dieran más vueltas: "¡Hacéis un contrato como Dios manda, se estudia y luego se habla!". Alguien, y no diré el nombre, se echó la mano en el bolsillo, sacó su cartera, mostró unos cuantos billetes y dijo: "Más de esto no va a ganar Andrés hasta que no sea titular en el primer equipo". Yo me quedé de piedra. "Señores, ahí se quedan". Menos mal que me llamó Lacueva para decirme: "No le hagas caso. Andrés va a tener el contrato. No te preocupes". No, no digo el nombre. Quien lo dijo ya lo sabe.

»Yo andaba más que preocupado —prosigue José Antonio, consciente de que el Barça era capaz de pagar cinco mil millones de pesetas por Saviola y no quería ofrecer un contrato decente para Andrés—. Se habría podido ir al Madrid cuando hubiese querido, pero él nunca ha querido irse. Ni yo tampoco lo forcé nunca. Es más, se diga lo que se diga, yo no he hablado con nadie. Hasta tres veces se acercaron del Madrid a través de personas interpuestas, yo nunca hablé directamente con el club. Carlos Sainz, el piloto, aspirante a la presidencia, me llamó, pero no le cogí el teléfono. Con Camacho, tampoco. Me llamó su ayudante, Carcelén, y me dijo: "¿Estaría dispuesto Andrés a irse si pagamos la cláusula?". "¡No, jamás!", le respondí yo. ¡Y menos al Madrid! Andrés es muy feliz aquí a no ser que las cosas cambien. Sí que es verdad que hubo un día que le dije al señor Jesús Farga, directivo encargado del fútbol base: "¡Hay gente que no quiere que estemos aquí! ¡Son ogros para Andrés! Nos vamos a ir al Madrid".»

Andrés nunca fue al Madrid, su equipo presuntamente favorito, gracias a la mediación de Farga. Así lo cuenta José Antonio: «Jesús, que había estado de directivo con el equipo juvenil, quería mucho a Andrés, y me dijo: "Tranquilo. Hablaré con Joan". Joan era Joan Gaspart. Y, al cabo de tres meses, ya teníamos el contrato de cinco años, el bueno. Habíamos tenido problemas anteriormente porque yo no quise saber nada del contrato tipo que firmaban los chicos de la cantera. Todavía recuerdo que cuando Serra Ferrer entró en el club me invitó a sentarme en su despacho para preguntarme: "¿Por qué no ha firmado?", y yo le respondí: "¿Usted lo ha leído? No puedo firmar un acuerdo que compromete a un joven hasta los veintidós o veintitrés años". Ambos salimos con mal cuerpo de la reunión, cosas de la vida porque, con el tiempo, Serra Ferrer se convertiría en el mejor amigo que tuve entonces en el Barça.

»Iba ya camino de mi coche —añade José Antonio—, cuando en un pasillo de las oficinas se me acercó el señor Tort y me dijo: "¡No se preocupe, señor Iniesta! ¡Su hijo no se va a ir de aquí aunque eso sea lo último que yo haga! Si es necesario, llamaré al presidente Núñez". Aquello me tranquilizó mucho. A los dos meses, Serra Ferrer le abrió la puerta del primer equipo a Andrés. Tenía una intuición especial para los jóvenes. Un día, estábamos viendo un partido y, de pronto, reparé en un jugador andaluz muy bueno, alto él, un cacho de tío, y le dije: "¡Si Andrés tuviera un palmo más! ¡Qué lástima!". Y él me contestó: "No te equivoques, José Antonio. No le hace falta. Andrés será uno de los grandes del fútbol español y ese cacho de tío como tú me dices, ése será jugador de Segunda o de Segunda B. No más. ¿Por qué? ¡Pues porque del cuello para arriba sólo tiene aire! Y el metro setenta y dos de Andrés es todo talento y todo fútbol, aunque hay muchos en el Barça que no lo quieran ver todavía". Serra Ferrer quiso que yo trabajara con él en el Barça, pero yo no quise; por Andrés, no quería mezclar los asuntos.

»Serra Ferrer tuvo la valentía de subir a Andrés a entrenar en el Camp Nou con sólo dieciséis años. No me lo creía cuando me lo dijo Andrés. Él nunca te miente, pero me lo creí cuando lo vi en la televisión cruzando la barrera para entrenar con el Barça. Sé que fue Serra Ferrer quien le habló a Van Gaal de Andrés. Me consta que cuando fueron al Miniestadi los dos juntos, Serra Ferrer le dijo a Van Gaal: "Mira si te vale el 10, ¿te gusta?". Y el técnico holandés subió al primer equipo a Andrés y lo puso a entrenar todos los días. Ambos han sido fundamentales. Hasta que echaron a Van Gaal, jugó trece partidos y en los trece estuvo de titular. Además, con lo metódico que era el entrenador holandés, a él le iba de maravilla.

»Andrés, además, tuvo que empezar a tomar decisiones de creciente complejidad —recuerda su padre—. Hubo quien intentó también que tuviera que elegir entre disputar el Europeo sub-19 de Noruega o hacer la pretemporada con el Barça. Iñaki Sáez lo quería sí o sí y Rifé le dijo que si iba a la selección no podría continuar en el primer equipo del Barça. Van Gaal le preguntó entonces a Andrés y él respondió: "Sí, quiero ir con la selección, he hecho toda la fase de clasificación y ahora me gustaría estar con mis compañeros". Y el técnico accedió: "Pues usted se va al Europeo, disfrute e intente ganar el trofeo. Y luego, cuando vuelva, aquí tiene su sitio para que también disfrute. Si llega en pretemporada, bien; si no, no pasa nada. Disfrute allí y disfrute aquí". Serra fue clave; Van Gaal, también.»

Aunque terco, Andrés siempre fue obediente con su padre y con el entrenador, quien mandaba, circunstancia que se debe tener muy en cuenta para entender cómo funciona ahora que tiene su cuota de poder. «Ha sido una de sus virtudes y, posiblemente, uno de sus problemas a la hora de tener más protagonismo en el fútbol, pero cada uno es como es. Yo, por ejemplo, era más egoísta y rebelde. No digo que él sea sumiso, pero sí que atiende a una cierta jerarquización. Y, la verdad, en cualquier caso, tampoco le ha ido tan mal con su manera de ser. Pero siempre ha sido muy generoso en el fútbol, siempre. Cada vez más. Recuerdo que de pequeño metía muchos goles. Siempre condujo muy bien la pelota, pensó la jugada un segundo antes que el contrario y arrancó rápido. Tiene una gran salida y de pequeño también una gran llegada. En las categorías inferiores, Andrés hacía lo que quería. Goleaba. Todo cambió cuando llegó al Barça B, con apenas dieciséis años, y le hicieron jugar en la posición de cuatro, la de medio centro, igual que les ocurrió a Guardiola, Milla, Xavi, Celades, De la Peña. Ahí lo alejaron del área. Recuerdo que algunos le decían: "¡Andrés, eres el nuevo Guardiola!". Se le hizo jugar de forma diferente para lo que eran sus características. No perdía el balón y se anticipaba, pero dejó de dar el último pase, como tenía por costumbre. Tuvo que jugar para los demás. Y, además, cuando lo llamó Van Gaal al primer equipo, allí estaban Rivaldo, Kluivert, Riquelme... Quieras o no, no es fácil para un niño de dieciséis años entrenar con estos jugadores, y menos para él, tan tímido y obediente. Hay otros que se crecen y no le dan el balón ni a Rivaldo. Y después, al año siguiente, llegaron Ronaldinho y Eto'o —insiste José Antonio—. Está un poco al servicio de los demás; piensa más en ellos que en sí mismo.»

José Antonio coincide con quienes sostienen que, aun siendo el mismo futbolista, Andrés no juega exactamente igual en el Barça que en la selección. Como si en la Roja se sintiera menos dependiente y más protagonista, más estrella y menos colaborador, más como le gusta a su padre: «Ahí tiene mucha más libertad porque es otra manera de jugar. De vez en cuando marca algún gol para que se acuerden los otros de que también sabe meterlos. ¡Es broma! Pero no se me olvida el 2-1 a Chile en el Mundial ni tampoco el gol a Paraguay después de una jugada muy suya en que va dejando atrás a los defensas: le tiraron a dar al menos tres veces y en una casi se cayó, pero siguió con la pelota, después se la dio a Pedro, que remató al palo y, al final, marcó Villa. Sí, estuvo bien en el Mundial después del año que pasó. Bueno, en la selección siempre está bien, Andrés. Luis primero y Del Bosque después le han dado toda la confianza. Y los jugadores saben cuándo la tienen toda.» Además, Anna también le ha dado mucha confianza, mucha tranquilidad. Eso se nota en el campo.

Quizá el entrenador del Barça que con el tiempo confió más en Andrés fue Pep Guardiola: «Jamás podré agradecerle como padre todo lo que ha hecho por mi hijo. Jamás. Y no hablo solamente de fútbol, hablo como persona. En su momento más duro, supo ayudarlo a salir de aquel pozo».

20.

LA MADRE QUE LO PARIÓ

«No sé mucho de fútbol, pero sé
mejor que nadie cómo está mi hijo.»

«No hace mucho que aquí averiguaron quiénes éramos.» Mari
es la discreción personificada. Pasa desapercibida, pero, cuando
adviertes su presencia, no se te olvida su cara, ni su condición de
madre que ha recuperado a un hijo sin infancia, un hijo entregado al fútbol. «Llevamos dieciséis años viviendo en esta misma
casa y los vecinos lo han descubierto hace poco. Nunca nos ha
gustado llamar la atención. ¿Por qué? ¿Para qué? No soy protagonista de nada. Yo soy la madre de mi hijo, nada más, como tantas y tantas madres. Soy la madre de Andrés y de Maribel.»

Mari no habla por hablar, habla más bien poco, como Andrés. Todo en Mari recuerda a Andrés. A veces parece lejana,
difícil de escrutar, y otras resulta próxima, delicada, fácil de
comprender. «Recuerdo que un día, ya instalada la familia en
Barcelona, fui a la consulta de una dermatóloga que también
atendía a Andrés. Mientras escribía una receta, me soltó: "Sabes, Mari, tengo un paciente muy famoso". Y yo le respondí:
"¿Ah, sí?".Y la doctora añadió: "Sí, sí, es muy famoso, es un jugador del Barça. Andrés Iniesta, y también se llama Luján de
apellido, como tú, ¿lo conoces?", me dijo. "Un poco, sí, lo conozco un poco", respondí tímida como soy. "¿No será tu hijo?",
preguntó ella con cara de sorpresa. "Sí, es mi hijo."

»La doctora, muy culé, no entendía nada. "¿Por qué no me
has dicho que eras su madre?, me preguntó. Y yo me dije que
por qué debía decírselo... No tengo que ir por la vida diciendo
que soy la madre de Andrés Iniesta. Si paso desapercibida, me-

jor que mejor. Para mí, para él, para todos ¡Qué pinto yo en todas estas cosas! Somos más normales de lo que la gente piensa. El protagonista es él, no yo. Ni su padre, ni su hermana, ni nadie más.»

Mari prefiere hablar de su hijo y no del jugador que es patrimonio del Barça, de la selección, de todo el mundo, cuando fue ella precisamente quien se lo entregó al fútbol. «Bastante tengo ahora con intentar recuperar el tiempo perdido con mi hijo —insiste la madre de Andrés—. A veces pienso que no he tenido hijo. Sí, aunque suene duro.» Y entonces explica cómo se siente una madre que no ha tenido hijo por un tiempo. «Nosotros éramos felices en nuestro pueblo, con nuestra vida, en nuestro ambiente. Y él quiso venir a Barcelona. Mucha gente cree que nosotros lo obligamos. No fue así. Fue Andrés quien decidió venir hasta aquí siguiendo el balón. Sé que lo pasó mal, muy mal. ¡Nosotros también! Todos lo pasamos mal. Sé también que Andrés, ahora que es padre, puede entender muchas de las cosas que vivimos nosotros aquellos años en que nuestro hijo estaba lejos. Había momentos en que él estaba peor; en otros, era su padre y, a veces, claro, yo. En realidad, lo pasamos fatal todos, cada uno a nuestra manera. Por eso no entendía que la primera noche, hecho el esfuerzo y el sacrificio de traerlo hasta Barcelona, se lo quisieran llevar de regreso al pueblo. "¡Me llevo al chiquillo!", decía José Antonio. Y lo entiendo, claro que lo entiendo. ¿Cómo no iba a entenderlo? Era tan pequeñito. Además, cuando fuimos a visitar la Masía, pensamos que aquella noche dormiría con nosotros en el Hotel Rally y después lo llevaríamos al colegio, pero el señor Farrés, el director de la Masía, nos dijo que él se quedaba ya allí. Claro, nos fuimos los tres, José Antonio, mi padre y yo, solos. Solos sin mi hijo, solos sin su nieto. Aún no sé cómo aguanté aquella noche. Lo más fácil era escucharlos a ellos dos y decir: "Venga, subíos al coche, sacamos al chiquillo y nos vamos para el pueblo". No lo sé aún, pero creía que si lo habíamos llevado hasta allí, debíamos darle la oportunidad de probarlo. Al menos, de probarlo. No podíamos regresar como si nada. Al final, los dos entraron en razón. Todavía hoy no acierto a encontrar una explicación. ¿Instinto maternal? Quizá. ¿Protección? Seguro, Andrés es mi hijo. Entendí muy bien a José Antonio, claro, porque de pronto iba a perder a su hijo, al niño a quien acompañaba a todos los partidos, a todos los entrenamientos: que se desvivía por él. Y ahora se quedaba sin nada, literalmente sin nada.»

Mari apenas había visto jugar a Andrés. «¡Alguien tenía que quedarse detrás de la barra del bar, ¿no? José Antonio y mi padre, ¡como para decirle al abuelo que no lo llevara!, eran los que más estaban con él. Yo sólo vi el torneo de Brunete y lo vi por la televisión. Con él siempre estaba José Antonio.» Y el padre, claro, siempre podía contar a la gente cómo crecía el futbolista Iniesta; la madre, en cambio, no tenía respuestas para explicar a los vecinos cómo le iba la vida a su hijo: «Ya se sabe cómo son los pueblos. Hay de todo. Algunos nos miraban con mala cara, con recelo diría yo, y pensando: "¡Qué se habrán creído! ¡Pero cómo hacen eso con ese niño tan pequeño!". Unos nos ponían de tontos para arriba; otros, todo hay que decirlo, nos animaban. Pero fue Andrés quien tomó la decisión».

Y la madre aguantó carros y carretas, tragó muchos sapos, sabiendo que su hijo no seguiría nunca la ruta habitual de los niños en Fuentealbilla. «Siempre recuerdo algo que pasó cuando era muy pequeño —nos cuenta—. Las dos abuelas de Andrés querían que tocara en la banda de música de Fuentealbilla. Mi suegra y mi madre insistían cuando me veían: "Lleva al chiquillo a la banda". Y lo mandé. No fue más que dos o tres veces. Por aquel entonces, ya jugaba al fútbol, con el Albacete, y lo amenacé para que cambiase de opinión: "Mira, Andrés, si no vas a la banda, tampoco vas al fútbol". Y me respondió: "Pues me quedo sin fútbol, pero a la banda no voy". Tendría diez u once años.»

Andrés es muy terco, un cabezota (o un tauro, como dicen madre e hijo para atenuar la descripción), siempre tuvo las cosas claras, razón por la que Mari repite: «No fuimos nosotros quienes lo obligamos a ir a la Masía, lo decidió él. Ya sé que habrá quien piense que un niño a los doce años no puede decidir algunas cosas, pero yo lo sentí así». Y, a partir de ahí, a Mari le pareció que las cosas sucedieron de forma muy rápida, sobre todo cuando echa la vista atrás, ahora que ya es abuela en Barcelona. «Ha ido todo tan deprisa que no somos conscientes realmente de lo que está haciendo. Parece mentira, pero tampoco lo disfruto ahora. Si pierde el Barça, pierde él.»

Mari es una sufridora empedernida, también como aficionada, como si tuviera un sentido dramático de la vida. «Hemos vivido unos años de éxitos y títulos que no son nada normales. El deporte también es perder, da la sensación de que debes ganar siempre. Y quien peor lleva la derrota es Andrés, menos mal que tiene a Anna y a los pequeños porque si no...» A la madre de Iniesta no se le olvidará en la vida la cara de su hijo después de fallar un penalti en Tarrasa. «Tenía dieciocho años y jugaba su primera final con el Barça, la de la Copa Catalunya. Llegó hecho polvo, lloraba, estaba destrozado, sin poder hablar ni querer comer. Él es igual en el campo que fuera. Todo lo siente igual. Y traga, va tragando siempre, hasta que estalla por dentro.»

«Hubo una época en que empezaron a metérsele cosas en la cabeza y le pasó lo que le pasó —dice Mari, recordando el mal momento de Andrés antes de ganar el Mundial 2010—. Él es como mi madre. Bueno, también como yo. ¿Pausada? ¿Fría? Por fuera, sí, pero por dentro somos un volcán. Andrés es algo así. Les da vueltas y vueltas a las cosas, también a las que no son nada importantes, hasta que tiene el bombo lleno. Yo nunca veo los partidos, sólo veo a Andrés.

»Cuando toca la primera pelota, yo ya sé cómo está», afirma después de precisar que va poco al fútbol, salvo cuando el equipo juega en el Camp Nou o disputa una final. También había ido un tiempo en Mallorca, donde trabajó José Antonio con su hermano, y alguna vez a Almería porque una hermana suya vivía en Aguadulce. «No necesito estar, me basta con la tele para adivinar cómo se encuentra Andrés nada más comenzar el partido. Se lo veo en la cara, por sus gestos, por sus primeros movimientos. No sé mucho de fútbol, pero sé mejor que nadie cómo está mi hijo.»

Lo que más le gusta de él es «la pausa». «No sé de dónde saca esa tranquilidad, esa aparente calma, porque por dentro es como yo o como su abuela —repite—. Cuando está feliz, fluye todo. Cuando está contento, no le cuesta ningún esfuerzo nada. Si está bien, no lo abruma nada, ni mucho menos la responsabilidad, como ahora que es capitán. Más bien, todo lo contrario. Ahora se planta ante el árbitro, algo que antes no hacía, y le dice lo que le debe decir. Antes, era mucho más callado, hay días en que le digo: "Andrés, te van a expulsar". Y se ríe. No me dice nada más.» Hay veces, sobre todo en los momentos de más tensión en los partidos, en que ni siquiera la madre es capaz de aguantar esa prolongada pausa de Andrés en el campo.

«El día en que marcó el penalti con la selección española en Ucrania, estábamos Maribel, mi hija, y yo allí, pero, cuando llegó la tanda de penaltis, salimos de la grada. No dejamos el estadio, pero sí abandonamos los asientos —confiesa—. Yo no aguanto los penaltis. Ya me pasa en casa. Cuando hay una tanda, me voy del comedor, y eso que Andrés no suele tirarlos. No veo la tele. Escucho, eso sí, desde la distancia, y me vuelvo para ver la repetición. Pero allí, en la Eurocopa, no podía aguantar y dije: "Maribel, me voy de aquí" y ella me contestó: "Pues yo también, mamá". Y ahí nos tienes a las dos fuera del campo sin saber qué pasaba dentro. Hasta que de pronto, una amiga de Maribel, le envió un WhatsApp: "Tu hermano va a tirar un penalti". Cuando me lo enseñó pensé: "¡La madre que lo parió!

¡¿Pero por qué lo tira?! ¡Dios mío!". Y me acordé entonces de aquel que falló en Tarrasa. ¡Para no acordarme, vamos! El siguiente mensaje de la amiga de Maribel, sin embargo, ya fue más tranquilizador: "Ha marcado". Y pensé: "¡Uf, menos mal!". Mucho peor lo debió de pasar la madre de Casillas, que se encerró en un lavabo del campo. ¡Cómo debió de sufrir esa mujer! Lo suyo es mucho peor que lo mío. Andrés tira muy de vez en cuando, pero Iker está siempre ahí, para lo bueno y para lo malo. Ella, al menos, tuvo más suerte porque luego la dejaron entrar de nuevo a las gradas. A Maribel y a mí, en cambio, no nos dejaron pasar para festejar el triunfo. Nos habíamos alejado demasiado del estadio.»

El padre es mucho peor que la madre. «No tengo ni idea de dónde estaba José Antonio —apunta ella—. Debió de irse lejos del pueblo para que no lo encontrara nadie. Toma el coche, pone la radio con música alta para no escuchar cohetes o cosas así y se va por ahí. Maribel también se pone muy nerviosa con los partidos. No dejamos de pensar en él ni un instante, también pensamos en lo que vendrá después, sobre todo si no ganan. Es tu sangre la que está jugando ahí dentro. No dejas de sufrir.»

Mari tampoco vio en directo el gol que coló su hijo (siempre dice «colar», nunca «marcar») en Stamford Bridge. «Estaba aquí, en este mismo comedor, con dolores en la pierna izquierda porque en Navidad había ido a un acto de peñas en el que le daban una placa a Andrés, tropecé con un pequeño escalón, me caí con mi sobrina en brazos y me hice polvo la rodilla izquierda. Vi el gol de Andrés al Chelsea por televisión y pegué tal salto de alegría que no me rompí la rodilla de milagro.»

Ni Mari ni José Antonio fueron al Mundial de Sudáfrica. «Los dos estábamos en el pueblo, pero no vimos la final juntos. Allí habían ido Anna, su mujer, Maribel, su hermana, y Juanmi, su cuñado. Yo estaba con los de la Peña Iniesta, en el local que antes era nuestro bar, el Bar Luján, convertido en un museo por mi padre, con recortes de prensa sobre Andrés por todas las paredes. Había mucha gente. Seguíamos el partido y vi que España había colado un gol. Me alegré muchísimo, claro, pero, de repente, la gente vino a abrazarme, se me echó encima y yo sin saber por qué. ¿Qué pasa? "¡Que ha marcado Andrés, mujer!" Yo no me lo podía creer. "¡Sí, Andrés!" No podía ver ni las repeticiones de la jugada porque tenía a la gente encima de mí. No se me ocurrió nada más que salir corriendo hacia la casa de Andrés, que está cerca de la peña. No hay ni cien metros. Quería dar con José Antonio lo antes posible, contárselo, decirle que Andrés había colado el gol. Y allí estaba él, solo, en el comedor, con la tele apagada, sin saber lo que había pasado.

»"¡¡José Antonio, que la ha colado el chiquillo, ha metido el gol!!", le dije. "¿Cuánto queda? ¿Ha acabado ya?", respondió. "Y yo qué sé, sólo sé que ha marcado Andrés!" Acabó el partido y Fuentealbilla se convirtió en una fiesta, vino gente de todos los pueblos de alrededor para celebrarlo. Y yo, entonces, le seguía dando vueltas al partido de Andrés.» Hasta que se lo dijeron, Mari no reparó en que el goleador era su hijo, pero no se había perdido detalle sobre el juego de Andrés. «El árbitro no lo expulsó porque Dios no quiso. Ese Van Bommel, ese Van Bommel.»

El instinto maternal no tiene límites. Mari se desvive para que a su hijo no le pase nada, nada malo, hasta el punto que a veces se olvida de disfrutar de todo lo bueno, que es mucho. «Yo ni siquiera sabía que iba a ser futbolista cuando era niño. Lo que sí tenía claro es que camarero no sería. No nos ayudaba en nada en el bar, al contrario que su hermana, que muy pronto se puso incluso a hacer las pizzas. Andrés llegaba con su primo Manuel y se sentaba a esperar que le sirvieran. Parece que todavía los estoy viendo ahora mismo, ahí sentaditos, como dos señores, esperando ser futbolistas. ¿Cómo podía soñar yo que mi hijo iba a colar el gol de la final de un Mundial? Imposible.

»Será con el paso del tiempo cuando nos demos cuenta de todo lo que ha hecho, pero ahora es como si estuviera dormida y soñara todas estas cosas que le han pasado —explica, contenta, Mari—. Sí sabía que la pista del colegio era su vida y también sabía que Andrés sólo hace las cosas si las siente de verdad. Siente mucho el Barça, la selección, el fútbol. Y la gente lo sabe. Por eso estaban contentos por el gol. Y yo me decía "¡¿Pero cómo no te alegras más?! ¡Es tu hijo!". Claro que estaba contenta, pero no me daba por llorar. Llevaba la alegría muy dentro. Por fuera puede parecer que soy más fría que el hielo. Sólo por fuera, ¿eh? Mirad a Andrés, tampoco llora por llorar, ni llora para que lo vean llorar. A él se le llenan los ojos de lágrimas, se le enrojecen y ya está. Luego, se limpia con las manos y ya está. Ya de pequeño era igual. En la Masía lloraba por todos los rincones, pero él no lo decía y, cuando se iba a entrenar, no se le notaba. Pasado el tiempo nos enteramos por las cocineras y limpiadoras de la Masía. "Llorábamos a escondidas cuando lo veíamos llorar a él sin derramar lágrimas. Yo perdí a mi hijo durante seis años. Yo y toda mi familia, por supuesto. Si las cosas salían bien, pues bien, pero si hubieran ido mal, ¿entonces qué? Nadie te podía prometer que iba a llegar al Camp Nou cuando lo dejamos en la Masía. Ahora soy yo la que quiero recuperar el tiempo perdido. Quiero disfrutar de él, de su don. Porque mi hijo tiene un don y no hablo de fútbol, tiene algo, no sabes qué es realmente, pero tiene algo. Es buena persona.»

«Andrés es lo que se ve, es transparente —dice su hermana Maribel antes de repetir como sus padres—: Lo que no se ve lo sufre por dentro, se lo come todo, todo. Es algo que viene de familia, sobre todo de mi abuela materna.» Maribel tiene dos años menos que Andrés y, cuando su hermano se fue a Barcelona, ella acababa de hacer la comunión en Fuentealbilla. «Tenía 10 años y era muy pequeña, pero se me hizo también muy cuesta arriba no tener a Andrés en casa. Sólo lo veía una vez al mes como máximo. A veces, tardamos hasta cinco semanas en ir a Barcelona. Cuando yo me trasladé a Barcelona, éramos casi como dos desconocidos, él con diecisiete años y yo con quince. Me pegué a él. No quería soltarlo ni un segundo. Todo lo quería hacer con Andrés. Como si intentara recuperar el tiempo que habíamos perdido. Había visto sufrir mucho a mis padres y abuelos y nosotros dos sólo estábamos juntos en verano y por Navidad. No me olvidaré de los viajes de vuelta a Fuentealbilla, después de visitar a Andrés, nadie hablaba en el coche. Era un silencio muy doloroso y largo: con doce años, con trece, con catorce, con quince años. Los cuatro dormíamos juntos, en la misma cama del hotel, los fines de semana que íbamos a verlo a la Masía.

»En el pueblo, mi habitación estaba pared con pared con la de Andrés —recuerda Maribel—. Cada vez que iba a la mía, me acordaba de él, sobre todo cuando mi padre tenía un mal día o había situaciones críticas, que las hay en cinco años de ausencia. No me consolaba que mis amigas me dijeran: "¡Qué bien, tu hermano está en Barcelona jugando a fútbol!". En aquella época no había móviles. Por las noches, cuando se podía, a las diez llamaba él o nosotros, pero no podía alargarse porque había muchos más niños esperando en la cola de la cabina de la Masía.

»Su ilusión había sido siempre jugar a fútbol y tenía que intentarlo, quería ponerse a prueba, por él y por mi padre —continúa Maribel—. Los cuatro somos bastante cabezotas. Andrés se parece mucho a mi padre, son muy protectores, necesitan tener todo controlado. Está todo el día en contacto con nosotros.» No es extraño, por tanto, que siendo los cuatro tan parecidos Maribel también sufra mucho con el fútbol: «Mucho, mucho, mucho. Pero yo sí voy al campo, aunque lo paso fatal viendo los partidos. No sólo veo lo que le pasa en el campo, sino que además intento meterme en su cabeza. Hay veces en que escuchas ciertos comentarios y piensas: "No me puedo quedar callada, ¡es mi hermano, es mi sangre!", pero me contengo porque sé que no puedo hacer determinadas cosas. Juanmi, mi novio, es del Barça de siempre, y ahora más, y él responde más que yo. Yo sólo contesté una vez en el campo y fue porque me tenían muy taladrada la oreja». Y fue precisamente Juanmi quien le dio la gran noticia. Mamá no vio quién coló el gol. Papá, tampoco. ¿Y su hermana?

«Maribel tampoco vio el gol de Andrés en el Mundial y eso que estábamos en el estadio de Johannesburgo, justo detrás de los banquillos, a la altura del medio campo. Yo estaba viendo la jugada, una de ésas que sientes que va a acabar en gol. Sí o sí. Allí estábamos Anna, su mujer, Joel, los amigos de Andrés, Maribel y yo —recuerda Juanmi—. Era la típica jugada en la que intuyes que va a pasar algo y te vas levantando del asiento a medida que la pelota se acerca al área. Por eso, cuando le llegó a Andrés, le dije: "¡Chuta, chuta, chuta, Andrés! ¡Pero chuta ya, por favor!". Cuando vi que era gol, me volví loco, literalmente loco. Entonces, Maribel me dijo: "Cariño, tranquilízate, que te va a dar algo. Aún quedan cuatro minutos para que acabe el partido y pueden pasar muchas cosas". Yo me quedé parado y le dije: "Pero, cariño, ¿tú sabes quién ha marcado?". "Pues, no, estoy contenta porque ha marcado España, pero todavía no han pitado el final." No me lo podía creer. "Maribel, ¿sabes quién ha marcado?", le pregunté por segunda vez. "Pues no", me repitió ella. "Ha marcado tu hermano." Entonces fue ella quien saltó como una loca hasta que yo le dije: "Tranquila, cariño, todavía no ha acabado. No te alteres mucho que quedan aún cuatro minutos para que acabe el partido".»

Los cuatro minutos más largos de su vida.

Nadie taladró la oreja de Maribel ese día. Los exabruptos, sin embargo, son excepciones. Salvo en San Mamés, donde se le reprocha que simulara una entrada que costó la expulsión de

Amorebieta, no hay campo donde la hinchada no se levante para reverenciar al chico de Fuentealbilla, don Andrés, como lo bautizó Joaquim Maria Puyal, el maestro, el periodista que lleva cuarenta años retransmitiendo los partidos del Barça en catalán. Iniesta, el hijo de Fuentealbilla, el rey del regate manchego, es admirado en Cataluña y en toda España.

AGRADECIMIENTOS

Gracias a ti, Ramon y a ti, Marcos.

Mil gracias por compartir conmigo este proyecto. Siempre pensé que erais las personas idóneas para llevarlo a cabo. Vuestra honradez, humanidad, competencia y talento eran la garantía de que lograríais plasmar mi historia de la mejor manera posible. Hace unos años nos reunimos por primera vez en mi casa y allí comenzamos a planear una obra que por fin se ha hecho realidad, un texto donde mi vida queda fielmente reflejada. Pasado un tiempo fijamos unos plazos que hoy se cumplen tras incontables horas de trabajo. Ha sido un gran esfuerzo recompensado por las páginas que ofrecemos a los lectores. Estoy seguro de que sin vosotros hubiera sido casi imposible conseguirlo. Reconozco que trabajar conmigo puede ser agotador, sobre todo cuando se trata de algo importante, y este libro lo es. Era una de mis mayores ilusiones y quería que no le faltara nada, que fuese perfecto (si la perfección existe). Quiero, pues, agradecer la paciencia con que habéis sobrellevado mis constantes palizas.

Por último me gustaría que, más allá de este volumen maravilloso, quedara en nosotros lo esencial: los sentimientos y el cariño de las muchas personas que han contribuido con sus palabras al éxito de esta obra. Ha sido una experiencia única.

SUMARIO

© Andrés Iniesta, 2016
© Headline Publishing Group, 2016
© Malpaso Ediciones, S. L.U.
c/ Diputación, 327 Ppal. 1. ª
08009 Barcelona
www.malpasoed.com
ISBN: 978-84-16665-26-6
Depósito legal: DL B 11720-2016
Primera edición: septiembre 2016

Imagen de cubierta: © Jordi Cotrina Vidal

Agradecimientos:
Imágenes con el Barça: © Jordi Cotrina Vidal
Imágenes con la Selección: © Carmelo Rubio
Enlace matrimonial: © José Manuel González

Impresión: Novoprint
Diseño de interiores: Sergi Gòdia
Maquetación y corrección: Àtona Víctor Igual, S. L.

No es lo mismo hablar
de su juego que verlo jugar.
Hacía lo que quería.
Julián

Andrés es puro fútbol.
Abelardo

Tengo un primo muy
pequeñajo que es buenísimo.
Manu

Es un hombre de honor,
como los de antes.
Raúl Martínez

Era una maravilla verlo
con la pelota, tan chiquitajo
como era.
Balo

¡Madre mía, qué maravilla
de chiquillo!
Víctor

No sabíamos de qué
planeta había venido.
Era un extraterrestre.
Pedro Camacho

Ese chico es el mejor, sólo
se dedica a jugar al fútbol.
Antić

Pasamos muchos ratos
de soledad, muchísimos.
José Bermúdez

Podía ir con niños mejores que
yo, pero, no me preguntéis
por qué, me escogía a mí.
Mario

Claro que fue muy duro
lo de la Masía. Yo no sé
si habría aguantado.
José Carlos

No tenía pinta de futbolista
cuando vino y mira dónde
está.
Bruno

Lo veías jugar y, con lo
pequeño que era, disfrutabas
un montón.
Carlitos

Lo sabía todo sin que
yo le dijera nada.
Catali

Andrés emana calma.
Jonatan Valle

Lo veo jugar en el Barça
y pienso: «Andrés juega
igual que con nosotros».
Chapi

De pronto dejamos de ser
niños. Tuvimos que madurar
en muy poco tiempo.
Troiteiro